Jürgen Schreiber, geboren 1947, preisgekrönter Journalist und Sachbuch-
autor, war bis 2007 Chefreporter beim *Tagesspiegel.* Er schrieb für das
SZ-Magazin, die *Stuttgarter Zeitung* und die *Frankfurter Rundschau.*
Schreiber war Gründungsmitglied von *Die Woche* und erhielt zweimal
den Wächter-Preis der deutschen Presse sowie 1991 den Theodor-Wolff-
Preis. Bisher sind drei Bücher von ihm erschienen: *Ein Maler aus
Deutschland,* 2005, *Meine Jahre mit Joschka,* 2007, und *Sie starb wie Che
Guevara,* 2009.

JÜRGEN SCHREIBER

DIE STASI LEBT

Berichte aus einem
unterwanderten Land

Knaur Taschenbuch Verlag

Besuchen Sie uns im Internet:
www.knaur.de

Originalausgabe Mai 2009
Copyright © 2009 bei Knaur Taschenbuch.
Ein Unternehmen der Droemerschen Verlagsanstalt
Th. Knaur Nachf. GmbH & Co. KG, München
Alle Rechte vorbehalten. Das Werk darf – auch teilweise –
nur mit Genehmigung des Verlages wiedergegeben werden.
Umschlaggestaltung: ZERO Werbeagentur, München
Umschlagabbildung: FinePic®, München
Satz: Adobe InDesign im Verlag
Druck und Bindung: GGP Media GmbH, Pößneck
Printed in Germany
ISBN 978-3-426-78251-4

Inhalt

Vorwort

Wie David Gill Geschichte machte, klingt verblüffend einfach. Anfang 1990 war der 23-Jährige bereit, »für eine Nacht« vor der Ostberliner Stasi-Zentrale Wache zu schieben. Obwohl eher zufällig in die Demonstration hineingeraten, ist der gelernte Klempner aus Herrenhut 48 Stunden später »Koordinator des Bürgerkomitees Normannenstraße«. In dem verbotenen Bezirk schafften bis dahin 20 000 Geheimdienstler. Jetzt hatten Demonstranten das Herz der Finsternis besetzt. Transparente mit der Kampfansage »Stasi – Raus!« flatterten in der Kälte.

Heute weiß schon niemand mehr, wie die Angst roch bei der Eroberung der Zitadelle. Nur aus den Papieren steigt sie weiter auf, die Angst vor dem »Großen Bruder«, die Angst vor der eigenen Courage bei der Zerschlagung der DDR-Staatssicherheit. Mit schlecht kopierten Grundrissen in der Hand tasteten sich die Bürgerrechtler in die verzweigte Welt des Imperiums, drangen zur holzgetäfelten Büroflucht des allmächtigen Mielke vor (Lenins Totenmaske lag auf dem Schreibtisch), um am Ende des Abenteuers 178 laufende Kilometer Stasi-Akten als Erbmasse in die Wiedervereinigung einzubringen. Der politische Wille der Demokratiebewegung stoppte das von den Dunkelmännern mit Hochdruck begonnene Schreddern der Verschlusssachen.

Das Schlüsselwort dabei hieß »offene Aufarbeitung«. Ein von den Verfassern des »Stasi-Unterlagen-Gesetzes« bewusst gewählter Therapiebegriff, Reflex auf die Erfahrung der Unterdrückung. War schon die Entmachtung der 91 000 Köpfe starken

Schattenarmee durch »das Volk« ein unglaublicher Kraftakt, grenzte es an ein Wunder, mit der sogenannten Gauck-Behörde eine Institution für den Umgang mit dem heißesten DDR-Stoff zu schaffen. Ohne ihre Hilfe wären die hier versammelten Innenansichten einer Diktatur nicht zustande gekommen.

Sofern die unterschiedlichen Texte eine Botschaft haben, dann die von einem Paralleluniversum, dessen labyrinthische Verflechtungen der gewöhnliche DDR-Bürger vermutete, der gewöhnliche BRD-Bürger aber überhaupt nicht ahnte. Dabei hatte ich nie den Ehrgeiz, eine Anatomie der Staatssicherheit vorzulegen, die Anspruch auf ein Gesamtporträt erhebt. Es wäre schon viel gewonnen, typische Aspekte des totalitären Herrschaftsapparates zu beschreiben und ihre Muster aufzudecken. Gelänge es, mit diesen Artikeln, (die eine gewisse Fassungslosigkeit nicht verhehlen), Einblicke in die schwarze Kammer des Verdrängten zu geben, hätte der Autor viel erreicht.

Journalisten beschleicht oft das Gefühl, das Publikum höre nicht richtig zu. In diesem Fall sorgten nicht wenige der hier abgedruckten Berichte für Schlagzeilen. Das gilt insbesondere für meine Recherchen über Stasi-Lauschangriffe auf West-Politiker. Nicht zuletzt Alt-Kanzler Helmut Kohl drängte danach darauf, das Stasi-Unterlagengesetz zu verschärfen. Die stellenweise hochnotpeinlichen Abhörprotokolle sind seitdem für Journalisten tabu.

Die meisten meiner Gänsehaut-Begegnungen mit Stasi-Offizieren fanden in beklemmender Stimmung statt. Deshalb muss ich alle enttäuschen, die Reporter um ihren Job beneiden. Man wünscht seinem ärgsten Feind nicht, sonntagmorgens bei einem Ex-General klingeln zu müssen, um ihn nach einem Mann zu fragen, der von der Stasi in eine Falle gelockt und in Dresden geköpft wurde. Die Mächtigen von gestern saßen an Tischen mit

Häkeldeckchen, entpuppten sich als unbelehrbar, unternahmen nicht den geringsten Versuch, einnehmend zu wirken. Keiner der Lamettaträger konnte mir erklären, welche Art Gesellschaft die Verbindung von Allmachtsphantasien und Karteikarten hervorbringen, wohin ihre wahnhaften Träume führen sollten – außer in den totalen Überwachungsstaat. Viele hochrangige Dienstgrade waren mit dem Fall der Mauer tief gestürzt. Mancher, der in meinen Rückblenden noch als Stasi-Stratege agiert, hatte die Angst des Deklassierten im Blick und musste sich als Pförtner oder Nachtschaffner verdingen.

Wenn ich gefragt werde, welche Reportage mir die wichtigste war, nenne ich die Geschichte des Stasi-Verdachts in der Schauspielerehe von Jenny Gröllmann und Ulrich Mühe. Das Ausmaß ihrer antiken Tragödie kann niemanden unberührt lassen. Wenn ich sagen soll, warum ich diese und jene Geschichte erzähle, kann ich nur wiederholen: Damit sie nicht vergessen wird! Indem wir von den Tätern berichten, verteidigen wir die vielen Stasi-Opfer, denen man Existenz und Würde nahm. Das kurze Gedächtnis der öffentlichen Meinung vergisst ihr Leiden zu gern.

Was David Gill vom »Bürgerkomitee Normannenstraße« betrifft, saß der frühere Stasi-Abwickler bei unserem letzten Treffen im alten Bürohaus der Ost-CDU beim Berliner Dom. Deren Generalsekretär flog 1990 als Stasi-Informant mit dem Tarnnamen »IM Küster« auf. Von solchen Zufällen inspiriert, richten wir Bilder in einer bestimmten Erzählweise ein, die uns mal besser, mal weniger gut gelingt. Die Wirklichkeit schreibt die besten Romane.

Jürgen Schreiber
Januar 2009

Das Urteil
Chronik einer Familientragödie

Cottbus, 22. Februar 1956: Der Stasi-Major Sylvester Murau wird zum Tode verurteilt und dann auf dem Schafott hingerichtet. Jetzt kommt die ganze Wahrheit ans Licht: Seine Tochter hat ihn verraten – und heiratete später den Mann, der ihren Vater ans Messer lieferte.

Am 16. Mai 1956 ging die Sonne über Dresden um 4.14 Uhr auf. Zu spät für den 49 Jahre alten Sylvester Murau, den der Scharfrichter in der Untersuchungshaftanstalt George-Bähr-Straße 5 zwischen Nacht und Morgen aufs Schafott zwang. Die schräge Schneide der »Fallschwertmaschine« trennte ihm den Kopf, zwischen dem vierten und fünften Halswirbel vom Rumpf. Vollstreckungsdauer: drei Sekunden. Die Richtstätte schwamm im Blut, das sich in pulsierenden Kaskaden auf den Boden ergoss.
Da waren die vor Entsetzen und Qual weit aufgerissenen Augen des gefesselten Opfers. Das Röcheln. Die klaffenden Schnitte. Der gebrochene Blick. Über allem der unerträgliche Geruch der Angst – Routine für Henker Walter Böttcher. Vor Murau tötete er über sechzig Kandidaten. An diesem linden Frühlingstag (bei Temperaturen bis 18,6 Grad) enthauptete der gelernte Schmied im Erdgeschoss des labyrinthischen Baus zwei weitere Gefangene. Als wäre das Grauen noch zu steigern, legten die Gehilfen den vom Leib geschlagenen Schädel beim Einsargen gern zwischen die Beine des Delinquenten.
Eine spezielle »Ofenmannschaft« wartete in dem von Kiefern umstandenen Krematorium Tolkewitz auf Muraus Torso. Die

bürokratische Ordnung der geheimen Kommandosache verlangte, »Abköpfen« und Verbrennen binnen Stunden abzuschließen. Im Einäscherungsbuch steht für Murau die laufende Nummer 144 080 und 7.45 Uhr. Mit roter Tinte ist angemerkt: »Po«, Polizeiliche Zuführung. Am 18. Mai 1956 beurkundet das Standesamt V den »Sterbefall 121/56« mit der Todesursache »Myocardinfarkt«, Herzinfarkt. Urne 553 verschwindet in Feld IV. Bis zur Wende wächst Gras darüber.

Niemand weiß, was Murau in der kaum zu ermessenden Verlassenheit seiner letzten Stunden empfand. Ein lebender Leichnam schon in der Nacht aus Blei. Laut Hinrichtungsprotokoll um 0.30 Uhr »Feststellung der Personengleichheit« samt Mitteilung, sein Gnadengesuch sei abgelehnt. Auf drei Blatt, vorn und hinten mit Bleistift beschrieben, hatte er am 14. Mai Präsident Wilhelm Pieck gebeten, seine »Bitte zu erhören«. Das Aus verkündeten Anstaltsleiter Jonak und »Genosse Staatsanwalt Jahnke«, Kollege von Max Haberkorn. Der vertrat am 22. Februar 56 die Anklage gegen den vormaligen Schweriner Stasi-Major Murau vor dem 1. Strafsenat des Bezirksgerichts Cottbus »wegen Verbrechens gegen Artikel 6 der Verfassung der DDR«. Der allgemeingehaltene Vorwurf beinhaltete »Spionage, Staatsverbrechen, Fluchthilfe«.

Die Turmuhr ruckte auf 4.10 Uhr, Murau musste zur Enthauptung. Der dafür bestimmte Raum grenzte an die Todeszellen. Knappes Verlesen des Urteils im Beisein von zwei Stasi-Mitarbeitern und Dr. Ahnert: »Anschließend wurde er dem Scharfrichter übergeben.« Das Procedere glich bis ins Detail dem der NS-Zeit; die DDR schrieb die braunen Richtlinien einfach um. In den ersten Erlassen stand noch das Wort »Führer«. Die Antifaschisten arbeiteten ungeniert mit Nazi-Guillotinen, nur das Dresdner Richtschwert war eine Eigenkonstruktion. Und bei den Kommunisten läuteten die Anstaltsglocken nicht, wenn die Köpfe rollten.

Der Verurteilte mag gefleht, gezittert, geweint haben, als er in der Abgeschiedenheit mit der auf ihn einstürmenden Panik kämpfte. Vor der Exekution habe er einen »verbissenen Eindruck« gemacht, sich »ablehnend und widerspenstig« bei der Frage nach letzten Wünschen gebärdet, berichteten Augenzeugen. Murau rauchte, döste. Vielleicht fügte er sich resigniert ins Unausweichliche, erwartete bloß das Ende des Schreckens. Gewiss eilten in den von Eiseskälte durchzogenen Minuten die Gedanken zur Tochter Brigitte. Er dürfte sie verflucht haben, gemartert von dem unerträglichen Gedanken, dass sie ihn schlussendlich ins Unglück stieß.

Er rief das Kind immer »Gitti«. Ein Porträt überliefert die damals 21-Jährige als ausgesprochen damenhafte Erscheinung. Brünettes, gewelltes Haar, sanft geschwungene Augenbrauen, Ohrclips, schmale Nase, ganz vom Papa. Die verheiratete Cullmann trägt einen keck gestreiften Pullover.

Am 12. Juli 1955 kündigte sie dem über Westberlin ins hessische Heubach geflüchteten Vater brieflich ihr Kommen an. Er lebte zurückgezogen im Hinterhaus der »Goldenen Krone«. Mit Brigittes nachfolgendem Telegramm vom 17. Juli klopft der Tod sanft bei ihm an. Die Nachricht lautete: »Treffe Montag 10.03 Uhr in Dieburg ein. Gitti.« Die acht Wörter kosteten laut DDR-Gebührenordnung »für den Verkehr nach Westdeutschland« drei Mark – und in grausiger Konsequenz Sylvester Murau den Kopf. Er hatte sich in der neuen Heimat korrekt angemeldet. Aber, so das Rathaus: »Eine Abmeldung ist … nicht verzeichnet.«

Wie auch. Die DDR-Staatssicherheit (SSD) ließ den Abtrünnigen in die Sowjetzone verschleppen; die Details des von SED-Ganoven ersonnenen Verbrechens sind selbst für die Zeit des

Kalten Krieges ohne Vergleich. Ende Oktober 1954 bietet Gitti der Stasi schriftlich ihre Hilfe an. Sofort starten die Greifer den operativen Vorgang »Lump« – den Plan zur »Zurückführung des Republikflüchtigen«, Jargon: »Die Ziehung«. Einen mit Schreibmaschine getippten dreiseitigen Bericht der Tochter über den abgängigen Vater quittiert samt Nachtrag Abteilungsleiter Albert Schubert für die Bezirksverwaltung Schwerin: »Erhalten: 26. November 1954«. Der 31-Jährige ist zudem »Stellvertreter Operativ«. Im Beförderungsvorschlag für den Hauptmann lobt ein Oberst Müller anno 55 vielsagend, Schubert habe erst kürzlich »wieder eine äußerst schwierige Werbung durchgeführt, die eine große Perspektive für die Sicherungsorgane gibt«. Brigitte Cullmanns Post berührt auch die Situation ihres ersten Mannes, Leutnant der »Kasernierten Volkspolizei Luft«. Seit ihr Papa rübermachte, fürchtet sie um die Karriere des Gatten. Gitti erhält im Haus Mielke zunächst das Kürzel »Cu«, später den Decknamen »Honett« mit Zusatz »IME«, Informeller Mitarbeiter für einen besonderen Einsatz; Archivmappe 10381/79, Aufdruck: »Gesperrte Ablage«.

»Honett« bedeutet »anständig, ehrenhaft, rechtschaffen«. Das klingt wie Hohn angesichts der Rolle, die der Lockvogel spielt. Der heimlich-unheimliche Regisseur Schubert verkehrt mit der Dame unter dem Alias »Schwartz«, porträtiert sie präzise für streng vertrauliche Dossiers: »Ihre politische Standhaftigkeit und tiefe Überzeugung von der Richtigkeit ihres Auftrages wurde unter anderem dadurch charakterisiert, dass ihr sowohl die Gefährlichkeit ihrer Aufgabe als auch die Tatsache bewusst war, dass der mit ihrer Hilfe zur Strecke zu bringende Feind mit der Todesstrafe zu rechnen hatte.« Der *Feind* war niemand anderes als ihr eigener Vater.

Zusammen mit dem Schlosser Heinz H. und dem Angestellten

Joachim T. bildete die Honett zu »Lumps« Nachteil ein Trio Infernal. Die Zyniker vom *Dienst* sprachen von »operativer Kombination«. Die Männer, kurz darauf Nummer 2878.55 und 2881.55 im Gefängnis Moabit, verurteilte die 2. Große Strafkammer des Landgerichts Berlin (West) am 7. Oktober 55 zu zwölf beziehungsweise zehn Jahren Zuchthaus. Der Schuldspruch wegen »gemeinschaftlicher Verschleppung in Tateinheit mit gemeinschaftlicher schwerer Freiheitsberaubung« wurde am 4. Mai 56 durch Bundesgerichtshof-Entscheid rechtskräftig. Friseuse Gitti drehte wieder für die Schweriner Produktionsgenossenschaft des Handwerks, PGH, Locken, umhegte die Tochter: eine brave Hausfrau. Ihr Vater hatte noch zwölf Tage zu leben.

Die Geständigen H. und T. kannten sich vom Rummelplatz. Ersterer, knapp 25, führte im Milieu den Namen »Wagner«. Für die Medien ein »Berufsverbrecher«. Die Stasi gewann ihn in einer HO-Kneipe beim Berliner Alexanderplatz. Der Vorbestrafte besaß keinen Führerschein, zog deshalb den unbescholtenen Kumpel mit in die Sache.

Für Horch & Guck drehten federführend »Peter«, dessen Vorgesetzter und als Wortführer der »Schweriner« an dem großen Ding. Der Auftrag hieß: den Abgehauenen »unter allen Umständen« zurückbringen. An der Aktion werde sich »eine junge Frau von uns« beteiligen, vorgestellt als »Tochter des zu entführenden Mannes«. Da sie verheiratet sei, dürften die beiden unterwegs keine Dummheiten mit ihr machen. Mitte Juli lernten sie auf »Peters« Veranlassung die »gewisse Brigitte Cullmann im Friedrichshain« kennen.

Sofern die Tochter, wie telegraphisch avisiert, 10.03 Uhr in Dieburg ausstieg, passte dazu bestens der Nachtzug vom Berliner Ostbahnhof, Abfahrt 19.09 Uhr. Der D 2 fuhr Leipzig, Bebra,

Frankfurt: Ankunft 7.58 Uhr. Anschluss mit dem E 576 nach Darmstadt. 9.40 Uhr weiter nach Dieburg. Die einfache Tour kostete sechzig Mark plus zwei Mark Zuschlag. Wahrscheinlich schloss Murau am Gleis seine Gitti in die Arme, ahnungslos, in wessen Fänge er geriet.

Seit dem Abtauchen war er in einer psychologisch schwierigen Situation: Als Faustpfand hatte der SSD seine Lebensgefährtin, die geschiedene Frau Anni Murau, kassiert. Die zwei Kinder lebten im Osten. Sein früherer Arbeitgeber jagte »den Verräter«. Im Hessischen hatte er noch nicht Fuß gefasst, hoffte aber auf ein neues Leben. Eine im Westen gemachte Aufnahme zeigt den 1907 in Mewe Geborenen mit Schlips und Kragen. Auffallend hohe Stirn, vager, in die Ferne gerichteter Blick, typisch für Pass-fotos.

Der 24-jährige T. steuerte den von der Firma Severin gemieteten Opel-Kapitän zum Tatort. Als »Karl-Heinz Schmidt, Berlin Grunewald, Bismarckallee 17«, zahlte er 570 Mark an. Den ge-fälschten Ausweis lieferte die Stasi. Zur Reise via Autobahn Helmstedt gab's für Benzin, Reparaturen und Spesen vorab vier-hundert Mark auf die Hand.

»Peter« und der »Schweriner« chauffierten den polizeilich ge-suchten H. via Leipzig, Erfurt, Sonnenberg zur Zonengrenze gen Bayern. Zwischen Burggrub/Heik und Neundorf schlüpfte er durch den Eisernen Vorhang – und rein in T.s Karre.

Treffpunkt Busstation Dieburg, 22. Juli 55, gegen 13 Uhr. Die Cullmann erklärte, ihr Vater wolle ein Darmstädter Lokal besu-chen. Gemeinsam fuhren die drei dorthin, guckten eine geeig-nete Wirtschaft aus. Dabei kam ihr Auto von der Straße ab. H. verdrückte sich mit Gitti. Bruchpilot T. rettete mit Mühe seine Pistole FN, Kaliber 7,65 und fünf Schuss Munition. Tausch des lädierten Wagens gegen einen Mercedes 180 Diesel. Vor der Bar

»Maxim« erklärte Gitti ihnen laut späterem Urteil, »dass mit einer freiwilligen Rückkehr ihres Vaters in die Sowjetzone nicht zu rechnen sei«. Drinnen brachte sie scheinbar zufällig Murau mit den am Nebentisch sitzenden Spezln zusammen. Zechen bis vier Uhr früh, weitersaufen in Heubach. Dem ausgeflogenen Vogel die Leimrute in Kneipen auszulegen verriet intime Kenntnis. Der Alkohol war sein Verderben, in Bierlaune erzählte er gern vom Stasi-Job.

Ausflug am Sonntag, 24. Juli. H. und T. holten die Cullmann samt dem Angesäuselten um 17.30 Uhr ab. Erste Etappe bis Aschaffenburg. Unterwegs Kognak, Bier. In Schweinfurt Besuch des »Texas«, Mainberger Straße 48, das sich als »Varieté und Tanzlokal« empfahl. Murau ist sturzbesoffen. Im Polizeibericht steht: »Die Willenlosigkeit kann darüber hinaus … durch andere Narkotika herbeigeführt worden sein.« »Beim Verlassen der Bar«, so das Gericht, »gab die Cullmann ihrem Vater zu verstehen, dass man nunmehr nach Hause, also nach Heubach, fahren würde.« Es ging aber Richtung Schafott.

Dreihundert Kilometer mit dem Todeskandidaten quer durch die Republik. Bei Kronach über Äcker auf DDR-Territorium. Ankunft gegen ein Uhr. Jenseits des Stacheldrahts bildeten »Peter«, der »Schweriner«, ein Fahrer, zwei Vopos das Empfangskomitee, quartierten Murau in die Stasi-Limousine um. T. hinterher zum Richter: »Halb zog man ihn, halb sank er hin.« Im Tross bis Berlin-Lichtenberg, Sitz der SSD-Zentrale. Anderntags zahlte »Peter« den beiden Männern je 5000 Mark Belohnung.

T. legte 1240 Mark in eine goldene Schweizer Uhr an. Bei der Festnahme am 2. August hatte er noch 1590 Mark in der Tasche. H. brachte bis zur Ergreifung 1200 Mark durch. 3500 Mark habe er vergraben.

Sylvester Muraus Häftlingskarte sagt nichts darüber, wo er bis zur Hinrichtung einsaß. Der Ex-Major war selbst lange genug Teil des Machtapparates, um zu wissen, dass ihm mit der Einlieferung zunächst ins Stasi-Gefängnis Hohenschönhausen auf dieser Erde nicht mehr zu helfen war. Ihn vermisste niemand. In Westberlin hatte der Flüchtling 323 826 einen miserablen Start. Beim Aufnahmeverfahren machte er einen »geradezu finsteren Eindruck, dem, allein durch seine äußere Erscheinung hervorgerufen, einiges in puncto Vernehmung zuzutrauen ist«. Der Polizei lagen Hinweise vor, er habe in Schwerin »ständig« Häftlinge misshandelt, sei ein Schläger. Von »Kieferbrüchen« ist die Rede. Sein Kommen galt als »recht undurchsichtig«.

Die Entführungsumstände ließen Murau keinen Zweifel: Das Regime wollte am Überläufer ein Exempel statuieren. Sofort kam sogar das Gerücht auf, er sei zur Abschreckung vor versammelter Truppe aufgeknüpft worden, habe Tage gehangen. Denn Mitte der fünfziger Jahre gingen mehrere Schweriner Kader stiften. Spektakulär Bruno und Susanne Krügers Flucht; er Vernehmungsoffizier, sie Sekretärin. Sylvester und Anni Murau begleiteten die Frau nach Marienfelde. Er zahlte ihre Fahrkarte. Krügers offenbarten sich westlichen Diensten. Auch da schlug die Stasi zu. Tod durch die Dresdner Guillotine am 14. September 55.

Ihr Leidensgefährte Murau hätte formal vors Bezirksgericht Schwerin gehört. Dort amtierte mit Hans Lischke ein der SED-Doktrin nicht 150-prozentig ergebener Vorsitzender. Deshalb suchte man sich nach den Worten von Werner Barfus, 16 Jahre Sekretär am Obersten DDR-Gericht, eine gefügigere Richterin: »Det war die Lucie.« Korrekt: Lucie von Ehrenwall. In ihrem Cottbuser Zimmer 105 bezeugten heimelige Blumentapeten. Gardinen, übertrieben farbenfrohe Sessel und die einem Riesenbonbon ähnelnde Deckenlampe die Banalität des Bösen. Praktischerweise lag der Stasi-Knast neben dem Justizpalast.

Wehe dem, der sein Schicksal in Ehrenwalls Hände legen musste, im Volksmund »Blut-Lucie« genannt. Außer Murau überantwortete die einstige Exportsachbearbeiterin bis zu zehn weitere Angeklagte dem Henker. Ihre, so hieß das, »Hinrichtungsstrecke« legt den Verdacht nah, die gnadenlose Adlige habe den Werktätigen strafend Gesinnungstreue beweisen müssen. Eine Beurteilung lobt an ihr »Intelligenz«, »sicheres Auftreten« und kritisiert: »Ihr Verhalten erweckt mitunter den Eindruck, dass sie sich gern in den Vordergrund stellt.« Eine ehrgeizige Nervensäge also.

1932 trat »Lucius« in die KPD ein, besuchte 45/46 die Volksgerichtsschule Potsdam mit »befriedigend«, stieß ohne Jurastudium zum Obersten DDR-Gericht. Dort erlebte Sekretär Barfus die Juristin hautnah: »Sie war der Partei ergeben bis zum Tz.« Ruhiges Gebaren. »Ich kann nicht bestätigen, dass sie eine große Klappe hatte.« Nach harten Sitzungen weinte sie sich bei der »Kadertante« aus.

Wer sterben muss wie Murau, stirbt einen vielfach erlittenen Tod. Die seiner Liquidierung vorausgehende Pseudoverhandlung lief auf ein finsteres Schauspiel hinaus: Racheengel Ehrenwall, erhöht auf Podest und thronartigem Stuhl. Das Licht fiel durch schöne Rundbogenfenster in den Saal. Ausschluss der Zuschauer wegen »Gefährdung der öffentlichen Ordnung« 9.10 Uhr. Der Verlorene »verzichtete« auf einen Verteidiger, aus welchen handfesten Gründen auch immer. Das nie publizierte, mit Hammer und Zirkel gesiegelte Urteil 1 Ks 30/56 durchzieht eine heruntergekommene Sprache. Es strotzt von Schreib- und Tippfehlern. Kein Wort über die Entführung aus Heubach. »Im Namen des Volkes« wird der Verschleppte auf acht Seiten niedergemacht. Ende des kurzen Prozesses um 16.50 Uhr.

Aus dem »Schuldspruch« kann nur mit Vorbehalt zitiert werden. Die kaum erträgliche Mischung von Dichtung und Wahrheit ist ein politisches Konstrukt. Demnach besuchte der Fleischersohn die Mittelschule, lernte Metzger. Murau arbeitete als Viehhändler, Kohlelader, Lokheizer. 1944 wegen Wilddieberei und verbotenen Waffenbesitzes zu sechs Jahren Zuchthaus verurteilt, Haft in Celle. Nach dem Krieg brachte er seine geschiedene Ehefrau mit den Kindern nach Wismar. Dort arbeitete er bei der Volkspolizei. Im November 49 übernahm ihn die Stasi Schwerin; Vize-Abteilungsleiter. Entlassung im April 51, angeblich, weil er die Zeit beim faschistischen Selbstschutz in Polen verschwieg. Seine Version liest sich diametral anders. Mit blauem Farbstift brachte er zu Papier, nach Morden auf Usedom habe er die Kreis-Chefin E. und den SED-Chef C. als Täter angesehen. Deshalb flog er raus.

In Ehrenwalls seelenloser Prosa heißt es, der geflohene Krüger habe Murau im Oktober 53 in Westberlin mit dem US-Agenten »Reinhold« bekannt gemacht. Von dem habe er den Auftrag erhalten, Schweriner SSD-Mitarbeiter für den Spionagedienst anzuwerben. »Für die Annahme dieses Auftrages bekam der Angeklagte 40.– DM der Bank Deutscher Länder.« 35 Personen habe er als ihm bekannte MFSler bestätigt. Im Oktober 54 Verlassen der Republik mit dem Ziel, »die bereits in der DDR begangenen Verbrechen in größerem Umfang fortzusetzen«. In drei Briefen an die Kinder »infame Hetze« gegen Organe der Staatssicherheit. Er sei sich im Klaren darüber gewesen, seine Informationen würden »zur Führung des Kalten Krieges gegen die DDR, durch den die Imperialisten die Entfesselung eines neuen Weltkrieges erstreben«, verwendet. Die krause Story endet mit dem Verdikt: Die Schwere des Verbrechens erfordere die härteste Strafe, die Todesstrafe.

Vierzig Jahre nach der Hinrichtung die Suche nach Muraus Tochter Gitti. Das Urteil gegen H. und T. reflektiert ihren Part an einem Dutzend Stellen. Die in Heftern der VEB Organisations-Technik Eisenberg gehüteten Stasi-Schriftstücke konkretisieren ihren Anteil bei der Staatsaktion noch krasser. Lauter blutige Topsecret-Papiere, in denen die Erregung über den geglückten Menschenraub von West nach Ost nachhallt. Originalton: »Die IM ›Honett‹ hat sich während des gesamten Einsatzes als eine klug handelnde, standhafte und politisch verantwortungsbewusste Genossin erwiesen.« Geständnisgleich der auf einem anderen Blatt stehende Vermerk von Major Wiegmann, »Leiter des Referates 3«, über die unter KS 25/26 erfasste »Patriotin«: »1954 wurde sie in einen operativ bedeutsamen Vorgang in Richtung Operationsgebiet (gemeint: BRD) einbezogen, wo sie bei der *Liquidierung* eines gefährlichen Feindes eine entscheidende Arbeit geleistet hat.« Interne Kladden rühmen »Mut und Tapferkeit«, besingen an anderer Stelle die »aktive Mitarbeit«.

Die heute 62-Jährige schien wie vom Erdboden verschwunden. Stattdessen finden wir in Berlin die nunmehrige Brigitte Schubert, seit 9. Juli 79 in zweiter Ehe mit Albert Schubert verheiratet – unterm Tarnnamen »Schwartz« führte er sie in Sachen »Lump«. Kann eine Romanze schäbiger beginnen? Muraus Ende ist ihrer Beziehung eingeschnitzt wie anderen Liebenden das Herz in die Rinde eines Baumes. Verhängnisvolle Leidenschaft hieße so etwas in schlechten Filmen.

MfS-Kollege Eichler, »HA Kader und Schulung«, verdichtet am 13. November 71 den gespenstischen Umriss ihrer beider Geschichte in anerkennendem Tonfall fürs Protokoll: »Genosse Oberst Schubert ... führte aus, dass er im Auftrag des Genossen Generalleutnant Beater im Jahr 1955 mit der Genossin Cullmann inoffiziell zusammengearbeitet habe und mit ihrer aktiven Hilfe ihr Vater als Verräter seiner gerechten Strafe zugeführt werden konnte.« Im Verschleppungsjahr erhält er gemäß Befehl 121 und 220 je »1000.– M. Prämie«. Kopfgeld? Der Vorschlag zur Auszeichnung mit dem »Vaterländischen Verdienstorden« in Bronze (rechts unten von Mielke in gefälliger Handschrift paraphiert) lobt 61 im beliebten Pathos: »Genosse Schubert hat an einer Reihe von operativen Vorgängen persönlich gearbeitet, wobei solche gefährlichen Feinde festgenommen wurden, die die *Höchststrafe* erhielten.« Auf Deutsch: Rübe ab. Vorgesetzte nennen ihn »kühn, ohne die Wachsamkeit zu verletzen«. Berliner Ermittler sehen in ihm heute »den für die Verschleppung Verantwortlichen«.

Ein Hochhaus in Berlin-Hellersdorf. Verspieltes, ovales Namensschild an der Doppeltür im zwölften Stock. Von innen sperrt ein schwerer Riegel, als müsse die Abschottung das gemeinsame Geheimnis verschließen: die Paarung von zwei Zentralfiguren der Operation »Lump«, die gleichsam über Muraus Leiche ging. Auf das Läuten kommt die Tochter des Geköpften an die Tür. Blick durch den Spion. Brigitte Schubert, geschiedene Cullmann, geborene Murau, erklärt: »Mein Mann ist nicht zu Hause.« Neulich sei im Fernsehen gewesen, man solle Fremden nicht aufmachen. Auf den Hinweis, es gehe um die Hinrichtung ihres Vaters und die Frage, ob sie sich an ihre Tour zu ihm nach Heubach anno 55 erinnere, eine hörbare Schrecksekunde – die Vergangenheit hat sie eingeholt. Danach: »Es wird viel Unsinn geschrieben. Das ist sehr lange her.« Minutenlang hallt die geisterhafte Unterhaltung über die Lebenden und den Toten durch den Flur. Aus Furcht vor Nachbarsohren macht sie auf.

Frau Schubert tritt aus der Wohnung: »Sie können ruhig sehen, wie ich heute aussehe.« Jüngst sei sie in Kur gewesen. Gitti trägt ein Medaillon mit flötenspielendem Turbanträger. Die modische Brille farblich passend zur Bluse mit floralem Muster. Nicht ohne Eitelkeit bemerkt sie: »Bekannte sagen, ich habe mich gegenüber früher kaum verändert.« Sie gibt 15 Minuten für das Gespräch.

Eintritt beim Generalmajor a. D. Besuch vom Klassenfeind war in keiner Wahrscheinlichkeitsrechnung des 73-jährigen Tschekisten vorgesehen. Er kommt, Hosen nicht ganz korrekt geschlossen, im weißen Sporthemd aus dem Bad. Ein grauer Greis mit der aus der Fasson geratenen Figur des Büromenschen, selbst schlurfend bedrohlich, ohne jedes Interesse an einem angenehmen Eindruck. Die Frau wünscht, dass er schweigt: »Albert, ich möchte dieses Gespräch führen.« Vielleicht ein Ausdruck von Erleichterung, dass die lange Flucht vor sich selbst ein Ende hat. Es wäre ihr lieber, er verließe das Zimmer. Der Gatte trollt sich in die Essecke, sitzt ihr wie ein böser Vogel im Nacken. Sie nimmt am Couchtisch Platz. Das sehr weiße Gesicht und der Hals beim Zurücktasten ins Gestern zunehmend von fliegender Röte überzogen. In Stimme und Blick liegt etwas Lauerndes. »Honett« will wissen, was man über sie weiß.

Das gepflegte Ambiente erzählt vom privilegierten Leben; Bonzensalär rund 3000 Ost-Mark monatlich. Häkeldecken, Rosen auf dem Tisch. Auf dem Sideboard Porzellanhirsch und Nippes. Über dem Sofa eine südliche Landschaft mit Boot und Steg. Im Büfett die Sammlung kobaltblauer Gläser. Von Schuberts Allmacht blieb nur Spießigkeit übrig. Wo steht die Kristallvase »im Wert von 840 Mark«, die er samt 25-Mark-Strauß zum Sechzigsten von Schreckensmann Mielke erhielt? Wo liegt der »Generalsehrendolch mit Gravur«, Präsent beim Abschied anno 84 samt »Handwerker-Hobbykoffer mit Zubehör für 1059,60 Mark«, von unermüdlichen Kalfaktoren akribisch festgehalten. Nicht zu vergessen die Walther-Pistole 408636, Initialen »AS«, Geschenk von Generalleutnant Neiber.

Ein Gespräch am Abgrund. Frau Schubert gibt millimeterweise Einblick in die schwarze Kammer der Erinnerung. 1954 sei ihre Mutter wegen des geflüchteten Sylvester in Haft gewesen. Wiewohl geschieden, lebten sie in der Schweriner Speicherstraße 8 zusammen. Der Papa sei eines Tages verschwunden. »Er hat nur einen Zettel auf dem Nachttisch hinterlassen.« Es sei ihr darum zu tun gewesen, »den Vater zurückzuholen, damit Mutti freikommt«. Ihr Ziel Dieburg habe sie nicht gekannt: »Ich dachte, es ist Duisburg.« In Heubach habe Murau »Treue zur Arbeiterklasse« gelobt. Und: »Der Vater ist freiwillig mitgekommen!« Im Urteil gegen H. und T. (den sie auf dem Foto nicht erkennen will) steht freilich: Sie hätten aus Cullmanns Mitteilung gewusst, »dass die Verbringung des Murau in die Sowjetzone *gegen* dessen Willen erfolgte«.

Verglichen mit Gittis lakonischem Abriss, sind die der Gauck-Behörde vorliegenden Dokumente von bestürzender Klarheit. Ihr Albert persönlich beglaubigte wie notariell die ruchlose Komplizenschaft: »Die IM ›Honett‹«, notierte der Kenner für Stasi-Zwecke, »verfügte damals auf Grund der gegebenen Umstände als einzige Person über die Möglichkeit, die Hauptrolle … zu übernehmen.« Mikroskopisch genau wie für einen packenden Vortrag verbürgt sein »Bericht« am 7. September 78: »Nach erfolgter Überprüfung auf Ehrlichkeit und Zuverlässigkeit sowie der ihrerseits vorliegenden Bereitschaft« sei sie zielgerichtet vorbereitet und »zum Einsatz gebracht« worden. Die faktengetreue Heroisierung der IM (und damit auch seine) entlarvt heute beide. Mielke spendiert ihr im Februar 79 die Verdienstmedaille, Dank an die Akteurin für »hohe persönliche Einsatzbereitschaft und exakte Durchführung übertragener komplizierter Aufgaben«. Konspirativ perfekt durfte sie »Lumps« wegen in Personalbögen auf die Frage: »Sind Sie oder Ihre Verwandten vorbestraft?« wahrheitswidrig »nein« sagen. »Schwartz«-Schubert vereinbarte 64 mit der SEDlerin, »die gesamte Angelegenheit mit ihrem Vater« in Unterlagen zu verschweigen. Murau sei »frühzeitig verstorben« zu nennen. Das stimmte irgendwie.

Im Gespräch erwähnt sie des Vaters Sauftouren, das unstete Leben, Gewalt gegen die Familie. Er habe hinter Gittern gesessen: »Wer Murau jetzt zum Helden machen will, ist schiefgewickelt.« Fast wortgleich hatte sie ihn 54 laut Personalakte als Säufer und tripperkranken Schläger beim MfS denunziert. Mit einer anderen habe er nach Amerika abhauen wollen. Der SSD nutzte das private Unglück, trickste Murau aus, vollendete damit gnadenlos die Familientragödie. Dass er für die Flucht in der DDR bestraft werden sollte, dafür hat sie noch heute Verständnis, lässt sich in diesem Sinne ein: »Sibirien ja, aber nicht die Todesstrafe.« Ende 55 kam die Mutter aus der Haft frei. Danach habe man »kein einziges Mal mehr darüber gesprochen«. Sie wiederholt: »Kein einziges Mal.«

Schweigen über das Unsagbare. Verdrängen, um eigene Beklemmung in Schach zu halten. Nur indem die Tochter das Kapitel strich, konnte sie dem letzten, trostlosen Eindruck vom Vater wehren, lebendig noch, aber ein hilfloses Bündel Mensch im SSD-Auto. Gedächtnislücken auch als Mittel, den Alptraum vom Schädel im Auffangkorb der Guillotine zu bannen, der zur Mitgift ihres Ehebundes zählt. Vielleicht braucht es die nach außen demonstrierte Härte als Selbstschutz, damit ihnen der peinigende Schatten des Murau nicht die Gegenwart zerstört.

Ein erfolgloser Versuch. Die nie verjährenden Bilder flackerten auf. Chaos in der Seele eingedenk des Enthaupteten. Scham, Erschrecken vor dem eigenen Spiegelbild (und was abseits der juristischen Schuldfrage an menschlicher Regung sonst noch auf der Empfindungsskala steht) fraßen sich fest im Gemüt. Die mit Gittis Rekrutierung unterstellte Unfähigkeit zu trauern kehrte sich inwendig gegen die Tochter, manifestierte sich in Krankheit. Fürsorglich rubrizieren MfS-Aufzeichnungen Krisensymptome und Verstörung: »Auf Grund der mit ihrem operativen Einsatz verbundenen starken physischen und psychischen Belastung, zum Teil auch bedingt durch die gegnerische Pressekampagne war ihr Gesundheitszustand lange Zeit sehr angegriffen.« Ferner: »Die IM ›Honett‹ befand sich auch über einen längeren Zeitraum stationär in ärztlicher Betreuung.« Von »Weinkrämpfen« ist die Rede.

Im gutsituierten Gehege des Generalmajors wahrte Muraus Kind den Schein, fürchtete immer den Sturz in die Wahrheit. Sie stand unter 2 P Js 81/57 im BRD-Fahndungsbuch, bangte sehr um den Sohn, der als Sportler in der BRD starten sollte, sprach deshalb alarmiert beim SSD vor. Schwer durchschaubar, warum »Honett« und »Schwartz« nach diesem Horrortrip füreinander entbrannten. Vielleicht mussten sie sich finden, weil die Last der archaischen Geschichte allein nicht zu ertragen war. Was auch immer für Kräfte in der Allianz zum Zug kamen, nichts ist intimer, als die Nachtseite im anderen zu kennen.

Schubert unterbricht bellend das Gespräch. »Ich weiß nicht, was das hier soll.« Die Wut kocht in ihm. »Aufbrausendes Wesen« ist der einzige Makel seiner sonst 1-a-Zeugnisse. Er poltert: »Kümmern Sie sich besser um die vom Westen erschossenen Vopos.« Wieder bittet Brigitte den Choleriker um Ruhe. Begütigend: »Er hat eine Bypass-Operation hinter sich. Er darf sich nicht aufregen. Ich mache mir Sorgen.« Eine Demonstration von Mitleid, während es um beider Anteil an der Auslieferung Muraus an den Henker geht.

Die Unterhaltung über die Operation »Lump« dauert schließlich eine gute Stunde. Es fällt kein Wort des Bedauerns. Ja doch, am Grab in Tolkewitz zeigt sich Frau Schubert interessiert. »Dass er dort liegt, wusste ich nicht.« Ferner: Geld habe sie für den Einsatz nicht bekommen, lediglich Fahrkosten habe man ihr ersetzt. Tatsächlich sind Zahlungen für sie erst ab 1. Oktober 78 belegt, 4000 Mark insgesamt. Umso mysteriöser, warum sie wie verhext agierte: Die Honoraranweisung stammt übrigens von Schubert, liest sich wie Nadelgeld für seine Zukünftige. Zwei Tage nach der Heirat, am 11. Juni 79, schloss ihre Stasi-Akte in miserablem Stil: »Auf Grund familiärer Veränderungen des IM machte sich notwendig, die Zusammenarbeit zu beenden.« Am Anfang und am Ende ihrer trübseligen Spitzelkarriere steht die Signatur des Mannes, der ihr Schicksal ist – Schubert: Mit jeder Beförderung setzt er seinen Namen theatralischer.

Brigitte Schubert, eine deutsch-deutsche Karriere. Am 6. Mai 1934 in Graudenz geboren. Volksschule in Wismar. Lehre im Friseursalon Jesse. 1951 laut Gauck-Behörde erste MfS-Tätigkeit: »Zur Abdeckung Landesbehörde der VP Schwerin.« Dann wieder Haareschneiden, Kinderkriegen, Qualifizierung zum Buchhalter mit »sehr gut«, Weiterbildung zum Finanzfacharbeiter. Von 1962 bis 74 Zivilbedienstete der Volksarmee in Strausberg, »FDGB-Vertrauensmann«. Dann scheidet die Mutter zweier Kinder aus. Der SSD attestiert der Fleißigen, sie sei geachtet, parteiverbunden, klassenbewusst, verschwiegen. Kurz: die ideale Genossin an »Schwartz'« Seite. Auffallend, dass sie sich nach der unglücklichen Jugend an starke Figuren kettet: 18-jährig die Ehe mit Cullmann, eine Art Flucht. Ihr Zweiter, Albert, ebenfalls eine uniformierte Beschützerfigur. Stramme Kerle, gemessen an Murau, der mit dem Leben nicht klarkam. Der elf Jahre ältere Ersatzvater Schubert, aufgeputzt mit gold-

nem Stern, lieh ihr seine Autorität, als er oben war; ein Manns-
bild wie des Teufels General.

Dank des guten Firmen-Archivs ist der Gatte nach 35 Stasi-
Jahren ein offenes Buch: Ein markiger Veteran, überhäuft mit
31 Orden, Nadeln, Medaillen, edlen und blechernen. Der un-
aufhaltsame Aufstieg des gelernten Müllers krönt die Leitung
der 1600 Kräfte starken Hauptabteilung VIII in Berlin, Spezialität »Beobachtung, Ermittlung, Festnahmen«. 1947 trat er der
SED bei, Mitgliedsbuch 0094301, beginnt bei der Vopo. Sachbearbeiter in Hagenow, Jurist im Fernstudium. Mit Honeckers al-
lerhöchster Widmung zum Scharnhorst-Orden erfüllt sich die
Wunschbiographie des Arbeitersohns aus Groß Beuchow. Ein
Leben lang Wühlarbeit, Glühen für die Sache, Rapporte, Pläne
auf Leben und Tod, Funktionieren in kaltem Hass. Mit der Ur-
kunde für »ehrenvolle Pflichterfüllung« schickt man ihn in Pen-
sion. Als er geht, hört und sieht er schlecht, was wie ein Symbol
wirkt. Seit er mit der Wende die Immunität verlor, will der Vater
dreier Kinder (Tochter und Schwiegersohn arbeiteten im MfS)
nicht mehr der Mann sein, der er im schmutzigen Gewerbe gewesen war, scharfkantig, skrupellos. Der Anklage, Auftraggeber
von zwei missglückten Attentaten gewesen zu sein, entzog er
sich im März 96 mit Attest: »Verhandlungsunfähig«.

Aus der ehrenwerten Gesellschaft der Schreibtischtäter lebt in
Berlin das ewige Staatsratsmitglied Klaus Sorgenicht. Wie Schubert ein freier Mann. Die Vorgabe für das Politbüro zum Verfahren Murau stammt von »Klausi«. Am 13. Januar 56 liegen seine
drei Blatt der ZK-Tagung im Zentralhaus der Einheit vor »Persönliche Verschlusssache«. Anwesend unter anderem Grote-
wohl, Matern, Stoph, Ulbricht. Auf der Tagesordnung zunächst
der erste 1000-Tonnen-Dampfer der DDR: »Als Name wird vorgeschlagen ›Frieden‹.« Punkt 6 Kuraufenthalt in der Sowjet-

union für den Stellvertretenden Vorsitzenden des Ministerrates Otto Nuschke. Danach unter 7a sein Urteilsvorschlag: »Gegen Murau soll die Todesstrafe beantragt werden.« Ulbricht zeichnet das Protokoll ab. Damit war in stupender Beiläufigkeit fünf Wochen *vor* dem Cottbuser Prozess der Sarg bestellt. Sorgenicht in der Wohnung Pablo-Neruda-Straße zu befragen scheitert. Er ist nicht daheim. Bei Gericht kann er nicht gewesen sein. Ebenfalls: »Verhandlungsunfähig«.

Das Ende der Geschichte: H. und T., heute Rentner, verbüßten die Strafen in Berlin-Tegel. Gegen die Schuberts laufen derzeit die Ermittlungen wegen Muraus Verschleppung, gegen weitere Beschuldigte wegen des Verdachts der Beihilfe zum Totschlag. »Blut-Lucie« Ehrenwall muss nicht mehr vor Gericht, sie starb am 10. März 1995. Ihre Schöffen Elisabeth Neumann und Otto Buder sollen noch leben.

An Muraus sinnlosen Tod erinnert ein Grabmal beim Krematorium Tolkewitz. Am Bau, in dem der Henker den Erbarmungswürdigen köpfte, steht damals wie heute der Sinnspruch »Nichts ist so fein gesponnen, dass es nicht käm zur Sonnen«.

Es lebe die Völkerfreundschaft!
Die Geschichte des DDR-Ozeanriesen

Sie schwimmt und schwimmt und schwimmt. Vor fast fünfzig Jahren wurde sie auf den Namen *Stockholm* getauft, heute heißt sie *Italia Prima*. Und zwischendurch, als *Völkerfreundschaft*, war sie der ganze Stolz der DDR. Geschichten aus dem Logbuch eines Ozeanriesen, der einmal ein Politikum war.

Das Wohnzimmer von Kapitän Gerd Peters sieht aus, wie Landratten sich ein Kapitänswohnzimmer vorstellen: Umgeben von gemalten und gebastelten Dampfern, sitzt der 62-Jährige im Ohrensessel. Mit Blick auf schöne Windjammer in der Buddel stopft er sich die Pfeife.

Fehlt nur die Uniform, die dem früheren Chef des DDR-Flaggschiffs *Völkerfreundschaft* auf den Leib geschnitten war. Ein blauer Zweireiher mit vier goldenen, den Rang bezeichnenden Ärmeltressen, diverse Orden vor der Brust: zweifacher »Aktivist« der sozialistischen Arbeit, Hochseeleistungsabzeichen mit dem Bild des segelnden Ministerpräsidenten Pieck. Auf einem Foto trägt Peters die Dienstmütze schräg und keck, die Hände liegen pastoral übereinander.

Bis die DDR unterging, zählte der Rostocker zu den blendenden Erscheinungen des Landes. Titel: »A 6, Kapitän in der Großen Fahrt«, Spitzengehalt 1700 Mark. Durch Funk und Fernsehen bekannt, Mitwirkender bei zweihundert einschlägigen Sendungen. Keiner kannte die volkseigene Flotte besser als der gelernte Stahlschiffbauer, nach der Fahrenszeit bis 1989 Pressesprecher des »Kombinates Seeverkehr und Hafenwirtschaft, Deutfracht/

Seereederei Rostock« mit 171 Kähnen. Nicht einer dieser Pötte, ob sie *Karl Marx* oder *Fliegerkosmonaut Sigmund Jähn* hießen, kam der 160 Meter langen *Völkerfreundschaft* gleich. Ein Ozeanriese, die Inkarnation von Fortschritt und Abenteuer mit dem gewissen Tick ins Phantastische. Peters liebte diesen weißen Riesen, stampfte mit Dienstgeschwindigkeit 18 Knoten um den Erdball: »Der Höhepunkt meiner Laufbahn.« Der Prestigejob beförderte die Karriere, mochte es Kollegen auch »vor dem Musikdampfer« und der erhöhten Verantwortung grausen, Peters: »Mit der Porzellanfuhre durfte ja nichts passieren.«

Der vom Freien Deutschen Gewerkschaftsbund, FDGB, 1960 für 16,2 Millionen Mark gekaufte Gigant schipperte, ideologisch schwer beladen, über die Meere. Rein technisch ein 12 442-Bruttoregistertonner, mit achtzylindrigen Dieselmotoren und unheimlicher Vergangenheit. 1948 in Göteborg auf den Namen *Stockholm* getauft, kollidierte er in der Nebelnacht vom 25. Juli 1956 vor New York mit der *Andrea Doria*. Fünfzig Menschen fanden den Tod. Kaum glänzte das dem Internationalismus geschuldete Wort Völkerfreundschaft am Bug, jubelten Parteitenöre enthusiastisch, das sozialistische Wertesystem könne »von keiner Macht der Erde mehr erschüttert werden«. 218 593 Privilegierte, Reisekader, aber auch normale Ossis sahen bis zur »Außerdienststellung« 1985 Kuba, Ostsee, Schwarz- und Mittelmeer, intonierten fleißig: »Unsere Braut ist die See / ich schiffe mit dem FDGB.«

Wer immer in der Großen Mutter Partei der Vater des Gedankens war, die Idee schien genial: Superkreuzer galten als Sinnbild für Optimismus, Technizität – verführerisches Symbol also für ein Land, das bei Wind und Wetter Fahrt machen wollte. Stramm auf SED-Kurs segelnd, gaukelte der Koloss ein Wir-Gefühl im damals »Sowjetzone« genannten Osten vor. Saßen nicht alle in einem Boot, konnten sich den klassenlosen Liner leisten? Der glitt wie ein Phantom durch die Planspiele der Arbeiter-und-Bauern-Macht. Zuvor hatte die schwedische Amerika-Linie auf ihrem Prunkstück Auswanderer nach Kanada oder Australien befördert und im Übrigen nur »Barone, Komtessen, Bankiers, Generaldirektoren, Diplomaten, Konzernherrn, Millionäre« spazieren gefahren. So las sich die kolportagehafte Historie bei den SED-Lyrikern. Pro Tag kostete ein Platz an der Sonne auf der *Stockholm* 125 bis 185 Mark. Streng handverlesene DDRler, Werktätige, Drahtzieher und Prominente zahlten für den 14-Tage-Törn Rhodos, Athen, Konstanza nur 250 Ostmark. Dafür konnten sie durch Feldstecher, Tagesleihgebühr fünfzig Pfennig, Himmel, Horizonte und greifbar nahe Küsten des Westens betrachten. In der Bar konnte man – am Rotkäppchen-Schaumwein nippend, die Flasche zu 40 Mark – insgeheim von der großen Freiheit träumen. Offiziell war das bei Strafe verboten. Indes brechen im Meer des Unbewussten Schiffe zu neuen Ufern auf, meinen Psychoanalytiker.

Vom ersten Tag an verriet die nautische Demonstration jenen Minderwertigkeitskomplex, den die *Völkerfreundschaft* eigentlich decken sollte. Die maritime Größenphantasie (Jargon: »V1«) basierte auf traumatischen Erfahrungen der jungen DDR: Außerhalb des Eisernen Vorhangs galt Ulbrichts Reich nichts; das Schiff hatte anstelle des Klabautermanns das Gespenst der Bedeutungslosigkeit an Bord. Der am 4. Januar 1960 im *Neuen Deutschland* veröffentlichte Bericht über die international beachtete Übernahme des Motorschiffs am Geburtstag Wilhelm Piecks bot alle Signalwörter, die das isolierte, fragile Gebilde aussenden wollte. Es heißt, über dem Stockholmer Amerika-Kai habe neben den Farben Schwedens »die Staatsfahne der DDR« gehangen, eine Kapelle habe »unsere Nationalhymne« gespielt:

»Auferstanden aus Ruinen und der Zukunft zugewandt«. 12 000 PS zogen nun die Flagge mit Ährenkranz, Hammer und Zirkel über die Meere, durch die Jahre. Eine Botschaft für den Rest der Welt, daß es neben Adenauers Land auf deutschem Boden noch etwas anderes gebe. Die vertrauliche Order S 80/60 regelte sogleich: Für die Auslandspropaganda sind mehrsprachige Werbematerialien herzustellen.« Trotzdem gibt's dazu im Westen nichts Neues, nur die freche Überschrift: *KdF-Schiffe für Pankow,* die eine Anlehnung an die Nazi-Zeit konstruierte. Die New Yorker *Daily News* fragten, ob die Russen dank der *Völkerfreundschaft* »nicht eine bewegliche Spionagebasis für Operationen direkt an unseren Küsten« erhielten, und die Amis versauten den Ossis manches Geschäft, ließen sie einfach nicht andocken.

Das Kommando übernahm zuerst Genosse Kapitän Alfred Zinn. Zu Gründerzeiten stach er mit dem Frachter *Vorwärts* in See. Mit seiner Biographie kam er stark dem in der Seemannsordnung vorgegebenen Modell nah, der DDR »treu ergeben« und laut Paragraph 8a insbesondere verantwortlich für die »politisch-ideologische Erziehung der Besatzung«. Mit dem Alten war nicht zu spaßen. Seine 220 Leute hießen »Zinnsoldaten«; im Kollektiv geehrt mit dem »Banner der Arbeit«. Der Träger des Vaterländischen Verdienstordens schlupfte später bei der Seereederei (DSR) unter, einem Hort verkniffener Hardliner und Ritualbüttel, über und über behängt mit SED-Auszeichnungen. Ankunft der *Völkerfreundschaft* am 15. Januar 1960 in der neuen Heimat Rostock. Spannung auf der Mole von Warnemünde. Die Fahrrinne musste tiefer gebaggert werden. Dicht bei dicht fröhliche, stolze Menschen, um die von vier Schleppern bugsierte Schönheit zu sehen: unerhört lang, hoch, elegant, trotz trüben Wetters wie mit Helligkeit übergossen. Lotse Heinz Kontny vom

VEB Bergung und Taucherei dirigierte die Fuhre ins Becken B. Schlag 14.20 Uhr fielen die Taue. Ein Tag der Superlative: Das schwimmende Hotel war das erste Schiff im Port überhaupt, einer Großbaustelle des Nationalen Aufbauwerks. Auf keinem Foto durfte Dr. Brigitte Rogacki, Spitzname »Bigidagi«, vom Krankenhaus Friedrichshain fehlen: »Die erste deutsche Schiffs-ärztin«. Sprechstunde der Offizierin von neun bis elf Uhr im A-Deck, Backbordseite. Später wurde die Vorzeigefrau nach Auskunft eines Besatzungsmitglieds »republikflüchtig«.

Im Rückblick wirkt es so, als hätte die SED förmlich danach ge-giert, endlich ein Stück Sozialromantik am konkreten Objekt demonstrieren zu können. FDGBler Kurt Meier prahlte, der Kahn sei »der sichtbare Ausdruck dafür, dass bei uns die Schöp-fer der materiellen und kulturellen Werte auch die Früchte der Arbeit ernten«. Seitenweise ranschmeißerische Zeitungsberich-te nach dem Motto: »Dufte, unser Schiff!« Kein Wunder: Eine vertrauliche FDGB-Präsidiumsvorlage vom 10. März 1960 re-gelte unter Punkt IV die »planmäßige Arbeit« mit Pressevertre-tern, »um eine politisch richtige Berichterstattung zu gewähr-leisten«. Fleißig aufgewärmt die Erfolgsstory der Radebeuler Kosmetikfirma Steckenpferd. Dort hatte der »Held der Arbeit« Wolfram Blochwitz 1958 vorgeschlagen, für 100 000 Dollar zu-sätzlich Exportgüter herzustellen und den Ertrag zum Ankauf eines Frachters zu verwenden. 1500 Betriebe schlossen sich der Sache an, es reichte locker für die *Völkerfreundschaft.* Das Schaf-fen, Sammeln, Wetteifern spornte die Aussicht auf einen der be-gehrten blauen FDGB-Ferienschecks an; verheißungsvoll mit Windrose und Schiffssilhouette bedruckt. Folglich erging zur Jungfernfahrt der Ruf an 531 Erwählte: »Die Besten des sozialis-tischen Aufbaus!« Mit dem Trip ins rumänische Konstanza be-lohnt: Ursula Füchsel, Vorarbeiterin im VEB Filtertuch; an ihrer

Seite Helene Märlender, Netzwerke Heidenau, Sollerfüllung 125 Prozent, und Brigadierin Elisabeth Lambrecht, Lederkombinat Damgarten. Sie nähte täglich zwanzig Taschen mehr. Maschinenführer Günter Rückriem war dabei, Rekordhalter der Kabelproduktion des Werks Oberspree, und Dieter Beutler, 19-jährig, »vorbildlicher« Rohrschlosser der Neptunwerft.

In den Gesichtern Aufbruchsfieber, intensive Zuversicht; das Lächeln nicht ganz frei von Pflichtempfinden. Der Gedanke liegt fern, Opfer einer Selbsttäuschung oder Akteure einer Seifenoper zu sein, die Sehnsüchte und für die Sache brennende Herzen ideologisch ausbeutete. Alle glaubten vorschriftsmäßig: »Nur in einem Arbeiter-und-Bauern-Staat ist es möglich, dass sich Arbeiterinnen und Arbeiter an Bord eines Luxusschiffes erholen.« Nicht zu vergessen zwei Dutzend Stasi-Schnüffler, laut Informationen westlicher Geheimdienste stellten sie wenigstens zehn Prozent der penibel durchgecheckten Crew und eine wechselnde Fahrgastquote. Ex-Schiffsführer Peters zum Beispiel wird laut den Akten der Gauck-Behörde später unter dem Deckamen Nauticus, Registernummer I/1110/80, als »IMS, Informeller Mitarbeiter für Sicherheit« geführt, traf sich mit Leutnant Mix, Diensteinheit Hafen, in der konspirativen Wohnung »Garling«, erarbeitete im Rahmen der »Aktion Flotte« laut Protokoll vom 11. Januar 1983 eine schriftliche »Einschätzung« zu einem anderen *Völkerfreundschafts*-Käpten und einem früheren Ersten Offizier, erhielt weitere diesbezügliche Aufträge. »Gutes Treffergebnis« notiert Major Eidam an den Rand des Papiers. Am 15. Oktober 1986 prämiert der Genosse Major den »IMS Nauticus« extra mit dreihundert Mark. Vom 20. Februar 89 stammt die Konzeption für den »offensiven Einsatz« von Peters in der BRD, verantwortlich: »Hauptmann Buchmann, bestätigt Oberst Amthor«, Vize der Stasi-Bezirksverwaltung.

Bei der propagandistischen Verwertung des Nobelfrachters rückten nie die besonders fernwehkranken Bonzen ins Bild. Pioniere aus hartem Holz dominierten die offiziellen Erzählungen von glücklichen Menschen und besseren Verhältnissen, nachzulesen im verschossenen blauen FDGB-Jubelband. Entbehrungsreiches Leben, Fleiß und Überzeugung passten in den Rahmen foxtönender Legenden. Das Rührstück vom braven Prolo Walter Koop ertönte, im ollen Deutschland Matrose und Kohletrimmer für karge Heuer, »ausgebeutet und entrechtet zum Dienst an Millionären und Admiralen«. Dann bediente der Kommunist im Goldberger VEB Rohrleitungsbau den Bagger UT 54. Überwältigt sah der »geachtete und freie Bürger« Alexandria wieder: nun Passagier mit Schlips und Kragen, im Salon speisend.

Die sorgfältig komponierten Schnappschüsse von der *Völkerfreundschaft* zeigten ein Volk von Helden, nur leider in der falschen Aufführung. Am Schiffsglobus stehend, Erich Urban, Maschinenformer aus dem VEB Erntebergungsmaschinen »Fortschritt« und Albert Thomas von der Dorfkonsumgenossenschaft Kirschau. In fröhlicher Runde fachsimpelnd, Emma Bolte, Gebläsewärterin des Synthesewerks Schwarzheide mit Anna Kaiser, HO-Verkäuferin aus Luckau und Weichenwärterin Maria Plath, Dresden-Friedrichstadt. Ernst Burmeister vom Hauptpostamt Güstrow klönend mit Erwin Günther, Schmied aus Moisall, zweifacher Aktivist. Dann der werte Kollege Postler Siegfried Zimmermann, für hervorragende Leistung im sozialistischen Wettbewerb mit der Leningrad-Tour bedacht, und 550 ergriffene Gewinner, die das große Los bei der Sonderziehung »Jubiläums-Knüller« des VEB Vereinigte Wettspielbetriebe zogen. Sie alle sahen die Alltagstristesse mit Reisen belohnt. Keine Verherrlichung des Schiffs ohne Appell, kein

Hinweis ohne berechnete Güte: »Gleichwertige Reisen kosten im Bonner Staat fast fünftausend Mark!« Ergo: Die tiefergehenden politischen Wirkungen seien »dem Klassenfeind ein Dorn im Auge«.

Weder ozeanische Visionen noch dichterisches Sehnen nach des Meeres und der Liebe Wellen leitete die SED-Steuermänner. Sie trieb der Wunsch, über dieses monumentale Zeichen von DDR-Präsenz die eigene Abkapselung zu überwinden. Effektvoll reisten die Schlachtenbummler zur Olympiade Rom 1960 mit dem Dampfer an. Die Teilnehmer der VIII. Weltfestspiele der Jugend 1962 in Helsinki ebenso. Walter Ulbricht schwamm 1965 in einer theatralischen Imponiergeste auf der über die Toppen geflaggten Staatsyacht nach Ägypten zu Nasser. Die Bordkapelle intonierte versehentlich Ex-König Faruks Hymne. Davon abgesehen, ein starker Auftritt. Die ausgebuchte Tour »Karneval in Kuba« fiel dafür ins Wasser.

Beweglichkeit, Großzügigkeit, Weite sollte das Traumschiff, Signalruf »DAYP«, im Kalten Krieg assoziieren. Derweil schottete sich das Land in paradoxer Parallelaktion mit Todesstreifen ab. Zum Mauerbau 1961 flüchteten sofort zwei Passagiere in Athen. Kapitän Peters reagiert heute durch unsichere Abschweifungen auf dieses Thema. Mit harten Linien um den Mund erinnert er, dass ihm bei der Bosporus-Passage jedes Mal »vier bis fünf Passagiere« vom Deck in die Freiheit sprangen. »Mann über Bord« – Ärzte, Ingenieure, Physiker, Chemiker, im Angesicht von Istanbul aufgefischt von Booten, aus denen der Ruf kam: »Los, springt!« Nicht anders in der Straße von Florida, bis Ziele in kapitalistischen Hoheitsgewässern gestrichen oder nur noch mit ausgesiebten FDGBlern, Betonköpfen, verdienten Künstlern, Veteranen angesteuert wurden. Honeckers Schwiegervater Gotthard Feist organisierte diese »ZK-Reisen«.

Während sich die Masse daheim wie im eigenen Land verbannt fühlte, spielten die Auserwählten auf dem Vergnügungsdampfer große Welt. Ohnehin stimuliert von dem unübertroffenen Gefühl, den Alltag hinter sich zu lassen, törnte Großzügigkeit die Kreuzfahrer mächtig an. Schon die Kombüse übertraf die gängige Phantasie. Noble Menükarten offerierten etwa am 28. August 1974 zum Empfang: Martini sweet, Geflügelsandwiches, Kraftbrühe »Choiseul«, Schweinesteak »au four« mit Gemüse und Pommes, abgerundet durch Erdbeeren und rumänischen Weißwein. Zum Abschied gab's Cocktail »Manhattan«, Schildkrötensuppe mit Chesterstange, gespickte Rindslende »Gärtnerin«, bulgarischen Rotwein, Eisbecher »Neptun«. Gemessen an der entbehrungsreichen Normalität, lief das auf Schlemmerei hinaus. Das war übrigens eine der letzten Fuhren von Kapitän Arno Steinau. Der ging kurz darauf in Göteborg »zur falschen Tür hinaus«, haute ab, ward nie mehr gesehen.

Hatte Ulbrichts Losung nicht geheißen: »Vorwärts, Genossen, zum Weltniveau«? Frei nach der Devise genoss die geschlossene Schiffsgesellschaft bürgerliches Wohlleben. Zwar hing statt des Konterfeis von König Gustav Adolf VI. nun Honeckers Bild im Treppenaufgang zum Verandacafé. Aber elementarer Kapitalismus zeigte sich ästhetisch in Mahagoni und glitzerndem Metall; der diskrete Charme der Bourgeoisie bestach durch den für 1,3 Millionen Mark mitgekauften Hausrat der *Stockholm*. Beim Dinner dominierte Sonntagsstaat. Die Stewards kellnerten in Jacken mit Schulterklappen. Im wohltemperierten Saal aß man mit Tafelsilber, achtete auf Etikette, verbot Badekleidung, kurze Hosen in Gesellschafts- und Speiseräumen. Kapitän Peters machte in blauer, kakifarbener oder weißer Uniform die Honneurs. Die Ausstaffierung kostete ihn zwanzig Mark Kleidergeld monatlich, vierzig Biere in Seemannswährung.

Von wegen »stolz und kühn die Farben der DDR vertreten«. So weit das Auge reichte, Konsum und Konvention statt linkem Avantgardismus. Friseursalons verwöhnten Kunden im Vorschiff. Frei- und Hallenbad, Milch- und Nachtbar standen zur Verfügung. Im Café lockte »Bingo«, Einsatz zwei Mark für drei Runden. Der VEB Progreß-Film-Vertrieb ließ täglich neue Streifen über die Leinwand flimmern. Alain Delon kam auf Breitwand als Monsieur Klein. *Zorro* lief, nicht zu vergessen *Dr. med. Sommer*, Teil II. Das Leipziger Tanzorchester Fips Fleischer, die Kapelle Herbert Balzer, die Vier Brummers baten zum *Tango um Mitternacht*. Die übliche Übertreibung. Ab 22.30 Uhr herrschte Bordruhe.

Nur das Saure war sozialistisch. Im Hauptdeck residierte der Politoffizier, PO, die Augen und Ohren der »Kreisleitung Flotte« der SED. Die Linienpolizisten wechselten, verbreiteten aber immer den strengen Geruch von Ideologie, oft von Alkohol. Wer bei den Scharfmachern in Ungnade fiel, verlor den »Sichtvermerk« im Seefahrtsbuch, den erlösenden Stempel für Auslandsreisen. Piefig organisiert auch der ganz normale Betrieb. Die Apparatschiks gingen ins Detail, geboten schon an Land: »An Bord herrscht Rechtsverkehr.« Das Morgenritual in unerschöpflich-aufgesetzter Fröhlichkeit: »Reise, Reise, alles aufstehn auf dem Schiff / Ein jeder weckt den Nebenmann / der letzte stößt sich selber an.« Akkurat vermeldet gleich Erfolgsziffern die Daten von Essen und Trinken samt Kalorienzahl: 170 000 Flaschen Radeberger Pils seien vor der Saison gebunkert worden. 175 Tonnen Proviant habe man dabei. 140 Brote, zweitausend Brötchen würden täglich gebacken, 170 Kilo Fleisch und vierzig Tonnen Sprit verbraucht. Die von dem Schriftsteller und FDGB-Preisträger Jürgen Lenz geführte Bibliothek habe dreitausend Bände. Staatsratsmitglied Otto Gotsche tobte trotzdem, seine Schwarte

Unser kleiner Trompeter fehlte im Bestand. Auf dem Programm Solidaritätskonzerte mit Kollekte »Für das blutende Afrika« oder bunte Unterhaltungsabende »Rund um den Siebenjahresplan« mit dem kühnen Bogen »Atomenergie, Petrochemie, Urlauberschiffe«. Spezifischer DDR-Faktor die Einstimmung für den Trip in die »Heldenstadt Leningrad«, verschärft mit Lichtbildervortrag. Das war SED pur, nur feuchter, salziger und, je nach Route, tropischer. Trotzdem kam die interne Kritik, Gemeinschaftsleben und politisch-ideologische Arbeit müssten »außerordentlich verbessert werden«. Zwischen den Gezeiten verstärkte die krause Mischung das ausgeprägte Erlebnis zweier Welten: Die Touristen stießen erst recht nachhaltig an die Grenzen ihrer Sehnsüchte. Vielleicht drückte das Überseeschiff sowieso von Anfang an die Botschaft aus, in jedem Funktionär stecke irgendwo ein verkappter Geldsack, allzeit bereit, sich bedienen zu lassen.

Beispiel DDR-Sportchef Manfred Ewald. Das ZK-Mitglied nahm laut Statistik allein 1976 den Dampfer 29 Tage für seine Stars in Beschlag. Sofort stieg der Verpflegungssatz von sechs auf zwanzig Mark. Ewald residierte immer fürstlich in der Staatsratskabine im Oberdeck, Steuerbord achtern, dem früheren Musikzimmer. Kapitän Peters navigierte eine dieser »Auszeichnungsreisen« nach Leningrad: »Ewald und Staatssekretär Erbach soffen meinen Whisky weg.« Mit auf Tour die blutjunge Kati Witt und ihre Trainerin Jutta Müller: »Mit ihr tanzte ich einen traumhaften Tango.« Für Heike Drechsler, Ruth Fuchs, Uwe Beyer, Täve Schur oder wie die Kanonen sonst noch hießen, bedeuteten die Kuba-Törns eine dicke Belohnung. Eine Seefahrt mit 150-prozentigen war aber selbst für staatstragende Athleten nur bedingt lustig. Außer Ewald beanspruchten sonst die Ersten Sekretäre der SED-Bezirksleitungen das Luxusappartement.

Niemand weiß bis heute genau, was sich die DDR die *Völker-freundschaft* kosten ließ. Sie fuhr ohne Rücksicht auf Verluste, begleitet von Gerüchten über abgehörte Gespräche, regelmäßige Stasi-Bordfeste in Warnemünde, Liegeplatz 37, mit kubanischen und anderen Geheimdienstlern. Dass das Boot 45-mal für Devisen an ausländische Firmen verchartert wurde, weist auf Finanzprobleme hin – der Preis unbezahlbaren sozialen Aufsteigertums à la DDR. In der ZK-Sitzung vom 19. November 1963, entschuldigt fehlten unter anderen »Ulbricht, Honecker, Mittag«, hieß es, 1962 seien 1,9 Millionen Mark Zuschuss in Anspruch genommen worden. 1985 musste die SED froh sein, den Kahn nach 1,6 Millionen Seemeilen »zum Schrottwert« (Peters) an die Reederei Neptunus Rex, Panama, verkaufen zu können. Abschied von einer unglücklichen Liebe und der Hoffnung auf die neue Zeit.

Zunächst erhielt der ausrangierte Stolz den Namen *Volker*. Dann lag er als *Fritjof Nansen* in Southampton, umfunktioniert zum Asylanten-Wohnschiff. 1989 geht es nach Genua, heißt *Surriento*, wird 1992 von der Firma N.I.N.A SpA übernommen. Die renoviert die nunmehrige *Italia Prima* für zweihundert Millionen Mark, wechselt bis auf den schnittigen stählernen Leib so gut wie alles aus. Der neue, alte Kreuzer ist jetzt die Glanznummer von Neckermanns Seereisen: Tagespreis 335 Mark. Die Partei wusste es ja schon immer: Es lebe die Völkerfreundschaft.

Die Agentenfalle

Wie Markus Wolf enttarnt wurde

Am 29. Juni 1978 schossen westliche Agenten das erste Foto des DDR-Spionagechefs Markus Wolf. Erst jetzt wissen wir, wie ihnen der Coup gelang.

Er war nicht der Mann, der er zu sein schien. So gut getarnt »Dr. Kurt Werner« aus Ostberlin den schwedischen Zoll passiert, noch unauffälliger sind seine Verfolger. Nie zuvor hat man den hochgewachsenen Brillenträger im Westen gesichtet, geschweige denn fotografiert. Der Doktortitel ist erfunden. Bei der Ankunft im Hafen Kapellskär führt er den getürkten Diplomatenpass D 05 335 mit sich. Ausstaffiert mit perfekter Legende, geht er am 27. Juni 1978 von Bord der Fähre *Aurella*. Er will nach Stockholm. Dort warten Beschatter auf den großen Unbekannten.

Ein scharf gescheitelter Stasi-Major begrüßt Dr. Werner am Terminal-Parkplatz. Manfred L. amtierte mit dem offiziellen Titel »Erster Sekretär« an der DDR-Botschaft. Für den Residenturleiter war die Berufung auf den bedeutsamen Außenposten 1974 eine Überraschung. Schwedisch lernte er erst an Ort und Stelle. Der neutrale Staat bot sich als Tummelplatz für »Aufklärer« an, dank des nordischen Zollabkommens gab es an der Grenze zu Finnland keine Kontrolle. Dr. Werners Risiko lag bei null, zumal unter dem Schutz des »Diplomatenvisums für eine Dienstreise zur DDR-Gesandtschaft nach Stockholm«. Daheim war die Vita wasserdicht abgesichert: Sein wirklicher Name ist Wolf, Markus Wolf. Geboren am 19. Januar 1923 im schwäbischen Hechingen, nicht am 20. Oktober in Berlin, wie die Falschpapiere behaupten. Streng konspirativ will Honeckers Spionagechef im »Venedig des Nordens« den SPD-Landtagsabgeordneten Friedrich Cremer treffen, Mitglied des Parteirats. Den Bayern persönlich zu sprechen, bewegt er sich durch halb Europa.

Wochen zuvor hatte Genosse L. die chiffrierte Botschaft erhalten, der Leiter der Hauptverwaltung Aufklärung (HVA) höchstselbst sei im Anrollen. Die »teilweise organisatorische Betreuung« des Trips liege in seinen Händen. Nun ist der Leitwolf da. Auf Fotos der bewussten Tage strahlt der Abholer die nervöse Spannung eines Untergebenen aus, dem schwant, die Karriere stehe auf dem Spiel.

Der Offizier, Nummer 961515 bei der Stasi, kannte die exakte Route des hohen Besuchs nicht. Das entsprach den Gesetzen des Genres. Aus eigener Erfahrung hätte er sich zusammenreimen können, dass Wolf in Helsinki einen Zwischenstopp einlegen würde. Ein »Klaus Dethloff«, angeblicher Kulturattaché, nahm ihn in Finnland am Händchen. Gewöhnlich reiste HVA-Personal zur Küstenstadt Nådendal, eine Tour von drei Stunden. Die Passage mit der Viking Line über den Meerbusen nach Schweden dauerte weitere sechs Stunden. Ankunft der letzten Verbindung in Kapellskär: 20.15 Uhr. Mit zwölf Grad war es für die Jahreszeit zu kalt. Das passte »zur Abendstimmung«, von der L. in der Rückschau spricht. Sie prägte sich ihm besser ein als der Schiffsname *Aurella,* der ihm entfallen ist. Wer den strapaziösen Seeweg wählte, hatte Gründe, den neunzigminütigen Kurzflug Ostberlin–Stockholm zu meiden: Sonntags hob 11.10 Uhr eine Maschine in Schönefeld ab.

In seinen Kreisen gilt der Resident, Jahrgang 32, als »gründlicher Auswerter«. Kollegen ergänzen die Beurteilung mit dem Zusatz »Umstandskommissar«, fürchteten ihn als Fahrer, der auch mal falsch herum durch Einbahnstraßen düste. »Operative

Schwächen« empfahlen ihn nicht uneingeschränkt für den heiklen Job. Indes zählte er seit 1955 zu den gusseisernen Weggefährten des ominösen »Dr. Kurt Werner«.

Ehe er schwedischen Boden betrat, irrlichterte Wolf als »mysteriöseste Figur der europäischen Geheimdienstszene« *(Spiegel)* durch die Presse. Schon zwanzig Jahre führte er die 3800 Mann starke HVA, befasst mit »Auslandsaufklärung, Gegenspionage, aktiven Maßnahmen«, was immer das bedeutete. Der Klassenfeind kannte nur den Namen, hatte aber kein einziges Bild von ihm: »The man without a face.« Thrillerspezialist Eric Ambler hätte den unsichtbaren Lenker vielleicht so charakterisiert. »Kühl und sachlich; von den Gefühlen Sterblicher nicht berührt.« Der Spukgestalt aus den Alpträumen westlicher Dienste eilte die Aura des Alleswissers voraus. Man glaubte fast, er könne durch Wände gehen. Im unsichtbaren Netz der schwedischen Sicherheitspolizei Säpo verfängt sich also ein Phantom. Freilich kein 007, wäre der volkseigene James Bond sonst gradewegs in eine Falle getappt?

Die spektakuläre Operation Feldtaube gegen den übergroß stilisierten Mischa unterliegt bis heute höchstem Geheimschutz; sie wird hier erstmals anhand der Akten rekonstruiert. Kaum zehn Eingeweihte kennen die Details der überaus brisanten Geschichte. Kein Wunder, dass fast alles, was bisher darüber kursiert, nicht stimmt. Meist bleibt es bei bloßen Spekulationen, warum der Dunkelmann hoch im Norden enttarnt werden konnte und dabei sein Gesicht verlor.

Daheim schallte aus dem »Neuen Deutschland« just ein »Herzliches Willkommen in der DDR für Oberst Muammar al-Gaddafi«. Die Schweden freuten sich auf die »Industrieferien«. Vor der Insel Bjurö lief das russische Kreuzfahrtschiff *Mikhail Kalinin* auf Grund. Das waren die Schlagzeilen, als der Wolf sich weit aus dem Bau wagte. Militärischem Usus entsprechend, ist der Vizeminister für Staatssicherheit Tag und Nacht beim Vorgesetzten »abmeldepflichtig«. Also war auch Genosse Mielke in die Haupt- und Staatsaktion eingeweiht.

Dem Boss reist ein »Ehepaar Piper« voraus. Die Dokumente von Ehemann Horst laufen auf die Adresse »1 Berlin 48, Waldsassener Straße 25«: Fernmeldemonteur, 176 cm, Augen blau, Kennzeichen keine. Am 26. Juni leiht er am Stockholmer Flughafen Arlanda einen Ford Fiesta, Kennzeichen ETB 730. Piper stellt sich als »Dr. Hans Richter, Mitarbeiter des Aufbau-Verlags« vor. Natürlich frei erfunden. Er arbeitet für die Stasi und fädelt den Kontakt zu dem SPD-Politiker Cremer ein.

Das Gipfeltreffen komplettiert Oberstleutnant Dr. Kurt Gailat, laut Mobilisierungsliste in Berlins Auguststraße 10 zu Hause. Diesmal nennt er sich Dr. Kurt Lenkeit, ebenfalls mit dem schützenden roten Diplomatenpass – Jargon: Rotpass – anstelle des blauen DDR-Ausweises unterwegs. Er ist der spätere Kopf der Abteilung A II, »Aufklärung der Organisationen in der BRD«. Das klingt theoretischer, als es war. Das Objekt seiner Begierde hieß SPD. Den Laden kannte er besser als Willy Brandt. 1981 schließen er und Wolf den abgeschobenen Kanzlerspion Günter Guillaume in die Arme. Bei Laune erzählte Gailat in pommersch gefärbtem Dialekt, welche Anträge seine Perspektivagenten just auf SPD-Parteitagen gestellt hatten.

Der Begleiter kommt, getrennt von Wolf, im Stockholmer Vorort Lidingö unter, Haus Odalsvägen 2. Bei Gailats Identifizierung liegen die Bonner Auswerter falsch. Die graue Eminenz wird bis heute in den Topsecret-Papieren mit Wolfs Stellvertreter Werner Grossmann verwechselt. Die Analysen ignorieren, dass Mielke die beiden HVA-Führer nie gleichzeitig hätte westwärts ziehen lassen.

Ehe L. für den damaligen Generalleutnant Wolf mit gebotenem Eifer Fremdenführer spielte, flogen zwischen der DDR-Botschaft Bragevägen 2 und der Ostberliner Zentrale Normannenstraße verschlüsselte Depeschen hin und her. Die Stasi zählte in Stockholm »sieben bis acht Mitarbeiter«: Funker, Sekretärin, Beauftragte für Innere Sicherheit. In Erwartung des SED-Bonzen mietet der Gehilfe am 26. Juni bei scandinavia europcar einen Volvo, Baujahr 77. Auf den Fotos schwedischer Aufpasser ist die Nummer JWH 856 zu erkennen. Wolf fuhr im Trabiland DDR einen 244-SLS der gleichen Marke. L. meint, es könnte sein, dass er den Hausmeister Rainer M., intern »Mädchen für alles«, zum Wagenholen schickte. Zur Fähre kommt er jedoch selbst mit dem Dienst-Fiat in vorgeschriebener dunkler Farbe und lotst die Crew über eine gute Stunde Wegs zur Adresse Alingsåsvägen 40. Die Blocks des Viertels Hammarbyhöjden, zwischen Birken und Kiefern, gleichen sozialistischer Architektur. Wolf zieht in die dritte Etage rechts ein. Am Klingelschild stand unter fünf Einheimischen noch der Name des ein Jahr zuvor ausgezogenen Jürgen G., Fahrer des DDR-Militärattachés. Der weiß bis heute nur vom Hörensagen, wer in der Bleibe unterkam.

Blickfang der von der Botschaft bezahlten Zweizimmerwohnung ist die Schrankwand Karat, DDR-Modell, Eiche hell. Dazu Couchgarnitur, Essecke und der Fernseher Orient, ungarisches Fabrikat. Im Regal sechs Bände Lenin, rot gebunden. Das lupenreine Zonen-Ambiente motzte der Quartiermacher dem Anlass entsprechend auf. L. druckst herum, wenn die Rede auf das kommt, was lange Stasi-Klatschstoff lieferte. Nämlich wie er für Wolf »die Bude uff Vordermann brachte«. Als hätten sie mit am Tisch gesessen, petzten alte Spezln: Bettzeug, Vasen, Blumen, Dimmerlampe, Krimsekt, Wodka, gut gefüllter Eisschrank, all das habe bereitgestanden. »Quatsch«, bellt L., von nennenswerten Dingen könne keine Rede sein. Er habe erwogen, einen Farbfernseher reinzustellen. Das sei nicht gewünscht worden. Eigens bekam Mischa nur ein »Clockradio« ans Bett. Da er an der Gebrauchsanweisung scheiterte, musste der Helfer zum Dolmetschen ran. Fürsorglich dachte er an den Föhn für Christa, Wolfs zweite Frau.

Mischa hatte die zwanzig Jahre jüngere Schneiderin kurz zuvor geheiratet. Nun beschnupperte die adrette »Christel« unterm Falschpass D 11975 die »verwirklichte politische Utopie«. Das war Schweden damals für Linke. Viel prosaischer das in der HVA kursierende Gerücht, der Vorturner habe sich den Agententreff mit der ihm eigenen sentimentalen Entschlossenheit »zusammengeschaukelt«, Tourist in eigener Mission. Empfänglich für den süßen Reiz des Verbotenen, habe er seiner Flamme mit dem Abenteuer Kapitalismus imponieren wollen. Ex-Stasi-Oberstleutnant und Buchautor Günter Bohnsack (Die Legende stirbt), bleibt das Motiv ein Rätsel: »Keener hat eingesehen, dass det dringlich sein konnte.«

Nach den Erinnerungsfetzen von L. lief das verschlüsselt mit ihm abgestimmte Programm auf sehr normale Bedürfnisse hinaus. Ein Besuch im »Supermarket« etwa zählte zu den ausdrücklichen Ostberliner Vorgaben. Weit draußen im Südwesten Stockholms an der E 4/E20 habe sich der passende Konsumtempel gefunden: »Nicht Ikea.« Oder der Abstecher ins nahe Uppsala. »Ich war nicht dabei«, erklärt L. An Devisen herrschte kein Mangel, »die Finanztante«, Oberstleutnant Ingrid Conrad, rückte für HVA-Reisende die Kohle raus. Zudem verfügte die Residentur über eine »Dauerreserve«, die Insider auf 10 000 Mark Bares beziffern. L. rechnete die Kosten der in jeder Beziehung unvergesslichen Partie »auf Heller und Pfennig ab«. Die Zeche ist dem Verdrängungskünstler entfallen: »Ich bitte Sie, das ist zwanzig Jahre her.«

Die DDR-Botschaft Stockholm führte der Diplomat Wolfgang Kiesewetter. Laut einer CIA-Liste gebot er über insgesamt 36 Mitarbeiter. Brav steht im Verzeichnis ein von der Säpo angeworbener »mittlerer Bediensteter«. Der Informant gab den Hinweis auf die avisierte Delegation »bereits im Vorfeld«. Es hätte keines Verräter bedurft, die Späher mussten nur die inneren und äußeren Anzeichen kombinieren. Schon der Doktor vor Wolfs Deckname erregte Aufmerksamkeit. Obwohl der Apparatschik an siebzig Orden und Ehrenzeichen schleppte, half das Lametta seiner Vorliebe für akademische Titel nicht ab. Vom Offizier Bohnsack stammt die Anekdote, der »Lange« habe sich in Berlin sogar unterm Alias »Dr. Förster« die Haare schneiden lassen. Sein Fimmel ließ die Schnüffler der Gegenseite prompt auf eine Führungskraft tippen.

Die vom Ersten Sekretär befehlsgemäß arrangierte Unterbringung im Alingsåsvägen erwies sich als schwerer Regiefehler. Mangels Techniker entfiel die Überprüfung auf Abhörwanzen. Die Ausspähung des Objekts, die Geschäftigkeit, die ganze Inszenierung konnte der Polizei nicht entgehen. Sonst verschwanden Stasi-Kundschafter in der Anonymität von Massenquartieren wie dem 225-Zimmer-Hotel »Birger Jarl« Tulegatan 8. Eine persönliche Empfehlung des Skandinavien-Kenners Oberst Günter Müller bei der Koordinierungsstelle (KOST). Aus seinem Giftschrank stammten auch die Operativpässe.

Vorsicht, Kamera: Das Wolfs-Rudel hing von der Ankunft bis zur Abreise am unsichtbaren Faden von »mindestens fünf Observationstrupps à vier Mann«. »Nahezu ununterbrochen unter Kontrolle gehalten«, lautete ihre Bilanz. Die Überwacher schossen etwa am Hötorget-Markt mit dem Zweihunderter-Teleobjektiv herrliche Schwarzweißsequenzen. Nur am 28. Juni fiel laut Protokoll »keine Beobachtung« der ertappten Heimlichtuer an. Am 29. dagegen Ausflug zum nahen Ferienhaus, aufmerksam registrierten die Verfolger den Wechsel auf den grünen Miet-Volvo. Gailat und die Wolfs stiegen ein. Die Fahnder notierten die Fahrzeit von einer halben Stunde: »Ankunft in den Schären 14. 20 Uhr.« Es ist der dritte Tag in der Fremde. Der treue Vasall L. meint, abends habe es zwischen den Wolfs geknirscht, weil Mischa für Christels Geschmack zu viel rauchte.

Ihr Mann läuft den Agentenjägern zuerst wie ein Handelsreisen-der ins Bild: gediegener Einreiher, überlanges Sakko, weißes Hemd, Schlips. Die Gemahlin im hellen Blazer. Bei anderer Gelegenheit streift der Ahnungslose leger durch die Metropole. Mit einer Kamera bewaffnet, geht er fleißig auf Motivsuche. Aufnahmen zeigen den gut erhaltenen 55-Jährigen mit umgehängtem Apparat. Obwohl zurechtgemacht im Freizeit-Look – Pulli, offener Kragen (aber verschlossenes Gesicht) –, ist etwas unangenehm Metallisches an Wolf, wenn er auf den beflissenen Sekundanten herunterguckt. Mit solch finster eingefärbtem Charme mag der General sonst im Büro die Meldung der Wache entgegengenommen haben: »Genosse Minister, keine besonderen Vorkommnisse!« Witternd hebt er auf einem Polizeifoto den Kopf. Beim Essen habe Wolf von dem Eindruck gesprochen, aufgenommen worden zu sein, rekapituliert L. Womöglich die branchentypischen Verfolgungsphantasien. Am Fahrplan der Stasi-Connection änderte das nichts.

Notizen vom 30. Juni. Die Fahnder sind »nicht durchgängig« hinter ihm her. »Dr. Werner« treibt sich am Hauptbahnhof herum. Abends betreten die Wolfs einen bekannten »Live-Klub«, L. hat den Schuppen ausgesucht: die zentral gelegene »Chat Noir«, Schwarze Katze, Döbelnsgatan 4; geöffnet von 20 bis 3 Uhr. Inserate im *Expressen* dürften ihn animiert haben, die mit »Sommersax i världsklass« lockten, Sommersex der Weltklasse. Die Parole des eindeutig zweideutigen Etablissements: »›Chat Noir‹ zeigt, wie man liebt, dafür lieben alle Chat noir.« Für 225 Kronen Abendgage boten Stripperinnen den ideologisch gefestigten SEDlern reichlich Leibesübungen.

Der 1. Juli, trocken, bewölkt, schwacher Wind. Waren die Helden vom Dolce Vita etwas müde? Wieder Sichtkontakt, wieder kein Problem, ihnen auf den Fersen zu bleiben. Früh um 8.45 Uhr starten L. und Gailat mit dem Volvo von Alingsåsvägen 40 stadtwärts in die Vasagatan. Gailat steigt aus. L. fährt kurz weiter, hält, wartet 15 Minuten, ehe er südwärts abhaut: typische Ablenkungsmanöver, übertriebene Theatereffekte, bevor sich im Hin und Her jetzt das Puzzle planmäßig zusammenfügt. Parallel dazu bringt Führungsoffizier Piper endlich den SPD-Politiker Cremer vom »Sheraton«-Hotel in die Wohnung zum wartenden Spionagechef. Unter den Augen der Säpo bewegt sich eine schöne Gesellschaft. Dr. Werner alias Wolf, Dr. Lenkeit alias Gailat, Richter alias Piper. Der einzig Wahre im Kreis falscher Fuffziger ist der Sozi Cremer. Ehefrau Christa serviert beim Meeting Getränke, zieht sich diskret zurück. Das erste Gespräch dauert von 9.30 bis 11.30 Uhr.

Für den Sonntag, 2. Juli, vermerken die Protokollanten Romantisches: »Bootsfahrt zu den Schären«. Am 3. Juli begibt sich Wolf zur Tarnung frühmorgens in die DDR-Botschaft, entsprechend dem Visum ja sein offizielles Reiseziel. 11.58 Uhr: Er kommt mit Gailat aus dem Haus, steigt in den Wagen. Es geht in die City zur »Gallerian«-Passage. Nach einer Stunde kehren alle zum Auto zurück, nun mit Frau Wolf. Anschließend wird bis 14.10 Uhr im historischen »Stallmästaregården« getafelt. Um 15.20 Uhr sichten die Aufpasser die Gruppe am Norrmalmstorg. L. kehrt allein in die Botschaft zurück, Wolf schlendert um 16.10 Uhr im Kungsträdgårdsgatan herum, weiter durch die verwinkelte Altstadt Gamla Stan. Gegen 18.50 Uhr eilt L. allein zum Hotel »Reisen« in der Bredgränd, sammelt Gailat auf, beide fahren Richtung Alingsåsvägen, wahrscheinlich steigen die Wolfs unterwegs zu.

Tolle Tage im dekadenten Westen. Mal kocht der Chef, lädt den geschmeichelten Statthalter ein. Mal tafelt die Runde, so L. im Schlemmerlokal »Gondolen«, Stadsgården 6. Die Gegenspionage guckt zu. Keine schlechte Wahl. Laut Reiseführer *Merian live* entschädigt exquisite Küche für die »hohe Preislage«.

Das Ende der Dienstfahrt. Richter-Piper gibt am 3. Juli um 17.30 Uhr den Ford zurück. Auftrag erfüllt: Wolf und Gailat folgen am 4. Juli. L. hat »dunkel in Erinnerung«, die Strategen zum Flugplatz gebracht zu haben. An diesem Tag bot die SAS eine Maschine via Kopenhagen nach Ostberlin an: Abflug 12.45 Uhr, Ankunft in der DDR 15.45 Uhr. Ein neuer Triumph für den »spymaster«, tief im Feindesland? Ach wo. Die Woche hinter (weißen) schwedischen Gardinen entpuppte sich als grandiose Pleite. Der Maskenspieler ahnte vom eigentlichen Plot des Krimis nichts: Bei der Polizei lagen die Schnappschüsse der illustren Reisenden schon im Entwicklerbad.

Die für Vollprofis provozierend dusselig eingefädelte Komödie der Irrungen überkreuzt sich mit einer Agentenstory der anderen Art. Zeitgleich bereitet in Ostberlin der Stasi-Oberleutnant Werner Stiller einen unheimlich starken Abgang vor. Mitte Januar 1979 flüchtet er durch den Bahnhof Friedrichstraße. Der Bundesnachrichtendienst schöpft die sprudelnde Quelle in einer konspirativen Wohnung in München-Solln ab. »Am 18. oder 19. Januar, nachmittags«, berichtet ein Teilnehmer, legten ihm Befrager die Stockholm-Bilder mit den unbekannten Stasi-

Nasen vor. Acht perplexe Ohrenzeugen hören den Ausruf: »Das ist doch der Wolf!« Die Sensation war perfekt.

Der »Spiegel« outet den Spionageboss am 5. März 1979 mit einem Foto auf dem Titel. »Vielleicht 25 Exemplare«, schätzt ein Ex-Offizier, kursierten bei der HVA, doch alle 3800 Mitarbeiter lasen die Wolf-Story mit. Sie ist noch druckfrisch, da befiehlt Berlin den Stockholm-Residenten unverzüglich zum Rapport. Anderntags sitzt er im Flieger. Er ahnt: Nach dem »üblen, schlimmen Verkehrsunfall« geht es um seine Existenz. »Mielke hat verrückt gespielt.«

Sein Kollege Bohnsack würzt die Schilderung von Wolfs schwärzester Stunde mit feiner Ironie: »Es war ja eine Katastrophe, dass der große Meister enttarnt ist.« – »Furchtbare Erregung« in der Firma und unheiteres Beruferaten: »Wat wollte der Wolf in Schweden?« Doch fehlte es nicht an klammheimlicher Freude, weil ausgerechnet »die hohe Generalität« beim Versteckspiel »draußen« aufgeflogen war. Wer im Spionagemilieu geknipst wird, gilt als »verbrannt«. Der Blamierte (drüben prahlerisch als Luchs gezeichnet) könnte gar nicht anders, als mit seinem Fahrer »Fiete« zu scherzen: »Unter uns: So schlecht bin ich gar nicht getroffen.«

Die Suche nach Schuldigen beginnt. L. zuckt die Schultern, erklärt in müdem Ton: »Ich habe bis heute keine Ahnung, wie's auffliegen konnte.« Zumal es im Stasi-Apparat laut Kennern allenfalls »sechs bis sieben« Mitwisser gab. Jahrelang habe ihn die Sache beschäftigt, es blieb schleierhaft, wer den Spezialcode knacken konnte. Zum Glück weiß er nicht, wie nah ihm der Säpo-Informant kam. Behaftet mit dem Makel des Versagers, muss L. »mehrere Berichte« schreiben, wird »zigmal« befragt, speziell zu einer »jungen, blonden Reinigungskraft«. Die Schwedin wird des Verrats verdächtigt. 1979 ruft die HVA ihn endgültig heim, aus Angst davor, der Westen könnte sich an den Düpierten heranmachen. Im realen DDR-Sozialismus schwärmte er still von Königin Silvia, die er in Vertretung des Botschafters bei Hofe kennenlernte.

Was ihm, zuletzt Oberstleutnant mit einem Jahresgehalt von 32 353,57 Ostmark, den Kopf rettete, weiß niemand genau. Die lange Wegstrecke mit Wolf? Der mag vielleicht daran gedacht haben, wie er ihm im Mai 74 persönlich die Mehring-Ehrennadel anheftete und dass der Getreue danach zum Herrscherlob anhob. Vielleicht rettete ihn auch das gemeinsame Geheimnis, dass Wolf in acht Stockholm-Tagen allenfalls drei Stunden dem Agenten Cremer widmete. Das Resümee der Gegner lautete vielsagend, er habe seine Arbeit durch Besuche »erlesener Restaurants und ausgedehnte Einkaufsbummel abgerundet«. Es sei ziemlich ungewöhnlich, einen Treff dermaßen üppig »abzutarnen«. Wolf linderte die eigene Schmach, indem L. ungeschoren blieb. Der Offizier wird zu einem Buch über den Stasi-Pionier Robert Korb verdonnert. Mischa steuert zum Parteichinesisch fünf Seiten »Geleit« bei, ein schöner Beleg, wes Geistes Kind er ist.

Wie es mit den ausgetricksten Tricksern weiterging? Absteigende Lebensläufe, gebrochene Biographien: Die flüchtige Begegnung mit Wolf bringt – ein deutsch-deutsches Schicksal – dem SPDler Cremer zweieinhalb Jahre Haft wegen »geheimdienstlicher Agententätigkeit für die DDR« ein. Nach 14 Monaten wird er begnadigt, politisch war der Abgeordnete tot. Das im Mai 80 ergangene Urteil 3 St 11/79 trägt bis heute den Sperrvermerk »VS-Vertraulich«. Anstifter Richter alias Piper starb nach der Wende, die wahre Identität ist »nicht mit Sicherheit« ermittelt. Resident L. lebt und lamentiert über die für Stasi-Kader reduzierte Rente.

Generaloberst Wolf (zu dem er in deprimierender Treue hält) ist längst von der Reisefee Christel geschieden; sie betreibt eine Schneiderei in Berlin. Seine *Erinnerungen* spielen die dramatische Schlappe auf vierzig Zeilen herunter, ein Hinweis, wie sehr den Schachspieler die verlorene Partie wurmt. Dem Residenten dankt er für »so vorbildliche Betreuung«. In den Augen des Westens entzauberte Schweden den gefürchteten Magier, zeigte die trivialen Seiten eines Scheinriesen: Hüben und drüben – nie mehr war es für ihn wie vorher. Die BRD-Dienste strichen nicht ungern den Ruhm für den Schlag gegen den Erzfeind ein.

Der Schwede, vor dessen Linse der Wolf tanzte, erhielt weder Prämien noch Orden. Die Bilder seines Lebens vergilben in Kuverts mit dem roten Stempel »Geheim«.

Das Porträt eines Geächteten

Die Beichte des »Kardinals«

Karl-Christoph Großmann war einer der Besten aus der Spionagetruppe von Markus Wolf. Nach der Wende packte der Oberst im Westen aus. Dafür hassen ihn jetzt die alten Kameraden. Die Beichte des »Kardinals«.

Wie Karl-Christoph Großmann zum »Verräter« wurde, darüber gibt es viele Geschichten. »Keine stimmt«, giftet der frühere Stasi-Oberst. Seine unruhigen Hände spielen daheim am Couchtisch mit der Schnupftabakdose, er nimmt eine Prise, schneuzt, legt los: »Alles Lügen! Passen se uff, es war so.«
Zögerlich hatte uns der Mann, den sie bei der »Hauptverwaltung Aufklärung« (HVA) »Charly« nannten, in der Berliner Zwei-Raum-Wohnung empfangen: Plattenbau, 10. Stock, Nummer 08. Ungnädig raunzte der 69-Jährige zuvor am Telefon: »Ham' se schon mal einen fairen Journalisten gesehen?« Großmann sitzt im Fernsehsessel vor einer leeren Tasse, daneben liegt »Focus«: »Hat mir Markwort geschickt.« An der Wand blüht üppig ein Blumenstillleben. Eulen, Symbole der Weisheit, starren von der Kommode. Akkurat ausgerichtet die Zinnbecher-Sammlung, alles aus besseren Zeiten. Hysterisch fegt Dackel »Cherry« durch den Raum, kein Vergleich mit dem auf Porzellan gemalten »Buffi«, der sofort ins Auge fällt: »Das war ein Jagdhund, sag ich Ihnen.«
Unter Mufflon-Geweih und anderen Erinnerungsstücken bewegt sich der frühere Vizechef der Abteilung IX, Gegenspionage, in grüner Strickjacke, Breitcordhose, farblich abgestimmtem

Hemd, solide und situiert. Nur die Puschen stören den Eindruck des Zünftigen. Spannung, nichts Schwaches ist dem Pensionär ins Gesicht geschrieben, obwohl der schlohweiße Haarkranz die ihm von Kollegen zugeschriebene Härte mildert. Auf den ersten Blick ein sehr waches, lauerndes Gegenüber.

Die Hassfigur der Stasi hatte man sich irgendwie anders vorgestellt. Immerhin verfluchen die alten Kameraden Charly wie keinen Zweiten. Sie schimpfen: Judas, käuflich, Element des Gegners, werfen ihm vor, zur Wendezeit gegen dickes Geld nebst kleineren Lichtern die Top-Spione Gabriele Gast und Klaus Kuron im Westen verpfiffen zu haben. Beide erhielten Freiheitsstrafen von sieben und zwölf Jahren. Kein Treffen der Unverbesserlichen aus Mielkes Verein, ohne dass sie von der Frage der Ehre schwadronieren, Verwünschungen bis hin zu Drohungen gegen Großmann ausstoßen. Trotz weiterer Überläufer – an erster Stelle der Verdammten kommt Charly.

Tatsächlich steht er in dem »Geheim« gestempelten Dossier 58/91 des Kölner Bundesamtes für Verfassungsschutz (BfV): »Betrifft: Seit der Wende sind zahlreiche ehemalige Angehörige der DDR-Nachrichtendienste mit Verfassungsschutzbehörden in Verbindung getreten.« Einer der 15 Genannten: »Karl Großmann«. Vermerk 72 für den Generalbundesanwalt präzisiert, er habe eine »Vielzahl von zutreffenden Hinweisen« gegeben, so dass keine grundsätzlichen Zweifel an seiner Glaubwürdigkeit bestünden. Hüben erhält Charly das Pseudonym »Kardinal«. Kardinäle sind Führungskräfte.

Drüben kannte sich die Dienstnummer 005280 mit Falschnamen eh bestens aus. Großmann gehörte zum Stasi-Inventar. Er verhehlt nicht, dass er einst im Mai 1955 zukunftsfroh in den Apparat einrückte. Als junger Mensch brannte er für die Idee »einer gerechteren Gesellschaft«: »Wir glaubten aus Überzeugung an das Neue.« Zuvor Bohrmeister bei der Wismut AG, ergriff das Arbeiterkind die Aufstiegschance, fand er »mit ein bisschen Abenteurertum« über die Volkspolizei zum MfS: Die Karriere katapultierte ihn vom Hilfssachbearbeiter in die Führungskaste. Zuletzt hatte er sagenhafte 3600 Mark im Monat und zwei Fahrer. »Ich war sehr erfolgreich. Die Arbeit hat Freude gemacht.«

Aus dem Büro im 7. Stock sah er halb rechts Markus Wolfs Räume. Im heißen Zentrum der »Äußeren Spionageabwehr« bürgte Großmann für Spektakuläres. Laut Kaderakte besticht der »ehrliche, zuverlässige, der Partei treu ergebene Genosse« durch »hervorragende Ergebnisse«. Nur wenige konnten ihm das Wasser reichen. Beförderungen für »vorfristiges« Erfüllen des Plansolls, konkret: die »Schaffung einer Quelle in einem militärischen Spitzenobjekt« der BRD. Mit übergroßer, theatralischer Unterschrift befürwortet HVA-Boss Markus Wolf 1978 den »Kampforden um Volk und Vaterland in Gold« für Charly. Durch persönlichen Einsatz sei es erneut gelungen, »in ein wichtiges Feindobjekt einzudringen«. 1983 höchstes Lob für »wichtige Positionen im feindlichen Lager«, unter seiner Leitung installiert. Der Mann für schwierige Fälle düste mit der Kuriermaschine zum KGB-Chef nach Moskau, setzte bei sich »die Risikoschwelle hoch an«, stellte »Mut unter Beweis«. Er trieb sich auf Mission im Westen herum, warb sogar im Herzen der Finsternis, in Bonn, um Spione: »Wir hatten Bombenquellen. Da warn schon Persönlichkeiten darunter.«

Ein Ehemaliger charakterisiert Großmann mit Achtung in der Stimme: »Kein Stubenhocker, ein Frontschwein«. »100 bis 200« Informanten im Operationsgebiet hingen an Charlys Angel. Wenn Wissen Macht ist, dann war er mächtig. Von seiner Truppe gedungene Agenten wie »Blitz« und »Paul« lauschten bei den

US-Abhörspezialisten auf dem Berliner Teufelsberg: »Das war ein teures Ding für uns.« Nach der Rekrutierung stieg eine Party. 25 Auszeichnungen honorierten Raffinesse und Verwegenheit des »Verdienten Mitarbeiters der Staatssicherheit«. Da ließ sich übersehen, wie ruppig die Supernase sein konnte. Niemand wäre auf die Idee gekommen, den Kleinwüchsigen im Ehrgeiz zu unterschätzen. Erich Honecker behängte ihn mit dem Vaterländischen Verdienstorden. 1980 sei's gewesen. Charly deutet mit dem Finger aus dem Fenster: »Drüben im Staatsrat.« Das Foto zeigt ihn steif vor Stolz, »die drei Pickel« für Obristen glitzern auf der Uniform.

Das Telefon läutet. Er fragt: »Ja, bitte?«, meldet sich nie mit Namen. Mit dem gleichen konditionierten Reflex hält Charly Biographisches verschattet, wiegelt am liebsten ab: »Weiß ich nich' mehr.« Angebote, die eigene Story aufzuschreiben, schlug er aus: »Was soll das bringen?« Dabei steckt in ihm ein Roman. Der Meister rasch wechselnder Identität erhielt als geheimer Mitarbeiter (GM) 1953 zuerst den Decknamen »Spitzberg«. Draußen agierte er mit dem auf »Karl Franke« laufenden Diplomatenpass. Seinem Spionage-Ass Klaus Kuron, bis zur Verhaftung Oberamtsrat beim Kölner Verfassungsschutz, trat er als »Karl« gegenüber. Oder die Legende »Generalbevollmächtigter der Interhotels« verschleierte die wahre Profession. Intern hieß er »Carlo«. Mit 39 avancierte er zum jüngsten Obristen. Der Westen hatte keinen blassen Schimmer von dem gefährlich-ruhelosen Gegenspieler.

Als der Oberst 1990 beim Bundesnachrichtendienst (BND) auspackte, reiste er unter eigenem Namen nach München. Auch wenn er angibt, die Kameraden von der anderen Feldpostnummer im Hotel Vier Jahreszeiten getroffen zu haben, war es eindeutig das Conti am Karolinenplatz. Mit am Tisch saß »Nolde«, den kannte Großmann schon durch Dokumente des HVA-Agenten »Buntspecht«. Ebenso war ihm BND-Beschaffer Foertsch »vom Papier her vertraut«. Zentrale Enthüllung der Sitzungen (weitere folgen bis 1993): die Quelle »Gisela«. »Für uns eine absolute Neuigkeit«, bekräftigt ein Insider. Ihre wahre Identität kannte nicht mal Großmann, porträtierte sie in groben Zügen: alleinstehende Akademikerin, behindertes Kind. Das genügte. In Pullach flog Regierungsdirektorin Gabriele Gast auf. Die Verlobte des MfS-Romeos Karl-Heinz Schneider spionierte 20 Jahre den BND aus.

Der Hausherr schneuzt und schnupft. »Cherry« kläfft wie blöd. Von draußen Hämmern und Bohren. Schrille Begleitmusik für die Frage nach der reichen Belohnung, die der »Kardinal« doch gewiss für die Beichten erhalten habe. Er ist nicht der Mann, der bei solchen Vorwürfen stillsitzt. Es dauert keine Sekunde, bis Charly förmlich die Brust spannt: »Absoluter Quatsch, absolut unmöglich.« Von wegen Judaslohn und die berühmten Silberlinge, von denen seine Gegner sprechen, die ihn erbärmlicher Schäbigkeit zeihen: »Ich hätte eine Million verlangen können und hätte die auch gekriegt. Ich habe jedoch gar nichts gefordert.« Laut Charly gab's »nicht eine Mark«. Und vom Ami? »Nicht einen Pfennig.«

Ohne Zögern kommt über seine Lippen: »Vielleicht zehnmal reiste ich zum Verfassungsschutz nach Köln.« Es gab Auslagenerstattung. 18 000 Mark dürften das gewesen sein. »Ich habe weder Plus noch Minus gemacht.« Ebenso habe der BND »Reisekosten und Aufwendungen« bezahlt. Die Rede ist von 22 000 Mark. »Könnte hinkommen.« Reizwort Kopfgeld? »Ich habe nicht mal was verdient bei dem Ganzen. Alles andere ist 'ne Lüge!«

Diese Zahlen liegen weit unter den phantastischen Summen, die in der Stasi-Szene kursieren und bis 100 000 Mark gehen. Davon aufgeschreckt, befassten sich Ende 1998 die Geheimdienst-Kontrolleure des Bundestags mit dem Fall. Im abhörsicheren Kellerraum des Kanzleramts trug der damalige BND-Chef Hansjörg Geiger vor, seine Behörde habe etwa 200 Stasi-Leute befragt, an diese rund 480 000 Mark »operativer Mittel« ausgegeben, darunter besagte 22 000 Mark für Charly. Die eklatante Differenz zwischen solchen Portobeträgen und den umlaufenden Gerüchten ließ den CSU-Abgeordneten Erich Riedl »intensiv nachfassen«: »Wir glaubten nicht, dass die Einvernommenen sich so billig verkauften. Formel-1-Autos kriegt man nicht zum Preis eines Volkswagens.« Insistieren bei BfV-Chef Peter Frisch habe »keine höheren Zahlen ergeben«.

Die vorher vereinbarte Stunde ist lange vorbei. Da kommt Charly auf den Herbst '89 zu sprechen. Am 8. November feierte er seinen 60. Geburtstag: »Im Café Moskau, ich hatte die erste Etage gemietet.« Unter Kumpeln zeichnete er die Lage düster: »Das Rad der DDR-Geschichte ist abgelaufen.« Berlin wimmelt von desorientierten Schattenmännern.

Der Regisseur kühner Operationen gegen die BRD konnte sich leicht ausrechnen: Zur Begrüßung im neuen Deutschland kreuzt der Staatsanwalt auf! Etwas zu forsch geht Großmann die Selbstverteidigung von den Lippen, Furcht vor Strafverfolgung hätte ihn nicht geplagt. »Ich habe keinen Mord begangen.« Vernehmer attestieren ihrem neuen Freund beim Rückblick jedoch nicht nur »Kompetenz und Schläue«. Sie haben auch deutlich im Ohr, wie er »Angst« vor Westermittlern artikulierte. Dieser Druck, sagt einer, der es wissen muss, sei »gewiss mit ein Grund gewesen, sich bei uns zu äußern«.

Während Charly daheim einen Aufruhr unbekannter Gefühle an sich erlebte, registrierte sein bester Spion beim BfV in Köln noch fleißig die ersten Stasi-Überläufer, meldete weiter an Führungsoffizier »Stefan«. Auf fast vier Seiten hielt Kurons Geständnis später die hereinflatternden Singvögel fest. Paniknah hört Doppelagent Kuron zwei Tage nach der Wiedervereinigung (5. Oktober '90) im Amt den Namen Karl Großmann. »Referatsgruppenleiter IV B, Gerhardts« quatschte in Kurons Kaffeerunde über ihn: Großmann sei vor einiger Zeit beim Landesamt für Verfassungsschutz Berlin (LfV) gewesen, dort abgewiesen worden. »Totales Blech«, korrigieren Beteiligte. Er war mit den Berlinern längst im Geschäft.

Die besten Thriller schreibt das Leben: Sechs Jahre zuvor hatte just der »Genosse Oberst Großmann« an Kuron »feierlich« den Vaterländischen Verdienstorden verliehen, dazu gab es 1000 Mark und ein Grillfest mit Wolf. Charly war Kuron von Anfang an nicht geheuer. Er habe 1983 beim Konspirieren im tunesischen Hammamet »mit dem Geld um sich geworfen«, »volltrunken allgemeine Aufmerksamkeit erregt«. Umgekehrt mochte Charly den Kuron »nie leiden«. Womöglich erkannten sich die beiden gegenseitig.

Wie Charly die Seiten wechselte? Ganz einfach. Ein Journalist führte ihn beim Italiener an der U-Bahn-Station in Moabit dem Verfassungsschutz zu. Großmann erbat Bedenkzeit. Meist holte das LfV ihn dann unauffällig zu Hause ab, chauffierte ihn im Audi zur konspirativen Schöneberger Wohnung, mal in die Dependance Potsdamer Straße. Sein Dackel kam immer mit. Die Jungs erkannten den Rang des »Kardinals«, wollten in Köln gern echtes Honorar für ihn herausschlagen, weil er andere Abtrünnige »um Längen« übertraf. Es ging Schlag auf Schlag. »Maurer« und »Gräber«, HVA-Agenten beim Verfassungsschutz in Hessen und Niedersachsen, wurden enttarnt. Beim zweiten Mal sei Charly mit dem Namen Kuron herausgerückt. Eilmeldung ans BfV: »Es geht um eine zentrale Figur von Euch!«

Die neue Zeit hatte Großmann in prekärer Lage eingeholt. Mit 58 war er zum 31.12.1987 in Rente geschickt worden. »Sofort!« kritzelte Erich Mielke an den »Streng Geheimen« Vorgang. Zum Abschied gab's 600 Ostmark »einschließlich 40 Mark Blumengeld«. Zuvor hatte man Charly entmachtet, die totale Demontage mit dem Titel »Offizier für Sonderaufgaben« kaschiert. Sein Job beschränkte sich auf die Betreuung des 1985 in die DDR übergelaufenen BfV-Abwehrexperten Jochen Tiedge. Der heiratete drüben seine »nette, charmante Brigitte«. Die hatte ihm Charly zugeführt, brachte es aber nie übers Herz, den Coup auch Tiedge direkt zu offenbaren.

Großmanns Leben war das Agentenspiel. Das Stasi-Urgestein haderte mit seinem unrühmlichen Karriereende, fühlte sich gedemütigt und abgeschoben. 1989 griff ihn die Staatsanwaltschaft Templin, Vorwurf: »Verbringung von Stasi-Unterlagen«. Es braucht nicht viel, damit er sich an dem Punkt in Rage redet. Er suchte die Hilfe von Kollegen: »Die haben sich von mir abgeschottet.« Am 13. Mai 1988 legte die Abteilung »Kader und Schulung« den Vorgang »Carlo/Niva« an. Darin steht, der Oberst sei seit September 1986 »unter operativer Kontrolle gehalten« worden. Die Ermittler staunten über Autos (Lada Niva, Golf, Passat), die ihm, gemäß Akte, drei West-IMs schenkten. Man hörte ihn ab, argwöhnte über seine Einnahmen. »Soll über ein Sparguthaben in Höhe von 250 000 Mark verfügen.« Charly erregt sich noch heute über so viel Dilettantismus: »130 000 Mark hatte ich, die hätten bloß auf mein Konto gucken müssen.« Man unterstellte, er führe »spekulative Handlungen für sich und andere zur persönlichen Bereicherung durch«, unter anderem finanziere er im Bezirk Neubrandenburg den Bau einer Jagdhütte. Das Disziplinarverfahren endete mit der Auflage, die Verhältnisse »zu ordnen«, sein »gesamtes Freizeitverhalten zu überprüfen«. Dass man ihn mit Befehl 545 nur verwarnte und nicht aus dem Verkehr zog, war die letzte Referenz an seine tschekistische Klasse.

Die Aufpasser des berüchtigten Generalmajors Günter Möller begriffen nicht: Wie bei Romanhelden von Graham Greene gehörten paradoxe Leidenschaft für Konspiration, gewisse Kaltblütigkeit und Lässigkeit des Spielers zusammen. Grad so, als ob beim Tarnen und Täuschen das wahre Leben zu kurz käme, ausgeglichen werden müsste. Nach 32 Dienstjahren degradierten die Häscher einen ihrer Besten wegen »charakterlicher Eigenschaften wie Überheblichkeit, Schwatzhaftigkeit und Prahlsucht sowie ... unmoralischem Lebenswandel« zum »Sicherheitsrisiko«. Beim Anbaggern trafen die Wessis auf einen Zermürbten. Nach der Demütigung durch den Apparat war Großmann in überaus komplexer Gefühlssituation eine leichte Beute. Ungerührt registrierte die Stasi: »Aufgrund der durch ihn selbst nicht als lösbar erscheinenden persönlichen sowie dienstlichen Probleme beschäftigt er sich mit suizidalen Absichten.« Indem er auspackte, löschte er seine Existenz auf andere Weise aus. Rachegelüste waren immer ein starkes Verratsmotiv. Charly spricht von »Verbitterung«, »resignative Erhebung« nennen es Fachleute. »Für mich war eine Welt zusammengebrochen.«

Per Übersprungshandlung floh er in die neue und wandelte sich dem Hauptgegner an. Am Tiefpunkt wird John O. Koehler bei ihm vorstellig, einst Ronald Reagans Pressechef: »Mir bekannt als ehemaliger CIA-Mann.« Man plauschte im Grand-Hotel über ferne Dresdner Schultage. Ergebnis der Anbahnung, wie sie im Stasi-Buch Koehlers steht: »Er erzählte von zahlreichen Amerikanern, die hochsensible US-Militärgeheimnisse der Stasi verraten hatten.« Mit Hilfe des Großen Bruders hätte er die Flatter machen können.

Großmann wollte sich unwiderruflich von der eigenen Vergangenheit befreien. Das galt speziell für die Beziehung zu Markus Wolf. Ihre wechselseitige Abneigung setzt eine Zeit der Nähe voraus. Für den »Kardinal« verbindet sich mit dem Generaloberst das Bewusstsein der eigenen, vergeudeten Jahre. Diese Wehmut ist durch dessen Entzauberung nicht zu heilen, zumal Charly sich schwertut, sein Handeln offen zu bekennen, zu Widersprüchen zu stehen. Wiewohl es wahrlich Schlimmeres gibt, als der Verachtung Wolfs anheimzufallen, ist er nicht frei von tiefsitzender Beklemmung. Daheim schmiss er alle sichtbaren HVA-Zeichen weg. Geblieben ist indes der Bann der Vergangenheit, eingebranntes Wissen um den Stasi-Treueschwur und den in der DDR mit der Todesstrafe geahndeten Verrat.

Ein deutsch-deutsches Schicksal? Dem Überläufer bleibt nichts anderes übrig, er muss die gebrochene Vita verteidigen. »Ich bin sehr zufrieden.« Das erwähnt Großmann oft. Er spreche mit »vielen interessanten Leuten«, Ex-Verfassungsschützer Hellenbroich, bekannten SPDlern. »Der Maxl«, Franz-Josef-Strauß-Sohn Max, melde sich gelegentlich. Natürlich kenne er Schalck-Golodkowski: »Alexen«. Mit Floskeln spielt der Prominenteste im Reigen verratener Verräter die Bedrängung herunter: »Ich habe meine Pflicht getan als Bürger dieses Staates.« Eine Fassade der Stärke ist ihm lieber, als Mitleid herauszufordern. So muss ein Konvertit wohl reden. Im bitteren Ton des Gekränkten rutscht ihm jedoch heraus, man habe ihm absolute Diskretion zugesichert. Stattdessen sieht er sich seinerseits bloßgestellt durch den »Vertrauensbruch mir gegenüber«.

Charly ist vom Leben doppelt betrogen. Beim Abschied hat er eiskalte Hände.

Die Geschichte eines Verdachts

Der Tod von Jürgen Fuchs

Der Schriftsteller Jürgen Fuchs ist tot. Bis zuletzt peinigte ihn der Gedanke, seine Krebserkrankung sei »nicht gottgewollt, sondern menschengemacht« gewesen. Hat die Stasi Fuchs und andere Regimegegner im Gefängnis radioaktiv verstrahlt? Eine Spurensuche.

Hier kommt ein Mann, wie er im Buche steht. Wir kennen den grauhaarigen Herrn, der eben auf die Leipziger Straße tritt, aus Jürgen Fuchs' Roman »Magdalena«, Seite 410: »Humboldt-Universität zu Berlin, Sektion Kriminalistik, Prof. E. Stelzer, Sektionsdirektor.«

An Publicity ist dem 67 Jahre alten Ehrenfried Stelzer wenig gelegen. Bis zur Wende führte er ein Doppelleben. Laut Kaderkarteikarte diente der Hochschullehrer der Stasi von 1962 bis Ende 1989 als OibE, »Offizier im besonderen Einsatz«: »Zur offiziellen Abdeckung dieses Status« besetzte er eine vom Ministerium des Inneren »zur Verfügung gestellte Planstelle«. Nach Expertenauskunft brachte ihm die »operativ bedeutsame Dienststellung« rund 4000 Mark monatlich.

Zu einem Treff hat Stelzer zunächst wenig Lust. Wir wollen mit ihm über die Mutmaßung sprechen, Jürgen Fuchs' Krebstod sei durch heimliche Verstrahlung in der DDR-Haft ausgelöst worden. Der Autor glaubte, seine Krankheit sei »nicht gottgewollt, sondern menschengemacht« gewesen. Das schreckliche Ende ließ 176 Persönlichkeiten den »dringenden Verdacht« aussprechen: »Mord auf Raten«. In diesem Zusammenhang fällt der

Name der »Sektion Kriminalistik«. Dort entstanden in den Jahren 1987/88 »Untersuchungen zu chemischen Substanzen mit besonderer kriminalistischer Relevanz«, Institutskürzel »Toxdat«. Das Kapitel 2.3.2 ist mit »Schädigung durch Beibringung radioaktiver Stoffe« überschrieben.

Stelzer paraphierte links unten mit energischer Handschrift den in fünf Exemplaren vorgelegten Geheimbericht; »ein Original, 4 Xeroxkopien«. Verfasser war Oberassistent Walter Katzung, ebenfalls registrierter »OibE« im Rang eines Majors der Staatssicherheit. »Zum Umgang mit radioaktiven Stoffen Stufe II« berechtigt, zur Mitarbeit »an der Entwicklung geeigneter Mittel und Geräte für den Einsatz chemischer Substanzen« berufen. Unter dem Pseudonym Dr. Werner Groß erklärte Katzung 1993 dem »Stern«: »Uns war klar, dass diese Forschungsarbeit als Anleitung zum perfekten Mord benutzt werden konnte.«

Der nunmehrige Anwalt Stelzer fauchte zunächst am Telefon: »Die Sache hängt mir allmählich zum Hals raus.« Das sei kein Thema, »es ist absurd und lächerlich«. Sehr auf der Hut, kommt er zum Gespräch ins Restaurant »Eldorado«. Stelzer ist sich jederzeit bewusst, was allein schon die bloße Vermutung bedeutet, die DDR könne Oppositionelle auf besonders hinterhältige Weise erledigt haben, indem sie ihnen Zeitbomben implantierte. Kaum dass er sitzt, dies vorab: »Ich habe mir nichts Ehrenrühriges vorzuwerfen.« Mit fester Stimme, aber lauernd schließt der ehemalige Oberst einen Zusammenhang zwischen dem »Toxdat«-Dossier und dem Sterben von Fuchs »völlig aus. Ein grotesker Unsinn.« Die Studie sei »eine normale Forschungsarbeit, bestehend aus internationaler Literaturrecherche über Vergiftungsfälle sowie computergerechter Aufbereitung«. Zur Verdeutlichung: »Es ist also keine Anleitung zum Töten, sondern eine Anleitung zu kriminalistischer Untersuchung.« Er räumt ein, jedes gerichtsmedizinische Lehrbuch könne auch eine Handlungsanweisung sein, wenn es missbraucht werde. Als sei das Thema damit erledigt, kommt er unvermittelt mit einer Rede Chruschtschows aus dem Jahre 1953. Das abschirmende Lächeln verrutscht ihm kurz, weil wir noch seine Gutachten für Prozesse »gegen Bürger der BRD und Westberlins« wegen »staatsfeindlichen Menschenhandels« erwähnen.

Bis zum Tod des Autors am 9. Mai konnte »Magdalena«, Fuchs' letztes Werk, als reine Literatur gelesen werden. »Betroffenheitsliteratur«, mäkelten einige Rezensenten. Die hatten mit der Collage aus Fakten und Fiktion Probleme und fanden, der von der DDR zum »Staatsfeind« gestempelte Literat arbeite in dichterischer Freiheit sein Verfolgungstrauma ab. Isolationshaft im Stasi-Knast Hohenschönhausen, 200 Verhöre von November 1976 bis August 1977 brannten ihm etwas Unauslöschbares in die Seele. Die Greifer rissen den damals 26-jährigen Psychologiestudenten aus dem Hochgefühl erster Erfolge. Es war die Zeit von Beat und Poesie, herrlich beschwingt, herrlich hoffnungsfroh, herrlich naiv – und von der Stasi beäugt.

Robert Havemann saß in Fuchs' Lesung, Lob kam von den schon berühmten Kollegen Günter Kunert, Reiner Kunze, Wolf Biermann; »hinterher war ich' wie berauscht«. Umso härter der Kerkerschock für den Häftling »Nummer zwo«. Fuchs verwandelte die namenlose Bedrängnis in Epik, stellte in stakkatoartigem Stil rätselhafte Fragen wie diese: »Und ›Fototermin‹ im Knast? ... Strahlen aus leisen Kanonen? Radioaktive Sächelchen im Essen, im Trinken? ... Diese Möglichkeiten ausblenden, verdrängen? Wie denn?« Nun, da der Autor auf Feld D VII des Berliner Heidefriedhofs Alt-Mariendorf unter Buchen begraben liegt, scheint die Textstelle zu vielen nie geklärten Stasi-Komplexen zu passen.

Spurensuche in Hohenschönhausen. Türme, Mauern, Stacheldraht, selbst bei Sonne ein Ort unergründlichen Dunkels, durch den die alten Dämonen geistern. Im Erdgeschoss Verwahrraum 117, wo der Autor einsaß. Sieben Schleusen, Tore, Gittertüren riegeln von der Außenwelt ab. 9,9 Quadratmeter Raum, ein schmaler Lüftungsschlitz, kein Fenster. Kältegefühl stellt sich ein. Schräg gegenüber auf dem Flur, dem rote, selbstbemalte Kugellampen etwas Frivoles geben, der Fotoraum: Kamera, Stuhl für den Häftling, Vorhänge mit Gardinchen, spießiges Interieur, mit Schallschutz verkleidete Doppeltüren. Was mag sich dahinter abgespielt haben? Als der kranke Fuchs mit einer hochdosigen Strahlentherapie ums Überleben kämpfte, fühlte er sich erschöpft und down wie einst nach den erkennungsdienstlichen Fototerminen. Festgeschnallt auf dem drehbaren Stuhl, musste er die Prozedur über sich ergehen lassen. Später meinte er, dort radioaktiv verseucht worden zu sein. Beweise dafür gibt es bisher nicht. Es sei denn, man nähme ein im Bau gefundenes Strahlenkunde-Lehrbuch als Fingerzeig. Doch betont Gedenkstättenleiterin Mechthild Günther: »Jürgen Fuchs ist ein glaubwürdiger Zeuge.«

Seine »Gedächtnisprotokolle« (1977) referieren die bleierne Zeit im Zellentrakt. Dialog mit Vernehmern: »Der Kaffee ist für Sie./ Nein danke.« Darauf die Antwort: »Trinken Sie nur, ist nichts drin, und wenn, ist es eine Erfindung des Klassenfeindes.« Die Szene erzählt davon, dass er im rechtsfreien Raum mit dem Allerschlimmsten rechnete. In Potsdam schildert uns sein Jenaer Studienkollege G., Stasi-Oberstleutnant und Experte für »Operative Psychologie«, die Methodik der anderen Seite: Es habe zum »Maßnahmengebilde« gehört, Missliebige derart unter Druck zu setzen, dass sie die Angst nicht mehr loswurden – selbst wenn die Stasi gar keinen Druck machte.

Die Leidensgeschichte des Jürgen Fuchs ist das eine. Die Geschichte eines unheimlichen Verdachts das andere. Unklar ist, ob beide Geschichten zusammenpassen. Seine Verstrahlungs-Theorie ist nicht das Hirngespinst des schweren Abschiednehmens, im engsten Kreis sprach er längst darüber. Dem Tod nah, autorisierte er Freunde, öffentlich darüber zu reden. Die Bürgerrechtsszene treibt eh seit der Wende die Frage um, warum sich Mielkes kriminelle Vereinigung so heftig für das lautlose Töten durch Radioaktivität interessierte, dass man die »Manifestierung irreversibler Schäden« wie »zu Siechtum führende Blut/ Knochenmarkschäden …« akribisch und seitenweise auflisten ließ. Fuchs zitiert das luziferische Dokument mit dem Zusatz: »Was beweist das im Einzelfall?/ Fast nichts./ Also was?/ Sie haben mitgedacht.«

Von »Toxdat« dürfte der Literat 1991 erfahren haben. Damals tauchte ein Exemplar im Gauck-Bestand auf. Aus der Fakultät kursierte ein weiterer Beleg. Elektrisierende Funde für jemand, den die Furcht umtrieb, »was war im Knast wirklich abgelaufen hinter den Kulissen … beim Fototermin?« Mit »Toxdat«-Kopien kam er zu seiner Ärztin, gepeinigt von der Frage: »Wie kann ich das beweisen, dass in meinem Körper etwas ist?« Für ihn gehörte das Papier zum »großen, schmutzigen Thema der Zersetzung«, des »Zerstörens von Menschen und Seelen« durch die Stasi, die »übelste Art vielfach spurloser Verletzung«. Das »Einbringen von radioaktiven Substanzen, zum Beispiel über die Nahrungskette«, schloss der Krebskranke nicht aus.

Und nun öffnet sich das weite Feld der Spekulation höchst dramatisch, weil der 48-Jährige womöglich die »Zersetzung« am eigenen Leib erlitt. Vor ihm starben die Stasi-Häftlinge Rudolf Bahro und Gerulf Pannach auch an Krebs. Reiner Zufall? Fuchs' Plasmozytom, heißt es von Medizinern, könne durch Strahlen verursacht werden. Die Quellenlage mag diffus sein, sein Tod hat etwas von einem ultimativen Appell, Licht ins Dunkel zu bringen, die noch verschlossene Welt der MfS-Knäste zu durchleuchten, nachdem Öffentlichkeit und Ämter den Aufklärer mit nie aufgelösten Ängsten und Verzweiflung alleinließen, ihm sogar Außenseitergefühle aufdrängten.

Reise in die Vergangenheit. Das frühere Stasi-Gefängnis Gera. Im Gemäuer hängt der Geruch untilgbaren Elends. Verwalter Thomas Zaucher führt uns zur »Kammer«, heute wie damals als Fotoraum genutzt. Das gemusterte Linoleum blieb, die Polaroidkamera ist neu. In dem Zimmer entdeckte das »Bürgerkomitee« am 27. Dezember 1989 hinter dem Vorhang ein ominöses Röntgengerät. Der Kasten habe zum Pakete-Durchleuchten gedient. Alarmierend die vom Gutachter beschriebene Möglichkeit, mit dem auf eine Person gerichteten Primärstrahl »ernsthafte gesundheitliche Schädigungen« herbeizuführen. Von Zacher, seit 1985 im Vollzug, wollen wir wissen, ob er hinterrücks verpasste Verstrahlung in Betracht ziehe: »Ich halte nix für unmöglich.«

Der dichte, schwarze Bart kennzeichnet Jörn Mothes schon von weitem als bürgerbewegt. Er ist genervt von »92 Presseanfragen« seit dem Tode von Fuchs. Ende 89 war Mecklenburg-Vorpommerns heutiger Beauftragter für die Unterlagen der Stasi im Geraer Knast mit dabei: »Ein buntgewürfelter Haufen von Leuten.« »Die Komposition von erkennungsdienstlicher Behandlung, Fotostuhl und unmittelbar dahinter befindlichem Röntgenstrahler hat uns stutzen lassen«, berichtet der Augenzeuge. »Das Ding war mobil wie ein Diaprojektor. Erkennbar keine Anlage für medizinische Aufgaben.« Gerüchte schwirrten herum. Rumäniens Securitate habe Oppositionelle verstrahlt. Das steigerte die Beklommenheit des Komitees. Der Anfangsverdacht, sagt Mothes, laute heute nicht anders als vor neun Jahren: »Verbrecherische Anwendung dieser Röntgenmaschine ist nicht auszuschließen.« Trotz einem halben Dutzend Strafanzeigen erfolgte bisher keine Aufklärung, die diesen Namen verdient. Fuchs beklagte das »deutliche Defizit an systematischer Analyse«. Das Unvorstellbare passt in keine Matrix.

Mothes ist ein bedächtiger Erzähler. Er wägt die Worte, nachdem Sensationsberichte der Sache mehr schadeten als nützten. Der Theologe deutet an, »eine relevante Größe von Leuten« habe sich gemeldet, die sich gleichfalls von der Stasi traktiert fühlten. Entsprechende Angst kenne er nicht nur von den Prominenten Fuchs und Pannach, »sondern sie ist bei vielen, vielen Personen da«. So wie er für möglich hält, »dass wir mit dem Röntgengerät auf der völlig falschen Spur sind«, schließt er im gleichen Atemzug nicht aus, dass es »Strontiumbeimischung ins Essen« gegeben haben könnte; eine weitere tödliche Giftvariante. Für Mothes ist »Furcht vor Verstrahlung eines der am häufigsten vorkommenden Phänomene im Hinblick auf diktatorische Systeme«. Er mache darauf aufmerksam, das Phänomen »wirke bis heute in Alpträumen nach«, und ist sich gewiss, dass selbst ein Beweis, es habe nie Verstrahlung gegeben, dem Spuk kein Ende machen könne. Über den Untergang hinaus verbreitet die Stasi mabusehaften Schrecken.

Zwei Dinge hätte Jenas früherer Jugenddekan Thomas Auerbach für sich ausgeschlossen. Dass er einmal den Sarg von Jürgen Fuchs mittragen müsste und dass er bei der Berliner Gauck-Behörde Experte für Terrorpläne der Stasi würde. Sein chaotisches Büro ist verqualmt, das Plakat zur Demo vor der »Stasi-Zentrale Ruschestraße« kaum zu erkennen. Der Vikar saß einst stundenlang im Fotoraum des Gefängnisses Gera eingeschlossen, ahnte nichts vom Röntgengerät hinter sich. Er gesteht, man habe den

Bestrahlungs-Verdacht lange öffentlich nicht ausgesprochen, »so ungeheuerlich ist das«. »Man wird schnell als paranoid in die Ecke gestellt, wenn man so etwas behauptet.« Die Klarstellung scheint ihm angesichts des wenig Greifbaren notwendig. Der Hinweis, »ich werde bestrahlt«, gilt Ärzten oft als dem Wahn verwandte Erscheinung.

Das Stasi-Labyrinth ergründete Auerbach wie nur wenige. Jahrelanges Studium des Geheimdienstes lehrte ihn, »die perfide Zersetzungsstrategie in der Gesamtschau« zu sehen. Zwar seien etwaige Befehle bisher nicht gefunden worden, aber bei der »Verschriftungswut« des MfS könne Einschlägiges jederzeit auftauchen. Wichtige Aktenbestände, etwa die der MfS-Gefängnisse, seien gar nicht erschlossen. Was seine private Meinung betreffe: »Ich bin überzeugt davon, dass die Truppe so was auch gemacht und irgendwann ausprobiert hat.« Auerbach wirkt entschlossen genug, der Stasi das gruselige Geheimnis zu entreißen, die fehlenden Puzzleteile zu finden, sofern es sie gibt. Kraft Amtes ist er aber gehalten, sich nicht an den Spekulaktionen über etwelche Röntgengeräte zu beteiligen. »Wir wollen das Ganze ein bisschen niedriger halten.« Er referiert Gaucks Leitlinie und klingt nicht begeistert.

Sein Kumpel Jürgen war ein baumstarker Kerl. Fuchs' stattliche Gestalt mochte darüber hinwegtäuschen, wie überaus verwundbar der Kämpfer war, gleichermaßen unbeugsam und zerbrechlich. Tief empfundene Erniedrigung durch Stasi-Willkür ist das Leitmotiv seiner Bücher. Ein »hypermnestisches Gedächtnis«, von dem die Opferforschung spricht, speicherte die demütigende Erfahrung, verlängerte die Qual ins Unendliche. Eine Vertraute sagt: »Er war mit den Schockgeschichten noch nicht fertig.« Verzehrende Entschlossenheit zog den Rechercheur tief und tiefer ins Schattenreich, brachte Beweis um Beweis für seine

»Zersetzungs«-Theorie hervor. Gegen ihn fing die »Zersetzung« mit der Operation »Spinne« an, man kann sagen, im Leben wie im Sterben gab es für ihn keine Befreiung aus ihrem Netz. Auf teuflische Weise blieb er Gefangener der Häscher, die ob seiner süchtigen Fahndung nach, ja: Wahrheit, Macht über ihn behielten, durch die Akten gefangen nahmen. Das Eigene kam vielleicht zu kurz, ein »Kohlhaas«-Gefühl war dem Familienmenschen nicht fremd, wenn er formulierte: »Was suche ich denn? Sauereien suche ich …«

Während des Studiums kreuzte sich der Weg von Fuchs verhängnisvoll mit dem von Stasi-Oberstleutnant G. Gelegentlich umwarben sie das gleiche Mädchen. Jürgen besaß ein Grundvertrauen, es dauerte, bis er begriff, dass dieses Talent für Heimlichkeit ihn spionierend umschlich. G. trug schulterlange Haare wie die Regimegegner. Mit ihm, im Roman »der Schöne« genannt, treffen wir uns am Bahnhof Potsdam. Erkennungszeichen Tagesspiegel. Mielkes Mann erinnert sich »an angenehme Gespräche« mit Fuchs: Brecht, Vietnamkrieg, man hatte sich was zu sagen. Leicht kommt G. von den Lippen, er habe »gewisse Affinität« zum Poetenzirkel gehabt. Wegen des »ambivalenten Verhältnisses« zum Jürgen sei er »permanent aufgefordert gewesen, sich zu erklären«. Das ist ihm gelungen. Der Doktor G. machte Karriere. Die »Feindperson« saß, wurde nach Westberlin abgeschoben, bis zum Ende der DDR weiter drangsaliert.

Manch einer, der Jürgens »Zersetzung« später aktiv betrieb, lernte in G.s Psychologieseminaren an der Stasi-Hochschule, Ängste und Hoffnungen von IMs auszubeuten. Im stillen Kämmerlein fand G. die Jagd auf Fuchs »in den Mitteln und im Aufwand unsinnig«. Mangel an Courage tarnt er heute mit Wortwitz: »Die richtige Antwort wäre gewesen: Wegen Belanglosigkeit einstellen.« Warum der Geheimdienst den aberwitzigen Aufwand gegen das Hassobjekt betrieb? »Fuchs war einfach anders. Er war einfach kantig.«

G. hat Schuldgefühle gegenüber dem Schriftsteller: »Ganz klar.« In der großen Wende-Leere wollte der gescheiterte Offizier die eigene Beklommenheit loswerden, »gewisse Harmonie und Aussöhnung mit Fuchs versuchen«. Der Täter ging mit dem ihm eigenen entwaffnenden Charme auf das Opfer zu: »Jürgen, wie geht es Lilo?« Er begriff nicht, dass dem Dichter speziell vor Dunkelmännern wie ihm graute, die Psychologie für Repression missbrauchten. Vielleicht hätte der Poet ein paar Probleme weniger gehabt, wenn er G. einfach eine gelangt hätte, statt sich im Roman mit ihm herumzuquälen. Wie er Fuchs als Mensch fand? Verlegen reibt G. an der Nase. Er sei enttäuscht darüber, »dass er die Größe nicht hatte, die Bitternis abzulegen«. Was den Verstrahlungsverdacht betrifft, findet er »die Fragestellung berechtigt«. Sein Erfahrungshintergrund sage ihm aber, »da ist null«: »Für Mutmaßungen kann ich nicht zur Verfügung stehen.«

G. arbeitet nun in der Altenhilfe. Bei der Gauck-Behörde bemüht sich endlich eine »Recherchegruppe« um den Komplex. »Anzeige wegen Mordes« ist erstattet. An der Humboldt-Uni hütet ein Datenschützer die – womöglich aufschlussreichen – Akten der Sektion Kriminalistik, als wäre er eine Figur des in »Magdalena« beschriebenen Schweigekartells. Professor Stelzer betreibt ein Institut für Wirtschafts- und Umweltsicherheit e.V. Zu den Vereinsbrüdern des Ex-Stasiobristen gehört nach seinen Angaben Heribert Hellenbroich – Ex-Chef des Bundesnachrichtendienstes. Das hätte Fuchs nicht erfinden können.

Auf dem Dichtergrab welken die letzten Rosen. Das Rätsel bleibt: »Und/ Wer hört mich,/ wenn ich schweige.«

Die Unschuld vom Land

Besuch bei einer Hassfigur

Zehn Jahre nach dem Mauerfall hat der frühere DDR-Devisenbeschaffer Alexander Schalck-Golodkowski seine Memoiren angekündigt. Am Tegernsee genießt er die bayerische Toleranz. Er ist vom Plan- zum Marktwirtschaftler geworden.

Nichts verblüfft am schwergewichtigen Alexander Schalck-Golodkowski mehr als die sanfte Stimme. Im bayerischen Rottach-Egern begrüßt er den Fremden mit dem einnehmenden Tonfall eines alten Bekannten. Schon auf der Türschwelle spricht, in der Fülle des Wohllauts, der gwiefte DDR-Außenhändler aus ihm, heute eloquenter Vertreter der eigenen Sache.

Im scharfen Licht des Föhntags beginnt das Gespräch ohne jede Förmlichkeit. Es wird sechseinhalb Stunden dauern, das Frühstück bleibt unangetastet, wir werden mehrere Kannen Kaffee trinken. Die erste Feststellung, »Sie sind tatsächlich so groß wie Helmut Kohl«, kontert er schlagfertig: »Ja, wir konnten uns in die Augen sehen!« Im Kanzleramtsbüro von Wolfgang Schäuble sei man sich begegnet. Er meint: Kohl trat nur ins Zimmer, weil er wissen wollte, was Honeckers Sendbote für einer sei. Dieses Rätsel ist zehn Jahre nach dem Mauerfall immer noch ungelöst, wenn man die Bandbreite der Urteile über den vielbeschriebenen, trotzdem schemenhaft gebliebenen »DDR-Devisenbeschaffer« betrachtet. Seine filmreife Vita verbindet Politik, Geschäft, Aufstieg und Fall zum Stoff, aus dem Thriller sind. Die grellsten schreibt bekanntlich das Leben.
Stark berlinernd bittet der 67-Jährige in die holzgetäfelte Stube.

Links stapeln sich einige der 2500 Ordner, die bei sechs Anklagen, 50 Ermittlungsverfahren und diversen Untersuchungsausschüssen anfielen. Ein unglückliches Lächeln huscht über sein Gesicht, derweil Ehefrau Sigrid die Statistik zitiert. In der Vitrine hinter ihm steht eine Kollektion Gläser. Bis vor wenigen Wochen sei die Sammlung konfisziert gewesen. Außer DDR-Orden und Ehrenzeichen – »manche hatte ich zweemal« – ließen die Ermittler dem »Großen Alex« zunächst wenig. Aus Honeckers Garde hatte die Justiz nur noch Stasi-General Mielke im Visier wie ihn, für viele eine Hassfigur wie er.

Der Bayer seufzt: Die Prozesse, die sein Dasein verdüsterten, seien hoffentlich abgeschlossen. Schalck konstatiert mit beträchtlichem Groll, er sei zum Bösewicht des SED-Regimes stilisiert worden. Berichte erwähnten Betrug, Geldverschiebung, Steuerhinterziehung, Spionage, Veruntreuung, man prophezeite ihm zehn Jahre Haft. Heraus kam bisher eine Verurteilung zu 16 Monaten Haft auf Bewährung wegen illegaler Waffengeschäfte. Bis heute hält sich das Gerücht, er verfüge über sagenhafte schwarze Kassen. Der Schluss daraus: Mit einem solch cleveren, schillernden, umstrittenen, irgendwie unfassbaren Typen werde der Rechtsstaat nicht fertig. Keine Frage: »Ich war ein verantwortlicher Funktionär. Das kann ich nicht wegmogeln.« Der Vertraute von Honecker, Mittag, Mielke und Kreuz agierte als Kopf der labyrinthischen »KoKo«, des undurchsichtigen Bereichs »Kommerzielle Koordinierung«; im Bundestag als »Mittelding zwischen Staatsorgan und Mafia« definiert. Schalck jonglierte mit schwindelerregenden Valuta-Milliarden. In seinem Sachgebiet sahen viele den magischen Schlüssel zu den dunklen Geheimnissen der DDR. Das Zweideutige und nicht Geheure resultierte nicht zuletzt aus seiner Doppelfunktion: hie Staatssekretär, da gleichzeitig Stasi-»Offizier im besonderen Einsatz« (OibE).

Von der »KoKo« führte eine Spur in die morbide Bonzensiedlung Wandlitz, vor allem deshalb schlug ihm scharfe Feindseligkeit entgegen. Die Werktätigen stempelten das ZK-Mitglied zum Vampir, der sie raffgierig ausgesaugt habe, insoweit eine das Scheitern der DDR symbolisierende Gestalt. Wie die Unschuld vom Lande sitzt er da und hält fest: »Ich bin nicht vom Westen verraten worden! Ich wurde geopfert von den eigenen Leuten!« Ministerpräsident Hans Modrow, seit FDJ-Zeiten gut mit Schalcks Frau Sigrid befreundet, jagte einen Haftbefehl hinter ihm her. Die Vorwürfe von der eigenen Seite brennen, stockend geht ihm über die Lippen: »Von daher die Verbitterung.«

»Etwas wehmütig« rekapituliert er des Weiteren, dass sich in der Wende-Bedrängnis keine helfende Hand aus Bonn für ihn rührte. Er, der seit 1967 ununterbrochen für den Genossen Generalsekretär mit der Bundesregierung dealte (und sich deshalb für unantastbar halten mochte), lernte schmerzhaft: »Politiker kennen keine Freunde, nur Interessen!« Er hatte nicht erwartet, »dass man mich hier mit Gastgeschenken empfängt«. Aber der »geachtete und respektierte Bevollmächtigte« sank »zum Nobody« ab, zwischen Staatsanwalt und Nachrichtendienst hin- und hergeschubst. Die alten Vertragspartner, »Persönlichkeiten, die mich faszinierten«, schwiegen. Das ließ nur den Schluss zu, sie hielten den Wust von Verdächtigungen nicht für abwegig, was Schalcks bedrängende Empfindung von Verlassenheit verstärkte. Zuvor hofierte Bonn den »mit allen Vollmachten« ausstaffierten Emissär, eine beredt-weltläufige Gegenfigur zum blutleeren Honecker. Bei Transitproblemen, Staatsbesuchen, humanitären Fragen oder dem berühmten Milliardenkredit lief nichts ohne Schalck. »Dass hier niemand mehr mit mir reden wollte, tat schon weh.«

Durfte er sich bis zum Absturz nicht mit seiner Vertrautheit zu Franz Josef Strauß schmeicheln? »Ich traf ihn 30-mal.« Die Geschichte zweier Gschaftlhuber von Gewicht ist noch nicht geschrieben. In steifer Würde, mit scharfem Scheitel und Pomade im Haar, zeigen einschlägige Bilder den SEDler bei der Mission. Er trägt eine Sonnenbrille, die ihm etwas Suspektes gibt. Die Ordnung drüben sei streng gewesen. Von oben habe es geheißen: »Wirst du aufgespürt von der bundesdeutschen Presse, bist du als Unterhändler wertlos.« Daher die Tarnung.

Nur für diskrete Treffs trat der Schattenmann aus der Kulisse. So »intensiv« konferierte er in Stuttgart mit Lothar Späth, dass ihm die schwäbische Speisefolge entfiel. Waigel und Streibl, Jenninger und Seiters steckten mit ihm die Köpfe zusammen. 21 Termine mit Wolfgang Schäuble sind verbürgt, für Schalck »ein Mensch mit wenig Gefühlswelt, aber einer der wenigen Visionäre«. Es gab 150 Kontakte mit dem Ständigen Vertreter Günter Gaus. Bei Berlins Wirtschaftssenator Karl König »gehörte ich fast zur Familie«.

Der Ein-Meter-neunzig-Mann ist verletzlicher, als er aussieht. Sein Gesicht ein stummer Appell um Verständnis. Er neigt dazu, in Gefühlen zu ertrinken oder in ironieverkleidete Traurigkeit zu flüchten. So wenn er seine West-Vertrauten attackiert: »Vorher hat von denen keener gesagt: Honecker, den kannste behalten, schick uns mal 'nen anderen her.« Besonders denke er da an Schäuble. Gerade noch, dass der CDUler sich schriftlich für eine Postkarte bedankte. Der Rest war Schweigen. Auch bei Helmut Schmidt, der ihm noch '85 in der Dresdner Oper ein herzliches »Grüß Gott, Herr Schalck« entbot. Günter Gaus habe ihm bloß den wohlfeilen Rat mit auf den Weg gegeben: »Machen Sie keine Dummheiten.«

Sosehr sich Schalck um Lakonie bemüht, es gelingt ihm nicht, die Gekränktheit zu überspielen. Ehefrau Sigrid erklärt die anhaltende Enttäuschung damit, ihr Gatte schenke nur zögernd Vertrauen, handle aber »sehr personenbezogen«. Gemeint ist damit wohl seine Autoritätsfixierung. Klein-Alex wuchs vaterlos auf, suchte nach Ersatz, fand Halt und Orientierung bei Vorbildern, der Anerkennung und des Zuspruchs durch diese Überväter bedürftig, mochten sie Honecker oder, im anderen Extrem, Strauß heißen.

Erinnerung hat ihre eigenen Gesetze. Schalcks Reden ist auch ein Ringen mit den Stimmen der Vergangenheit. Beim Gespräch erhebt er sich, holt Bücher von Hans Modrow, Markus Wolf, Lothar de Maiziere, zitiert freundliche Widmungen an seine Adresse. Sonst sitzt die graue Eminenz da, verändert kaum die Haltung, davon abgesehen, dass sie die schön gemusterte Krawatte an der Knopfleiste des Hemdes ausrichtet: Vor uns sitzt ein melancholischer Chronist seiner selbst. Von der Eckbank korrigiert Frau Schalck diskret manches Detail. Der Gatte bittet recht sehr, es nicht zu doll zu treiben, damit der Gast keinen schlechten Eindruck von seinem Gedächtnis bekomme. Auf sein Erinnerungsvermögen ist er stolz.

Dichte Hecken, rückwärtig liegender Eingang, geschmiedete Fenstergitter – das Rottacher Ambiente suggeriert: Hier will einer seine Ruhe haben. Das Dasein der Schalcks dort hat etwas Provisorisches; Haus samt Möbel sind gemietet. Sind sie im neuen Deutschland noch nicht recht angekommen? Ihn, den gebürtigen Berliner, zöge es an die Spree. »Was halten Sie von der Idee?« Seine Frau ist skeptisch, fürchtet, in den alten Zirkeln würde nur das zersprungene DDR-Bild rekonstruiert und aufgewühlt, wer wann welche Fehler zum Untergang von Honecker-Land beging. Wir schieben die Frage ein, was der ZKler heute täte, wäre die DDR nicht verschwunden? Frau Sigrid kommt ihm mit der Antwort zuvor: »Du würdest auch an deinem Sessel kleben!«

Der Eindruck, die beiden lebten in einer Art ländlichem Exil, ist nicht ganz falsch. Frau Schalck wird ihr »Leben lang nicht vergessen«, wie sie Anfang '90 unter dem Geburtsnamen Gutmann im Westen ein Domizil suchte, nachdem sich im Osten kollektives Rachebedürfnis auf ihren Mann richtete. Von Panik erfasst, flohen sie »mit richtiger Lebensangst«. Danach ließ sich der Außenhändler durch den Bundesnachrichtendienst (BND) auf einer Skihütte in Bayern »befragen«, folgte dessen Empfehlung, in einem für Versteckspiele geeigneten Feriengebiet zu bleiben.

Bedenkt Schalck zuweilen, wohin ihn die Achterbahn des Lebens verschlug, kann der Eindruck des Absurden nicht fremd sein. Hans-Hermann Tiedje, Ex-»Bild«-Chef und Kohl-Intimus, berät ihn, der frühere Springer-Vorstand Peter Tamm ist sein »verlässlicher Ratgeber«. In Bayern lernte Schalck Schafkopf, die Krise der lokalen »Oberlandbahn« ist ihm geläufig. Mit dem Konditor versteht er sich, er alarmiert bei anrückenden Kameratrupps. Manch eingefleischter CSUler traute sich in die sogenannte Höhle des Kommunisten. Sonntags trifft man sich mit Bekannten zum gemeinsamen Essen. Frau Sigrid hätte gleich im Kirchenchor mitsingen dürfen. Oft grübelt der Ex-Genosse, warum ihm die Nachbarn dermaßen gewogen sind, und führt die freundliche Aufnahme »auf meinen Strauß-Bonus« zurück. Zu ihren wesentlichen Erfahrungen beim Klassenfeind gehört »die Toleranz, die wir kennenlernten«. Sie half in depressiven Phasen, die er nicht verschweigt. Rühmt Schalck die sprichwörtliche »liberalitas bavariae«, kommt er im gleichen Atemzug auf fundamentale Irrtümer der DDR-Führung zu sprechen: »Wir glaubten, es gäbe eine 99-prozentige Zustimmung zu den gesellschaftlichen Verhältnissen.« Ebenso fatal: »Wir haben die Menschen in Schwarz und Weiß eingeteilt.«

Der Dr. jur. hatte viel Zeit, über sich nachzudenken. Schonungslos gesteht er, wie gern er sich auf der Höhe der Macht »zu dem Glauben verleiten ließ, geliebt zu werden«. Dieser Eindruck sei auch von der Umgebung »transferiert« worden: In Wahrheit »war ich dabei, die Erdhaftung zu verlieren«. Trotz Herrschaftswissen und Pendeln zwischen Ost und West erreichte ihn nicht, was auf der Straße gärte. »In der Welt, in der ich groß geworden bin die letzten 40 Jahre, habe ich die Opposition nicht kennengelernt.« Dass sie existierte, habe er gewusst, jedoch nur »an Einzelbeispielen gespürt«. »Ich war ein überzeugter DDR-Bürger«, Protest, der ihn aus dem Amt fegte, war selbst in Alpträumen nicht vorgesehen. »Aus unserer Umgebung ist niemand getürmt!«

Auf dem Boden des Grundgesetzes gewann der »Held der Arbeit« die revolutionäre Einsicht, dass der Fehler im System lag. »Die DDR war nicht reformierbar. Da hätten wir reden können, wie wir wollten.« Zumal »die äußeren Umstände nicht mehr zur Verfügung standen«, die Sowjetmacht. Einigermaßen versöhnt mit dem Gang der Dinge, sieht er bei der Wiedervereinigung »en kleenet Wunder vollbracht«. Es handle sich bei diesem »in keenem Lehrbuch vorgesehenen Projekt um 'ne Meesterleistung, aber nicht nur von den Westdeutschen«. Er zolle jenen »Respekt, die auf die Straße gingen«, wobei der Insider weiß: »Niemand soll sagen, es hätte nicht genug Leute gegeben, die eine militärische Lösung wollten.«

Zu den aktuellen Wahrheiten des Gewendeten gehört das Eintreten für »eine leistungsorientierte Gesellschaft«. Nach seinem »heutigen Verständnis ist der Staat untauglich, Arbeitsplätze zu schaffen«. Er wiederholt: »Wenn wir uns auf den Staat verlassen, sind wir verraten und verkauft.«

Mit ungläubigem Erstaunen lauscht man dem Sinneswandel. In der schon unwirklichen SED-Welt hatte sich der OibE (unter Mielkes wohlwollender Begleitung) für seine Dissertation mit der »Bekämpfung der imperialistischen Störtätigkeit auf dem Gebiet des Außenhandels« befasst. Weil der vom Plan- zum Marktwirtschaftler Mutierte das Ungeheure seiner Verwandlung ermisst – und ahnt, das Plädoyer könnte ihm als vorauseilender Gehorsam ausgelegt werden –, fügt er hinzu: »Ick weess, des hört sich aus meinem Munde schrecklich an.« Sich mangels Alternative weise und geschmeidig mit den Umständen zu arrangieren ist die eine Seite. Die Aussöhnung mit dem früher Bekämpften kommt einer Unterwerfung gleich. Der unterschwellige Aspekt seiner Distanzierung von der alten Ideologie dürfte dann der Wunsch sein, moralische Mitschuld zu tilgen. Indem er seinen Frieden mit dem Kapitalismus macht, erscheint das eigene Scheitern in gnädigerem Licht. Etwas erschrocken über den Bekennermut, ergänzt er: »Die gegenwärtige Wirtschaftsordnung muss und kann nicht der Weisheit letzter Schluss sein.« Als Beispiel nennt er das Steuerrecht.

Schalck ist gezeichnet von Krankheit und Strahlentherapie. Er hat müde Falten um die Augen, bei aller Wachsamkeit, sein Mienenspiel drückt betrübte Skepsis aus. Er möchte den Punkt nicht vertiefen, »aber schön war det nich«. Seelischer Kummer (der aus Ablehnung seiner Person herrühren mag) verstärkt die Begleiterscheinungen des Älterwerdens. Alles Schwere fällt jedoch von ihm ab, wenn er zitiert, was das »Sport-Echo« einst über den Ringer des SC Hohenschönhausen druckte: »Der prächtig gebaute junge Schalck konnte trotz seiner Niederlage überzeugen.« Der Bundesbürger leidet sichtlich darunter, mit den eigenen Korrekturen am Bild des zwielichtigen DDR-Zeitgenossen nicht durchzudringen: ein Missverstandener auf der ganzen Linie, weil er nicht nur eine Person ist, sondern viele in einer. Vordem überzeugter, womöglich verbiesterter Handlanger einer, wie er meinte, guten Sache, der »ich mit Hingabe diente«. Strammes Freund-Feind-Schema im Ehrgeiz inbegriffen. Bis zu 3000 Menschen hörten im abgeschotteten KoKo-Imperium auf sein Kommando, »mit viel Disziplin und innerer Verbundenheit« betrieb er globale Geschäfte. Ob er ein scharfer Chef gewesen sei? Auf dem Grund seiner Leutseligkeit schimmert Härte, die ihn im Gespräch nie die Spur verlieren lässt. Schalcks Leute mussten Schlips tragen, Bärte lehnte er ab.

An diesem Punkt hielt er sich an einen Vorgesetzten beim »Elektroapparatebau J. W. Stalin, ehemals AEG«. Der bleute dem Feinmechaniker-Lehrling – »wir schreiben das Jahr 1948« – Lebensweisheiten ein, die er fleißig zitiert: Wichtig sei ein solider Beruf und nicht zu vergammeln. Oder: »Die erste Bürgerpflicht ist Arbeit.« Dann: »Die Handschrift ist die Visitenkarte.« In jugendlicher Unsicherheit orientierte sich der Stift an solchen Merksätzen. Kaum lieferte er mit einer »Briefwaage in Messing« sein Gesellenstück, steigt er zum »Sachbearbeiter für Werben und Messen« auf, »mit edlem Gehalt von 460 Mark monatlich«. »Das war der Klick« zur Kaufmanns-Laufbahn.

Eine DDR-Wunschbiographie: Der Bub startet als Arbeitsbursche beim Bäcker, darf später Ökonomie und Jura studieren. Der Aufstieg aus kleinen Verhältnissen schloss Dankesschuld gegenüber der allein selig machenden Partei ein, mochten damit verbundene Ideale längst pervertiert sein. Sentimentalität war eine der Wurzeln seiner politischen Orientierung. Die frühe Prägung durch das SED-Milieu tat ein Übriges, ihn zum Parteisoldaten zu machen. Tiefe, innere Verbundenheit erklärt eine bestimmte Betriebsblindheit, die ihn im Dienste des Sozialismus zu latentem Wunschdenken und Schönfärberei verleitet haben dürfte. Obwohl der Ökonom der Bilanz entnahm, welch poröses Universum er vertrat, handelte er linientreu, glaubte, »dass wir immer wieder Lösungen finden können an der Seite der Sowjetunion und anderer sozialistischer Länder«. Die letzte Politbürositzung sah ihn heulend, aus Selbstmitleid oder was auch immer.

Ob seine Existenz einen Sinn hatte? Von der bleichen Mutter DDR blieb ja nichts. Alexander Schalck zögert keine Sekunde: »Ich hatte ein sinnvolles Leben. Bin aber um eine Illusion ärmer.« Und fährt tapfer fort: »Ick habe keenen Grund zum Jammern.« Wie alle Apparatschiks bezieht er reduzierte Rente, verdingt sich als Berater für Geschäfte mit China. Der Mann mit Vergangenheit ringt um den Platz in der Geschichte, seine angekündigten Memoiren sind ein Bewältigungsversuch. Nichts ist bezeichnender für seinen ruinierten Ruf als der sofortige Protest diverser Autoren beim Rowohlt Verlag gegen die Publikation. Er ahnt: Die Erinnerungen dürften das heillose Image nicht grundsätzlich verbessern. Zu viele Storys kursieren über den Widersprüchlichen, als dass das Misstrauen mit Selbstreflexion aus der Welt zu schaffen wäre. Macht just der mit seinem Namen verbundene Argwohn das Werk zum Bestseller? Hin- und hergerissen hofft der Autor, das Buch bringe eine Veränderung der Ansichten über ihn. Aber der Tenor bleibe vermutlich. Einmal Bösewicht, immer Bösewicht? Schalck schließt elegisch: »Damit gehst du zum Friedhof.«

Der amerikanische Freund
Die Rekonstruktion
eines geheimen Lebens

Sein Deckname war Kid. Er war US-Soldat – und ein Ass der DDR-Spionage. Nach der Wende holten sich die Amerikaner den geflohenen Verräter zurück. Auf deutsche Gesetze pfiffen die Greifer, die ihn entführten. 38 Jahre soll Jeffrey M. Carney in US-Militärhaft büßen.

Die letzte Reise in Freiheit führte Jens Karney auf ein Schlachtfeld. Der Berliner kurvte mit dem roten Lada Richtung Luxemburg und Frankreich, erkundete unterwegs die Landschaft der Ardennenoffensive. Während der dreiwöchigen Tour im einst von der DDR-Staatssicherheit spendierten Auto bezogen daheim in der Pintschstraße 12 seine Häscher Position.

Verräter aus Reihen der Stasi wiesen Fahndern des Air-Force-Abwehrdienstes (Kürzel OSI) den Weg zum Altbau in Friedrichshain. Sie enthüllten: Hinter Jens Karney verbarg sich in Wahrheit der frühere US-Sergeant Jeffrey Martin Carney. Unter dem Decknamen Kid spionierte er bis zur Wende für die DDR. Samstag, den 20. April 1991, kam Karney alias Carney aus den Ferien nach Berlin zurück. Montag früh, kurz nach 9 Uhr, schlugen die OSI-Agenten zu.

Die auffälligen Tätowierungen bewiesen es: Sie hatten den weltweit Gesuchten gefasst. Bewaffnete Greifer identifizierten ihn am schwarzen Panther auf dem rechten, einem Adler auf dem linken Oberarm. In einer Nacht-und-Nebel-Aktion flog man Kid von Tempelhof über Frankfurt in die Staaten aus – heimlich, ohne die zuständigen deutschen Stellen zu informieren. Ein Militärgericht verurteilte den Spion kurz darauf zu 38 Jahren Haft, die er in Fort Leavenworth (Kansas) absitzt – Carney ist einer der drei am härtesten bestraften Stasi-Helfer. Seine Story liegt weitgehend im Dunkeln und wird hier erstmals anhand der Akten rekonstruiert.

Der Funkaufklärer lieferte seit seiner Stationierung in Westberlin 1983 Dokumente an die »Hauptabteilung Aufklärung«, HVA, über 100 an der Zahl. Als Angehöriger der »6912th Electronic Security Group« in Marienfelde beschaffte er Dossiers über die elektronische Kampfführung. Darunter das Dokument »Canopy Wing«, geheimer als geheim. Es deckte auf 47 Seiten Schwachstellen der Hochfrequenz-Kommunikation des Sowjet-Generalstabs auf. Kid verriet den bizarren US-Plan, falsche Befehle in den Funkverkehr zwischen Warschauer-Pakt-Piloten und der Bodenleitstelle Eberswalde einzuspeisen; eine Datenbank mit Stimmenprofilen existierte schon. Bis hinauf zu General Tschebrikow von der UdSSR-Staatssicherheit versah man Kids Informationen »mit höchsten Wertigkeiten«.

1985 verloren die Amis die Spur ihres damals auf der Goodfellow Air Force Base (Texas) dienenden Berufssoldaten. Durch die Versetzung dorthin war Carneys Bedeutung »für uns noch größer«, notiert HVA-Chef Markus Wolf in seinen Memoiren. Kid hielt dem Druck jedoch nicht stand, befürchtete, bei einer psychiatrischen Untersuchung komme seine Homosexualität heraus. Deshalb suchte er das Weite. Die Stasi hielt fest: Er habe sich »ohne Abstimmung mit der Zentrale« nach Mexiko abgesetzt, in der DDR-Botschaft als Quelle zu erkennen gegeben und »um politisches Asyl gebeten«.

In Ostberlin entschied Oberst Dr. Jürgen Rogalla (»Aufklärung Nordamerika und US-Einrichtungen BRD«), den als labil eingeschätzten Spion »rauszuholen«. Wahrlich nicht aus reiner Menschenfreundlichkeit. Der Deserteur wusste viel, kannte konspirative Wohnungen, Telefone, Grenzschleusen, Foto- und Kopierverfahren. Rogallas Erinnerung nach lief die Befehlskette »letztlich bis zu Minister Mielke«. Am 3. Oktober 85 fand »im Zusammenwirken mit dem kubanischen Bruderorgan der gedeckte Rückzug« statt. Man habe Carney »ohne Komplikationen heimgebracht«. Für die erprobte Route über Havanna genügte ein kubanischer Pass: »Es gab fünf Maschinen täglich.« Wilde Mutmaßungen der Amis schmückten Kids Abtauchen damit aus, er sei bei einem Erdbeben umgekommen.

Ein Doppelleben. 1983 begann es dermaßen banal, dass man Kids verhängnisvolle Affäre mit der Stasi für jugendlichen Leichtsinn halten möchte. Bei einem Ausflug in die DDR verpasste der GI die Schließung des Ostberliner Grenzübergangs Friedrich-/Zimmerstraße um 24 Uhr. Unvergesslich für HVA-Oberst Heinz Schockenbäumer »die Nacht, in der Carney angefallen ist«. »Depressiv und durcheinander, psychisch instabil«, war der 19-Jährige gestrandet. Das kann auch angetrunken meinen.

In solchen Fällen verlangte das »Wachhabenden-System« unbedingte Eil-Meldung an die HVA: »Wollt ihr euch den anschauen?« Über die Mobilisierungsliste erreichte man Schockenbäumer daheim. Er befahl einen Offizier zur Friedrichstraße. Der beruhigte den Boy erst mal. Man schleuste ihn Stunden später gen Westen zurück, nicht ohne die Vereinbarung, »bei Interesse über Tag wiederzukommen«. Schockenbäumer schnalzt noch heute mit der Zunge ob des Mitarbeiters, den ihm »der Zufall« in die Hände spielte. »Der Selbststeller« sprach akzentfrei Deutsch, phänomenal sein »phonetisches Gedächtnis«. Beschäftigt mit der DDR-Flugfunküberwachung, »kannte er die Stimme jedes unserer Piloten«. Schockenbäumer war baff.

Sein Major Ralph Dieter Lehmann nahm Carney in Empfang. Kids Führungsoffizier studierte Politik und Psychologie. Vor ihm saß ein junger Spund mit auffällig weichen, verletzlichen Zügen. Aus dem Gesicht ließ sich Schwäche herauslesen. Kid, wie Kind, war der passende Tarnname. Jeff brauchte die erwähnten Tattoos, um sich als ganzer Kerl zu fühlen. Ein Bündel von Impulsen mag den Feldwebel aus Cincinnati (Ohio) zu dem verhängnisvollen Schritt getrieben haben. Naive Weltverbesserungsabsicht, Abenteuerlust, Geltungsdrang, Verzweiflung, auch, wie er sagte, »Hass auf Vorgesetzte«. Was immer ihn unter dem Gefühlsansturm motivierte, ein großer Plan stand nicht dahinter. Wenn eine Wahrheit des Augenblicks existiert, dann die: Der unbedachte Moment ruinierte sein Leben.

Auf Stasi-Seite zählte: Der amerikanische Freund kam aus einer besonders beäugten Spezialeinheit, trat auf, als könne er kein Wässerlein trüben. Niemand hätte in ihm einen Krieger für Wolfs Schattenheer vermutet, kaltblütig genug, numerierte Topsecret-Dossiers rauszuschleppen. Kids auffällige Unauffälligkeit bringt die Nachbarin Brigitte Boll auf den Punkt: »Er war zurückhaltend, scheu, hatte einen weichen, kaum zu spürenden Händedruck.« Deshalb traf Frau Boll »fast der Schlag«, als sie 1997 seine wahre Identität erfuhr. Erst damals deckte »Focus« die widerrechtliche Verschleppung des Spions durch Alliierte auf.

Für Kid bedeutet die Umsiedlung in die DDR nicht bloß den Wechsel von einem Imperium ins andere. Mexiko ist der Scheitelpunkt des Polit-Thrillers; das böse Ende konnte man vorhersagen. Äußerlich tauscht er texanische Sonne gegen sozialistisches Grau; der Schritt kam selbstgewählter Verbannung gleich. Jeff reagiert mit »schweren psychischen Depressionen« auf das Exil. »Krankheitsneurosen« sind Folgen von »Orientierungs-

und Partnerlosigkeit«, vielleicht auch seelischer Qual über seinen Verrat. Alles zusammen gehört zum Formenkreis eines gebrochenen Charakters.

Anfangs schottete man ihn in Annaberg-Buchholz ab. Dann Wohnen mit Familienanschluss bei »Herbert und Waltraud«, Adresse »Pariser Kommune 1«, Berlin. Herbert sei Dozent an der Uni gewesen, berichtet Carneys Lebensgefährte A. Kenner vermuten in den beiden das »IM-Ehepaar Dr. Martin und Ehefrau«. Es kontrollierte laut Akte den völlig ahnungslosen Jens »im Freizeitbereich«.

Im Mai 1986 bezieht Carney die renovierte Bleibe in der Pintschstraße, Monatsmiete 49,30 Mark. Möbel von der HVA. Fernseher und Video, Marke JVC, laufen heute daheim in der glanzpolierten Behausung von Freund A. Er hat etwas Verhuschtes, wobei Kids ominöses Verschwinden auch starke Typen an den Rand der Möglichkeiten getragen hätte. Seinem Lover stellt sich Jens mit den Worten vor: »Gebürtiger Dessauer, Angestellter der Technischen Post«. Der Mietvertrag tarnt ihn als zugezogen aus »Güstrow, Leninring 12«, Unterschrift steil und ungeübt: »Jens Karney.«

Kid brauchte eine andere Identität. Für das neue Ich deutschte man Jeffrey in Jens, Carney in Karney ein. Die oberflächliche Veränderung ist ein Indiz, für wie unangreifbar und verborgen man die Person hinter der HVA-Registriernummer 2047/84 hielt. Er steht als »ehemaliger Staatsbürger der USA« auf dem Papier: »Die Legalisierung als DDR-Bürger wurde abgeschlossen«, 15. August 1987. Der Aufenthalt sei »offizialisiert durch die Übergabe eines Personalausweises der DDR mit polizeilicher Anmeldung«. Beim überfallartigen Eindringen in Carneys Wohnung nehmen die Air-Force-Agenten seinen DDR-Ausweis an sich. Er vermerkt: Augenfarbe braun, Größe 180 Zentimeter, ferner: »Dieser Pass ist gültig bis 15. 12. 1999.« Karneys Bundespass vom 7. März 1991 kassiert der Trupp ebenfalls. Außerdem knipst er rund 100 Farbfotos und nimmt den Lada mit. Kid wollte die Karre verkaufen, ein Suzuki war schon bestellt.

Zur Rundumversorgung durch die Stasi gehörte das sofort verfügbare Telefon. Was der nunmehrige DDRler nicht wusste – sein Apparat wird abgehört. »A, M, PZF, VI« laufen, als da sind: »Abhören, Postkontrolle, Postzollfahndung samt Überwachung bei Ein- und Ausreise.« Punkt 4.1 regelt: »Die Sicherheits- und Kontrollmaßnahmen sind möglichst umfassend, jedoch unbemerkt für Kid zu organisieren.« Das Programm entsprang dem bekannten Stasi-Wahn wie seiner in den Akten beklagten »Unberechenbarkeit«. Die Aufpasser argwöhnten, Jens werde bei Amnestie für Deserteure sofort eine »NSW-Botschaft« (nichtsozialistisches Wirtschaftsgebiet) anlaufen, »um Übersiedlung« bitten. Sie finden »kein Motiv« für Bindung an die DDR, »außer Angst vor gerichtlicher Bestrafung … oder vor Lynchmord durch seine ehemaligen Vorgesetzen«. Kurz: Kid fehlt die sozialistische Gesinnung. Nicht eine Silbe der mit Aversion durchtränkten Beurteilungen zeugt von menschlicher Anteilnahme. Verachtung für den Spion schreibt mit. Bestürzend ist zu lesen, in welches Licht die Schreibtischtäter jemanden setzen, der sein Leben für sie riskierte; Jeff drohte in den USA die Todesstrafe. Wenn er damals nicht kapierte, welch finsterer Macht er sich ausgeliefert hatte, dann muss er es beim Studium seiner Stasi-Akten erkennen, die man ihm jetzt in die Haft schickte. Angesichts der Kälte der HVAler erscheint der Täter zugleich als ihr Opfer.

Für Mielkes Spießer-Truppe ist der Schwule ein unsicherer Kantonist. Seine Homosexualität beschäftigt ihre Phantasie. Mit beträchtlichem Biedersinn wird Klage darüber geführt, »dass der Umgangskreis der Quelle schwer überschaubar« sei, »nicht unter Kontrolle gehalten werden kann«. Der »ausgedehnte personelle Umgangskreis« erstrecke sich »in mehrere sozialistische Länder (Ungarn, ČSSR)«. Ein »Teil dieser Personen« fahre »selbst ins Operationsgebiet«, gemeint ist die BRD, »gezeichnet: Oberstleutnant Kahnt, Hauptmann Fauth«. Kids Freund schildert, wie gern sie herumreisten: »Bis in die SU. In Polen klaute man uns den Lada-Kühlergrill.« Erleichtert wird die Liaison mit A. verzeichnet. »Der Einfluss … auf die Quelle wird als positiv eingeschätzt.«

Erich Mielke persönlich sorgte sich um Kids »arbeitsmäßige Anbindung in der DDR«. Im »Objekt Brücke«, Köpenicker Straße 114, bestückt man eine konspirative Wohnung mit Robotron-Schreibmaschine und Tonbandgerät. Karney wertet fortan von 7.30 bis 17 Uhr Bänder der »Operation Luft« aus, Lauschangriffe gegen den Westen, auf 2- und 4-Meter-Band. Der Horchposten entsprach in etwa der früheren Aufgabe bei der Air Force, nur gilt jetzt die »Streng Geheime Richtlinie« zur »Bearbeitung ausgewählter Nachrichtenverbindungen der US-Besatzer in Westberlin«. Bis zur Sozialversicherung tarnte man ihn als Angehörigen des »Zentralamtes für Funkkontrolle« (ZfK). So weit ging das Komplott, dass man Kid sogar die Stasi-Kollegen nur mit Decknamen vorstellt: Aus Offizier Kahnt wurde »Kramer«. Sein direkter Betreuer, Oberleutnant B., heißt einfach »Christian«. Er wird nach der Wende zu Karneys Enttarnung beitragen, getreu dem Spionage-Lehrsatz: Die Gefahr trägt meistens ein bekanntes Gesicht.

Bei der Operation »Luft« hört Kid pikanterweise seine alte Truppe, die »6912th ESG«, mit ab. Ebenso das »US-Kommandeurs-autotelefonnetz Alpha«. Der Job unterfordert das Talent des Sprachgenies, die »erarbeiteten Informationen« über die US-Botschaft Ostberlins gelten gleichwohl als »bedeutsam«, monatlich mit 1400 Ostmark belohnt, 1500 D-Mark-Devisen pro Jahr extra. Die Medaille für Waffenbrüderschaft gab's dazu. Am Tag des Mauerfalls schiebt er Dienst. Die HVA verabschiedet ihn mit 15 000 Ostmark in die ungewisse Zukunft – er war einer ihrer billigsten Top-Leute.

Warum flüchtet der Mann mit den zwei Leben nicht? Er hatte genug Zeit, abzuhauen. Angst war sein Begleiter, die VW-Busse des OSI-Kommandos vor dem Haus fielen ihm sofort auf. Die Vermutung liegt nahe, dass er unbewusst die Enttarnung heraufbeschwor, die Gefahr leugnete wie jemand, der weiß, er ist am Ende einer langen Flucht angelangt, und sich dem Schicksal ergibt.

Die Schlinge zieht sich langsam zu. Karney schult zum U-Bahn-Fahrer um. Da bekommen die Journalisten Paul Limbach und Heiner Emde Stasi-Dokumente in die Hand. Die Dossiers mit Hinweisen zu Kid gehen an den Chef des Kölner Bundesamtes für Verfassungsschutz, BfV. Gerhard Boeden gibt die Papiere laut dem Buchautor John O. Koehler an die CIA weiter. Boeden habe dafür später in Fort Meade einen Orden verliehen bekommen. Zudem war dem BfV inzwischen Stasi-Hauptmann Hans-Joachim Lehmann zugeflogen. In der »Geheimen« Überläufer-Liste des Amtes vom Februar 1991 erhält er das Pseudonym »Häuserkampf«. Der Offizier kannte Kid bestens: »Genosse Hauptmann Lehmann, HA III« steht prominent auf dem Verteiler einschlägiger Protokolle.

38 Jahre Knast in Fort Leavenworth heißt lebendig begraben sein. Im Gefängnis verflucht Häftling Carney insbesondere zwei Berliner. Kid quält, dass ihn Bekannte ins Nichts gestoßen haben sollen, die er für Freunde hielt. Über einen »Wolfgang« schreibt er: »Er ging ca. 1990 zum US-Konsulat und hat mich dort verpfiffen.« Der Mann war Gaststättenleiter, sei Stasi-IM

gewesen. Zu seinem Betreuer »Christian« notiert der heute 36-jährige Kid: »Er war der Kronzeuge für CIA!« Carney wünscht sich: »Ihm auch das Leben schwermachen.«

Der erwähnte Oberleutnant Christian B. gehörte zu den wenigen Stasi-Mitarbeitern, die Kids Anschrift kannten, dort Geburtstag mit ihm feierten. Den Offizier baggerte nach eigener Angabe 1990 ein Ami namens »Mark« an, für ihn »einer von der CIA«. Treffs im Hotel Kempinski folgten. Unter »Einwahlnummer 819 und einer Viererziffernfolge« erreicht er ihn auf der Air-Base Tempelhof. B., ein bulliger Athlet, hat harte, lauernde Augen, als er beteuert, Kid sei beim US-Geheimdienst bereits »von anderen geopfert worden«: »Die wussten alles!« Will er damit sagen, die waren auch nicht besser als er? Er wehrt der eigenen Verstrickung mit nicht geheurem Bekennermut: »Richten Sie Jeff aus: Ich war's nicht!« Schlussendlich erstattet »Mark« ihm 20 000 Mark »Unkosten«. Christian arbeitet jetzt als Vertreter für einen Türhersteller. Sein Lieblingswort ist nun »Service«. Bei der Frage nach seiner Namensnennung im Artikel verlässt ihn kurz die Coolness. Ob der 45-Jährige Mitleid für den Häftling empfinde? Es dauert, dann entringt sich seiner breiten Brust ein beschämtes »Ja, doch«. Aber das sei alles zehn Jahre her. Neun davon sitzt sein Kumpel im Knast.

Über die Entführung Kids durch OSI-Agenten wird amtlicherseits weiter der Mantel des Schweigens gebreitet. Das Kabinett Kohl beließ es in Washington bei müdem »Protest« gegen die »gewaltsame Rückführung«, am 4. Februar 1998 von einem »Assistant Secretary of State« entgegengenommen. Der interne Bonner Schriftverkehr lässt keinen Zweifel: die Ergreifung des Spions auf Berliner Boden stellt »eine klare Völkerrechtsverletzung« dar. Besatzungsrecht galt nicht mehr, die USA missachteten die seit fünf Wochen geltende deutsche Souveränität, klauten den Bürger Karney von der Straße weg, »vergelten Unrecht mit Unrecht«, wie Kids Freund klagt. Das stärkste Argument taucht in deutschen Stellungnahmen noch nicht mal auf: Nach dem amerikanischen Rechtsgrundsatz »fruit of the poison tree« (Früchte des vergifteten Baums) hätte Kid gar nicht verurteilt werden dürfen, weil er aufgrund illegaler Aktionen vor Gericht kam. Kid gehörte in Deutschland vor den Richter. Das Bonner Einknicken vor der Supermacht ist ein Skandal für sich. Zumal im Prozess herauskam, US-Botschafter Vernon Walters war direkt in den Vorgang eingeschaltet und drängte auf Eile. Bei den Akten liegt ferner der staatsanwaltliche Befund, Kids Verbringung könne »objektiv strafbar gewesen sein«. Die in Betracht kommenden Delikte: »geheimdienstliche Agententätigkeit, gemeinschaftliche Nötigung, Freiheitsberaubung, Amtsanmaßung«. Dann folgt der Zusatz: Die Taten seien aber bereits 1996 verjährt gewesen. Also gab es auch kein Ermittlungsverfahren gegen die US-Agenten. Die hinterließen bei Kids Freund A. sogar eine Kontaktnummer, im Verfahren trat etwa »Special Agent Barry« auf. Keine Behörde sah im Übrigen bisher Carneys Gauck-Akte ein, das einzige Dokument mit Hinweisen auf dessen DDR-Staatsbürgerschaft. Auch nicht das Außenministerium, das heute auf Anfrage trotzdem erklärt: »Eine Einbürgerung durch eine DDR-Behörde ist nie erfolgt.« Kids Dossier legt das Gegenteil nahe.

Für Carneys alte Stasi-Kameraden, die so gern über Solidarität schwadronieren, ist die Sache ebenfalls peinlich. Sonst kümmert sich die »Initiative Kundschafter für den Frieden« um verurteilte Spione. Der Extremfall Kid ist dort überhaupt nicht bekannt. Oberst Rogalla hadert mit der eigenen Deklassierung durch die Wende. Ab und an schiebt sich das Bild des ins Nichts gestürzten Carney ins Bewusstsein, rührt an sein schlechtes Gewissen.

Er meint aber, selbst Spendenaufrufe in seinen Reihen brächten nicht genug Geld, um ihm einen US-Anwalt zu finanzieren. So verweist in der Stasi-Szene einer auf den anderen. In Wahrheit wird verdrängt, wie viel Menschen Mielkes Klub ins Unglück gestürzt hat.

Der Mann, der Kid war, ist für den »Tagesspiegel« nicht zu sprechen. Unseren US-Korrespondenten Robert von Rimscha beschied die Gefängnisleitung, es gebe »grundsätzlich nur Besuchserlaubnis für jene, die Carney vor seiner Inhaftierung persönlich kannten«. Jeff schreibt an seiner Biographie, erzählt der Freund. Verräter verraten Verräter ist in Wahrheit ein Tragödienstoff.

Jagd auf die Hummel

Aus der Akte von Walther Leisler Kiep

Die Stasi wusste alles: mit wem er telefonierte, was er trank und was er dachte. Walther Leisler Kiep wurde 30 Jahre ausgeforscht. Aus der Akte des CDU-Politikers.

»Hummel« im Anflug: Jeden Besuch des CDU-Schatzmeisters Walther Leisler Kiep avisierte die Hauptabteilung VI (»Objektsicherung und Tourismus«) der DDR-Staatssicherheit per Eilmeldung und befahl »durchgehende Kontrolle und Überwachung« der »Hummel«.

Wer immer den Decknamen erfand, ein Faible für Insekten ist ihm nicht abzusprechen. In den Dossiers firmiert Kieps Ehefrau als »Biene«, die Tochter heißt »Fliege« und der Fahrer »Drone«, was auf intime Kenntnis der Gattung Kerbtiere schließen lassen könnte, wäre Drohne richtig geschrieben. Über 25 Jahre hing die Stasi hüben wie drüben wie eine Klette am langjährigen Schatzmeister der Union. Bei der Gauck-Behörde umfasst die bisher aufgefundene Akte 900 Blatt; Kiep dürfte einer der am besten ausgeforschten Westpolitiker gewesen sein. Kenner der Materie sprechen von ihm als »gläserner Hummel«. Der 1960 begonnene »Objektvorgang« endet im Sommer 89 und blieb weitgehend erhalten, eine Sensation für sich. Die akribische Observierung Kieps wird hier erstmals rekonstruiert.

Der Spitzenmann elektrisierte die Stasi. Im März 1982 lautete die »politisch-operative Wertung« eines »Oberleutnants Hiller«, Kiep selbst bezeichne sich als »Ostexperte«. Er sei in einer »eventuellen CDU-Regierung als Außenminister« vorgesehen.

An anderer Stelle ist von Beziehungen »zu amerikanischen Politikern und Finanzkreisen« die Rede. Die Jäger, Sammler und Fallensteller hatten also einen Mann mit Zukunft und internationalen Kontakten im Visier, der »mit Wissen und Billigung höchster zuständiger Stellen der DDR« ins Arbeiterparadies geschneit kam. Kiep besuchte regelmäßig die Leipziger Messe und konferierte mit den Ober-Genossen Mittag, Beil oder Häber. Anschließend landeten »Treffberichte« in Mielkes Büro, brav im »Posteingangsbuch« quittiert: »Information (d. Gen. Beil – erhalten von Gen. Honecker – über ein Gespräch mit Leisler Kiep am 9.6.83 = 1 Blatt)«.

Mielke persönlich präzisierte mit der »Vertraulichen Verschlusssache« 13/75 die Vorgabe. Für Kiep-Besuche verfügte er den »Einsatz spezieller operativer Kräfte«, die »gut abgedeckt und absolut unsichtbar« dessen Ausspähung zu gewährleisten hätten. Parallel forderte er, »weiterhin zielstrebig Informationen aus dem Operationsgebiet (gemeint: BRD)« über ihn zu erarbeiten. Ob die »Hummel« dann in Ostberlin oder Halle aufkreuzte, Heerscharen von Aufpassern umschwärmten sie schon. Für Informationen »über relevante Vorkommnisse« war die Berliner Telefonnummer 51970 reserviert. Die Dunkelmänner knipsten ihn samt Begleitung unterwegs in »offener Technik« mit einer »Practica« oder, »konspirativ«, aus einer Umhängetasche heraus mit einem Gerät namens »Robot«. Besuchte er den Ständigen Vertreter Bonns in Ostberlin, hielten Überwachungskameras erst recht drauf. In hanebüchenem Deutsch verfertigten Schnüffler »Beobachtungberichte zu der Persönlichkeit Leisler Kiep, Walther«. Den Namen schrieben sie in jeder denkbaren Variante falsch. Das MfS klassifizierte »Hummel« als einen »der einflussreichsten CDU-Bundestagsabgeordneten«, ergänzte kühn: »Gilt als Finanzier der CDU«. Die Rede war von Einheiratung in den Bayer-Konzern«, er bestimme »wesentlich die Politik der Konzerne der BRD«. Unter »besondere Hinweise« stand: »Interessenvertreter des IG-Farben-Konzerns«. Ergo: Dieser Kapitalist passte ins Feindbild, folglich richtete sich der »Streng Geheime Zielkontrollauftrag« insbesondere auf »finanzielle Zuwendungen von Firmen für die CDU«, »Kontakte zu BRD-Unternehmen«, »Hinweise zum Persönlichkeitsbild« sowie »Meinungen zu Politikern aller Parteien«. Alles in allem irritierte das Objekt der besonderen Begierde aber das gepflegte Bonzen-Klischee. Fast erschrocken registrierten Beschatter sein »selbstbewusstes, beherrschtes, freundliches« Auftreten.

Die Bezirksverwaltung Erfurt führte die Zielperson als »Dauergast«: Von 1975 bis 88 sind gut zwanzig Reisen erschöpfend protokolliert. Brisanter sind die Mitschnitte von Kieps Telefonaten im Westen, aus dem Auto oder Büro geführt, eingefangen via Richtfunkantenne Suhl. Im Zweifel filterten sie ihn »anhand eines Stimmenvergleichs« aus der Datenflut heraus. Aufgezeichnet wurden Gespräche mit VW-Chef Toni Schmuecker und dem damaligen hessischen CDU-Landeschef Alfred Dregger. Die Abhörer erfuhren, was Kiep im nächsten Parteipräsidium fragen würde, etwa: »Welche Haltung nimmt Kohl zur Europapolitik ein?« Gegebenenfalls werde er ihn »hart zurechtweisen«. Beurteilungen zur SPD zeichnete man auf, klinkte sich in Unterredungen mit Ministerpräsident Ernst Albrecht ein. Die Bänder drehten sich weiter bei Gesprächen mit Parteifreund Rainer Barzel. Er wünschte eine Spende von 1000 Mark für den RCDS Paderborn. Wertungen eines Kohl-Auftritts in Dortmund (»relativ vernünftig«) und des Fraktionschefs Carstens, der »nur geschrien« habe, finden sich im Dossier.

Im November 1976 waren die Lauscher am Rohr, als »Hummel« einigermaßen echauffiert über Franz Josef Strauß plauderte:

Acht Tage zuvor hätten sie in München »über Gott und die Welt und über alles gesprochen« – der CSU-Chef aber hatte kein Wort über die geplante Trennung von der Schwesterpartei verloren. 1983 erfuhr Ostberlin, dass Kiep bei der Bundestagswahl FDP und Grünen »diesbezüglich keine Chance« einräumte. 1986 kam auf Band, dass er mit dem Landesschatzmeister Hessens (Prinz Wittgenstein, d. Red.) just über das »Wahlkampfbudget der CDU« verhandelt habe. Dokument 1399/76 reportiert über ein Treffen in Kronberg, zu dem von Kiep die Herren Lüthje und »Witkenstein« (gemeint ist wohl wieder Prinz Wittgenstein) erwartet wurden – heute in Zusammenhang mit den schwarzen Kassen der CDU einschlägig bekannt.

Auf diesem Weg erfuhr die Stasi, »dass am 21. April 1977 ein Herr Kohl, vermutlich der CDU-Politiker Helmut Kohl«, bei ihm zu Besuch gewesen sei. Und dass besagter Kohl beabsichtige, »heute gleichfalls bei Dr. Albrecht« zu erscheinen. Und sie registrierten, dass »ein Herr Kanther um einen Wahlkampfauftritt gebeten hatte«.

Blitzdepeschen vermeldeten akribisch die Reiseaktivitäten des Weltmanns: »Kiep ist am Samstag, dem 27.11.76 um 16.45 Uhr von einem Besuch eines Herrn Agnelli … vom Fiatkonzern aus Rom zurückgekehrt.« Grund des Treffs? »Wurde uns nicht bekannt.« Dann Hinweise auf Termine in London, Brüssel, Brasilien, Zürich; nicht umsonst firmiert der Kosmopolit in Stasi-Papieren auch als »Tourist II«. Unter Datum 10. Mai 77 wird gemutmaßt, er fahre demnächst »mit hoher Wahrscheinlichkeit« in die Sowjetunion: »Bezeichnet sie als Moskaureise«, wird muffig notiert. Er bemühe sich bei Botschafter Falin um einen Termin. Kaum ist er zurück, verfügt die Stasi schon über ein 50-seitiges Protokoll.

Was die Supernasen ermittelten, interessierte im Mielke-Imperium zwölf verschiedene Dienststellen. Sie konnten mit Genugtuung lesen, dass man zum Beispiel im Ostberliner Hotel Metropol Kieps Hotelzimmer verwanzte. Vom Lauschangriff in Erfurt hielten sie fest: »Kiep schätzt in diesem Zusammenhang Oskar Lafontaine als ›Spezi von Herrn Honecker‹ ein.« Ein andermal bedauert »Oberst Wilke«: »Der Einsatz der operativen Technik in den Unterkunftobjekten erbrachte keine operativ-auswertbaren Ergebnisse.« Denn der clevere Besucher rechnete immer mit dem Schlimmsten. Folglich narrte Kiep seine Kontrolleure, lehnte »wegen angeblicher Lärmbelästigung« zugewiesene Zimmer ab. Das MfS filzte seine Hotelräume ungeniert, brach herumliegende Post auf: »Brief wurde durch Abteilung M geöffnet.« Ein Aktenvermerk vom April 1986 hält fest, »Genosse B.« vom Hotel »Metropol« habe »drei Briefe, 2 Briefe mit Inhalt, 1 Briefumschlag leer, vier Bilder und ein Schreiben …« übergeben. Wie in schlechten Spionagefilmen beschäftigten sich die Beschatter mit Nichtigkeiten, gaben Scheininformationen als Topsecret-News aus: Wichtigtuerisch notierten sie Kieps Automarken, führten minutengenaue Observationsprotokolle: Ein Hauptmann Heidrich registriert im Palasthotel um 21.14 Uhr: Kiep, Fahndungsnummer 534639, »holt Zimmerschlüssel und begibt sich auf sein Zimmer«. Auch vergaß er nicht, den Übernachtungspreis zu recherchieren: »140 Mark«. Oder: Palasthotel, Zimmer 6078: »00.04 Uhr, kein Licht mehr.« Ein Tagesbericht endet mit dem Hinweis, dass Kiep seine »Nachtruhe einnahm«. Handschriftlich fügte jemand hinzu: »Wie schmeckt das?« Kieps Telefonrechnung mit 101 Einheiten über 20,20 Mark liegt als Kopie bei.

Zwei Seiten verwenden die Obristen »Häher« und »Hähnel« darauf, eine »Kontaktaufnahme der Buffetkraft der Distel« zu Kiep darzustellen. Er habe ihr ein Autogramm auf den Kassenblock geschrieben. Fazit: Mit dem »Distel«-Direktor »wurden Maßnahmen besprochen, um zukünftig derartige Vorkommnisse zu verhindern«. Bei ihrer Faktenhuberei listet die Stasi von einem Kiep-Empfang im Hotel Merkur Leipzig, Raum 7613, die »Bestückung mit Getränken« auf: »15 Flaschen Bier, 3 Karaffen Juice. Weitere Bestellungen ergingen nicht.« Bei anderer Gelegenheit macht sich ein Verfolger in Güstrow mit dem Befund wichtig, Kiep sei bestrebt gewesen, »in der Öffentlichkeit erkannt zu werden«. Erleichtert heißt es an anderer Stelle von »Oberstleutnant Rosse«: »Der Aufenthalt löste keine Massenwirksamkeit aus.«

Im Rahmen der geradezu hybriden Überwachung nahmen Agenten sogar Leserbriefe zu den Akten. Etwa Kieps Richtigstellung in der »Zeit«, er sei nicht »im roten«, sondern im »dunkelblauen Porsche« vorgefahren. Von der »Bunten Illustrierten« wurde der Artikel »Warum hat die CDU Kiep nicht lieb?« abgeheftet. Aus dem »Tagesspiegel« ist der Zweispalter »Anklage gegen CDU-Schatzmeister Kiep und seinen Vertreter erhoben« (vom 25. April 1989) archiviert. Es geht um den Vorwurf der Beihilfe zur Steuerhinterziehung.

Aus unzähligen Informationen entstand in der Summe ein präzises Bewegungsbild des Politikers. Zeitweise trugen Informationen von 34 »Quellen« zum Porträt der »Hummel« bei. Gesprächsweise schöpfte ihn am 1. Mai 1983 der Stasi-Mitarbeiter »Nematus« ab. Spitzel »Beermann« vermeldet am 18. Juni 1983 Kieps »Zusammentreffen« mit »führenden Vertretern von Banken und Konzernen der BRD«. Ein Mitarbeiter »Friedrich« liefert am 24. März 1982 Vertrauliches über »Journalistische Aktivitäten zu Problemen der Parteienfinanzierung in der BRD«. Geplante Veränderungen in der Leitung der von Kiep geführten »Atlantikbrücke« teilt ein »Werner« am 1. Mai 1984

mit. Der von den Magdeburgern auf das »Hauptobjekt CDU«
angesetzte »Bakker« (ein Bonner Journalist) steht als Zuträger
in den Akten.

Das Plansoll – Sammeln von Informationen über »finanzielle
Zuwendungen von Firmen für die CDU« – wurde nicht erfüllt.
Aber bei der Gauck-Behörde sind erst 332 laufende Meter Akten
der Abteilung »Aufklärung der Organisationen in der BRD« er-
schlossen. 731 Meter stehen noch aus. Im Klartext: »Hummel«-
Fortsetzung folgt.

»Bitte nicht diese Dinge am Telefon«

Uwe Lüthjes konspirative Töne

Uwe Lüthje war einer der engsten Mitarbeiter von Helmut Kohl. Für die CDU trieb er Millionenspenden ein. Und die Stasi hörte mit. Der erste Einblick in die geheimen Protokolle zeigt: Beim Umgang mit Geld verhielt sich die Union auffällig konspirativ.

Der Mann mit den vielen Namen hieß bei der Stasi »Lütsche«, »Lüttke«, »Lüdige« oder »Lüttich«. Auch als »Lüdchen« steht er in der streng geheimen »Information 7299«. Korrekt hieß die Zielperson der DDR-Staatssicherheit einfach Dr. Uwe Lüthje. Er war Generalbevollmächtigter der CDU-Schatzmeisterei, ein besonders enger Vertrauter des Parteivorsitzenden und Schwarze-Kassen-Kanzlers Helmut Kohl.

Obwohl Mielkes Hauptabteilung III (zuständig für die »Kontrolle und Überwachung von Funknetzen und Nachrichtenverbindungen der Nato-Staaten«) den Namen des großen Unbekannten in zwölf Varianten falsch schrieb, hatten die Abhörexperten mit Kohls Helfer den Richtigen an der Strippe. Der Zielkontrollauftrag 060580 beinhaltete in der Rubrik »Informationsbedarf« das Übliche: »Charakteristik der Person« und »Verbindung zu anderen Politikern«. Worauf es eigentlich ankam, war die Spezialität des Hauses Lüthje: »Verbindungen zu Wirtschaftskreisen in der BRD und Westberlin« sowie »Finanzprobleme der CDU«. Die hier erstmals zitierten Stasi-Protokolle und Hinweise von Mielkes Elektronikern lassen den Schluss zu, dass die DDR schon früh von der doppelten Buchführung der CDU, ihren im

Ausland gebunkerten Millionen und diversen Verschleierungstricks wusste.

Die vom »Zentralobjekt Wuhlheide« (ZOW) aus operierenden Lauscher klinkten sich »auf Kanal Bonn 01« oder »Bonn 04« bei Lüthje ein. Ihre auf bestimmte bundesdeutsche Nummern programmierten Geräte (Westimport, Marke Uher) sprangen an, wenn der Diplom-Volkswirt vom Autotelefon, Ruf 41264, durchläutete oder vom Büro, Ruf 2204042. Ferner steuerte die nicht identifizierbare »Quelle Lupine« Details zu Lüthjes einträglichem Wirken im Dienste der Partei bei, von Mielkes Apparat intern mit der Dringlichkeit »Vorrangig« belegt. Kein Wunder, dem heute 67-jährigen Lüthje verdankt die Union von 1971 bis 1993 viele Millionen – und nun den Absturz in die Spendenaffäre. Der stets freudlos lächelnde Buchhaltertyp ist eine, wenn nicht die Zentralfigur der finanziellen Machenschaften des Systems Kohl. Was die Funkpiraten bei Lüthje abschöpften, passte jedenfalls trefflich ins Schema der Sozialisten; sie sahen im Klassenfeind CDU die Partei des Geldes und des kurzen Drahtes zum Großkapital.

Prototypisch für 350 weitere Seiten wertet die Stasi-Bezirksverwaltung Schwerin im September 1977 Telefonate des Generalbevollmächtigten aus: Vorausgeschickt wird, Ende Mai seien von Lüthje bereits »11 Gespräche gewonnen worden«. Nun ist die Rede von dessen Besuch bei der Brinkmann AG, »Tabak und Cigaretten Fabrik Bremen«. Lüthje habe zuvor eine Firma der gleichen Branche in Hamburg besucht: »Die dort besprochene Angelegenheit ist nach seinen Worten unglaublich heiß.« Seine Besuche dienten dazu, »das glatt zu machen« – was immer das meint. »Großes schatzmeisterliches Interesse« bekundete Lüthje ausweislich des Papiers im gleichen Atemzug an Messerschmitt-Bölkow-Blohm: »Erbeten wurden die entsprechenden Aktivitä-

ten des Lüthje von einem Herrn F. vom Bankhaus Leiband? o. ä,
vermutlich Hamburg«. Über das Bankhaus, so die Notiz, liefen
offensichtlich Verrechnungen der CDU-Bundesgeschäftsstelle.
Unterschrift: »Major Schleiß«, Anlage: »8 Gespräche«. Ein Geldinstitut dieses Namens gab es an der Elbe jedoch nicht.

Sofern die Stasi nach einem Muster für ihr CDU-Mosaik suchte,
bei Uwe Lüthje fand sie das Erhoffte. Dem Reisenden in Sachen
Geldbeschaffung zuzuhören hieß in ein fein gesponnenes Bezie-
hungsgeflecht einzudringen. Schon ein Schnelldurchlauf durch
seine Akte erbringt 250 zumeist hochkarätige Bezugspersonen,
ein Auszug aus dem »Wer ist wer« von Politik und Industrie.
Dossier 7081, angelegt am 9. November 1979, 9.44 Uhr, Spule
182, Bandgeschwindigkeit 4,7 cm/s, hält fest: »Weiterhin wird
bekannt, dass eine männliche Person namens B. bei einer Wirtschaftsvereinigung und mit finanziellen Zusagen am Wahlkampf
teilnehmen will.« Telex 5/8/76, am Rohr lauschen diesmal die
Magdeburger, registriert in ebendiesem Verlautbarungsstil eine
bereits geflossene »finanzielle Unterstützung« der CDU durch
die »Firma Chemie Gruenental«. Für aufschlussreich halten die
Schnüffler den Hinweis zum »führenden BRD-Spirituosenfabri-
kanten Eckes, Ludwig«. Der habe sich gegenüber Lüthje bereit
erklärt, die Druckkosten für ein sogenanntes Wahlkampfmani-
fest in Höhe von 125 000 Mark zu übernehmen. Auflage drei
Millionen. Erhellend ist ferner, was Westberlins Landesschatzmeister Hans-Joachim Böhm ihm en passant mitteilt: Kiep habe
ihm versprochen, für »Herrn von Weizsäcker die Allianz anzu-
sprechen«, die Versicherer sollten »auch was geben für euren
Wahlkampf«. In dem Zusammenhang wird noch erwähnt: »Die
Sache mit Hertie hat geklappt.« Eine besondere Supernase der
Stasi schreibt hinter den Namen Hertie: »männlich, nicht erfasst«, gemeint war der Kaufhauskonzern.

Am 10. Juli 1980 schnitt »Mitarbeiter 35« auf Kanal 13 weitere Lüthje-Neuigkeiten mit. Laut Aufzeichnung hat der Generalbevollmächtigte einen Herrn K. in der Leitung, der 50 000 Mark als Spende überweisen möchte. In der Rubrik »Zusammengefasster Inhalt« steht, was Lüthje dem Gönner empfiehlt: »Er solle das Geld nicht direkt der CDU auf das Konto bei der Deutschen Bank überweisen, da es sonst im Rechenschaftsbericht ausgewiesen werden müsste.« Stattdessen solle der Betrag an die »Vereinigung Politik und Wirtschaft in der Bundesrepublik« gehen. Darüber sei »mit der Person Kiep« auch schon gesprochen worden. Oder: Am 28. August 1980 teilt Lüthje fernmündlich dem Mitarbeiter W. bei der Adenauer-Stiftung mit, eine »Wahlspende von 20 000 Mark von der sozialpolitischen Arbeitsgemeinschaft« sei eingetroffen. Einem anderen Telefonat mit dem Bundestagsabgeordneten Johannes Gerster verdankt die Stasi den Hinweis, die »Wirtschaftsvereinigung Bauindustrie« werde der Rheinland-Pfalz-CDU »im kommenden Zeitraum Gelder« zur Verfügung stellen. Höhe der Wahlkampfspenden? »Wurde nicht bekannt«.

Uwe Lüthje war Kohls Mann für Sekundärtugenden: fleißig und effizient. Nach Selbsteinschätzung ist er einer der »verdientesten CDU-Mitarbeiter«, und Verdienst ist ein treffendes Wort im Lüthje-Komplex. Die graue Eminenz ging äußerst vorsichtig zu Werke. Allein das elektrisierte die Stasi. Laut Dokument 347 unterbricht Lüthje mal ein Gespräch mit dem aus jedem besseren Mafia-Film bekannten Satz: »Bitte nicht diese Dinge am Telefon.« Thema ist »eine Wahlkampfspende in Höhe von 100 000 DM« der »August-Thyssen-Hütte AG, Duisburg, Telefon 540-1«. Per 4. September 1976 werde sie von der CDU »über die Staatsbürgerliche Vereinigung« (SV) erwartet. Zur Erinnerung: Die SV war die produktivste Geldwaschanlage der Partei. Rückfrage der Sekretärin: »... nicht am Telefon?«, Lüthjes gequälte Antwort folgt sofort: »Nein, das jetzt nicht, das halten Sie fest – schriftlich.« Verabredete sich Lüthje, etwa am 30. Mai 1978, mit SV-Chef Gustav Stein, war die Stasi auch sofort im Bilde. Zu ihren leichteren Übungen zählte die Ermittlung, wann, wo, wem Lüthje die CDU-Etats vortrug.

»Streng vertraulich« listet Information G/3378/19/06/80 »umfangreiche Aktivitäten« auf, zu lesen als Exkurs über den gewöhnlichen Kapitalismus. Gegenwärtig sei die CDU bestrebt, »über Kontakte zu BRD-Unternehmen größere finanzielle Zuwendungen für ihren Bundestagswahlkampf zu erhalten«: »Umfangreiche Aktivitäten« gingen von »Lüthje, Uwe« aus, geplant seien Kontakte mit der Firma Gebr. Heitkamp GmbH, Bauunternehmen, Herne-Wanne-Eickel. Am 23. Juni 1980 treffe er sich mit Dr. von Sperber, Hauptgeschäftsführer der Grundbesitzerverbände. Termin mit Bankier Graf Finck von Finckenstein am 16. Juni 1980. Friedrich Schütte von der Deutschen Bank ist zwei Tage später dran, 15 Uhr 30. Dessen Beiratskollege Peter Jungen, Vorstandsvorsitzender der Weserhütte, folgt am 27. Juni, 9 Uhr. Dr. Werner Haustein von der Strabag Bau AG findet sich ebenso auf dem Stundenplan wie die Firma Bösebeck und Bergmann, »Damenkleider«. Kontakte zu »Vertretern des Springer-Verlages«, Hamburg, sind für den 12. Juni avisiert. Beklagt wurde, dass sich die »Kontaktperson der CDU« bei den Waggonwerken Uerdingen »bezüglich weiterer Spenden zurückhaltend« verhielt.

Allerhöchste Diskretion war am Telefon Ehrensache. Am 17. Dezember 1980 jedoch, belegt Dokument 0050, plaudert Lüthje gegenüber einem K. aus, er habe von Herrn von Oppenheim (gemeint: das Bankhaus von Oppenheim) »1,3 erhalten«. Weiterhin werde die männliche Person namens Weyrauch (CDU-

Steuerberater, d. Red.) »ebenfalls noch 500 übergeben«: »Da müssen noch ein paar Transaktionen laufen in Frankfurt.« Wenn nicht alles täuscht, ergibt das zusammen 1,8 Millionen Mark.

Ein als »streng vertraulich« eingestufter Hinweis der Funkabwehr vom Juni 1980 hat es dann besonders in sich. Sie vermeldet, »dass die CDU bei einer Bank in der Schweiz über ein Konto verfügt, auf der offensichtlich über Deckadressen Gelder aus der BRD für die CDU eingezahlt werden können«. Es solle sich um ein Bankhaus »Fontobel« handeln, Zusatz: »Schreibweise unsicher.« Tatsächlich heißt das Geldinstitut richtig »Vontobel«. Die Stasi ist ganz Ohr und vermeldet in verquerem Deutsch nach oben: »Aussagen des Lüthje zufolge betrug am 6. Juni 1980 die Höhe des Kontostandes 593 000 Mark.« Ein Satz mit Zündstoff für den aktuellen CDU-Skandal. Denn Helmut Kohl behauptet, von Schweizer Konten nichts gewusst zu haben. Tatsächlich? Durch die Stasi Rostock ist mit Datum 29. Juli 1976 protokolliert, was Kiep brühwarm seinem Adlatus Lüthje erzählte. Nämlich, dass »ich Ihnen berichtete von einem Gespräch mit Kohl, wo er sagte, haben wir noch irgendwo irgendwas beiseite geschafft«. Lüthje brav: »Ja.«

Das Band dreht sich auch munter, als am 18. April 1980 der Anrufer Lüthje um einen Termin bei »Herrn Kohl« ersucht. Teilnehmen soll »ebenfalls ein Wirtschaftsprüfer aus Frankfurt, Herr Weyrauch«. Man kann sich heute gut ausmalen, wie das Trio (das zehn Jahre später das Spenden-Debakel der Union verschulden sollte) den Bimbes zählt und wie der unter Freunden zu Scherzen aufgelegte Kohl zum Besten gibt, die Sozen könnten nicht mit Geld umgehen. In diesen Kontext passt, was als Quintessenz eines mitgehörten Dialogs zwischen Weyrauch und Lüthje auf einem anderen Blatt steht: Lüthje sei »vor kurzem von einer Reise aus der Schweiz« zurückgekehrt – wie man heute

weiß, die Heimat diverser CDU-Konten. Es ist ein schöner Zufall, dass die Schattenwirtschaftler kurz zuvor, am 21. Mai 1980,
bei Kohl zusammenglückten. Weitere Lüthje-Ausflüge nach Zürich sind aktenkundig, etwa in dem Lüthje-Satz gegenüber Weyrauch: »In der Schweiz neulich war's auch ganz hervorragend,
irgendwann auch im Detail«. Es wird die Frage erörtert, »ob die
500« eingegangen sind. Am 30. Mai 1980 fällt in einem Telefonat
das Stichwort »EU Vaduz«, vom Stasi-Protokollanten falsch als
»EO Vaduz« verstanden. Gemeint war die »Europäische Unter-
nehmensberatungs-Anstalt«. Dies sei ja eine Firma, die von der
CDU gegründet worden und an deren Erfolg die CDU beteiligt
sei. Tatsächlich diente das Liechtensteiner Unternehmen lange
dazu, West-Firmen mit Rechnungen über (meist nicht stattge-
fundenen) Service zu belasten – und den Erlös danach in die
Unions-Kasse zu schleusen.

Die ehrenwerte Gesellschaft ging bei alledem professionell konspirativ zu Werke. Nachzulesen in Einzelinfo 129/77, »Funkver-
sorgungsgebiet Hamburg/Politiker«, am 26. Mai 1977 um 9.08:
Lüthje spricht mit seiner Sekretärin: »Also wir müssen uns jetzt
etwas einfallen lassen wegen der Telefoniererei mit den Firmen
da unten in der Schweiz.« Er empfiehlt ihr, diverse Gespräche
nicht vom Büroapparat aus zu führen, sie solle irgendwohin gehen, die Telefonkosten würden ersetzt. Lüthje ergänzt: »Mein
Telefon ist genauso problematisch.« Die Nummern besagter Firmen stünden auf »grünen Kopien«, die sie habe, »dann kriegen
Sie die Sache ja klar«. Lüthje schlägt vor, »dass Sie sich irgendwo
an ein Telefon begeben«. Ein möglicher Hinweis, dass den
Schlüsselfiguren die Ungesetzlichkeit ihres Handelns wohl bewusst war?

Sehr heikel auch, was die Quelle »T2« aufnimmt und in Dossier
5751 als Abschrift von Spule 444 zusammenfasst, am 23. Oktober

1980 durch Mitarbeiter »45« kontrolliert. Ein Anrufer läutet durch, und die Stasi spitzt die Ohren bei dem, was er Lüthje auftischt: »Die Person Genscher soll Mitglied einer Sozietät in Bremen sein, an die er Kabinettsbeschlüsse weitergibt, so dass Gesellschaften auf Vorrat gegründet werden.« Ferner: »In einer Sozietät W. in Düsseldorf, die gegen das Wirtschaftsministerium in Sachen 6-B-Bescheinigung, auch Flick, tätig wird, soll die Person Lambsdorff (...) Sozius sein.« Dann wird das Gespräch abgebrochen. In anderer Handschrift fügte ein Geheimdienstler hinzu: »FDP unter Druck setzen.«

Dem Dossier zufolge forschte die Stasi den CDU-Finanzexperten mindestens bis zum 7. Dezember 1988 aus. Da bekräftigte Mielke-Mitarbeiter Müller, »Telefon 6617«, das besondere Interesse an Lüthje und an »Interna aus der CDU«. Wer hätte das nicht.

Der gläserne Riese

Ein Bericht über das Lauschen bei Helmut Kohl

Für die DDR-Staatssicherheit war Helmut Kohl eine bevorzugte Zielperson. Tag und Nacht wurde der Kanzler abgehört. Ob er mit seiner Referentin telefonierte oder mit seinem Schneider: Die Stasi war immer in der Leitung.

Den Tag, an dem die DDR-Staatssicherheit Helmut Kohl letztmals belauschte, vergisst Major T. nie. Es war der 5. Dezember 1989. In der Abhörzentrale Berlin-Köpenick herrschte Panik. 24 Stunden zuvor hatte die Hauptabteilung III (HA III) ein Telefonat zwischen dem Bonner Innenminister Wolfgang Schäuble und DDR-Devisenbeschaffer Alexander Schalck-Golodkowski mitgehört. Dessen Hilferuf an den westdeutschen Verhandlungspartner fasst T. in der Erinnerung so zusammen: »Hier brennt die Luft. Ich komme mal!« Spätestens mit dieser Fluchtankündigung wusste die »Diensteinheit des funkelektronischen Kampfes« (Eloka) definitiv: Das Ende naht. Die Tonbänder der demoralisierten Truppe liefen noch. Über Ticker kamen weiter meterweise Fernschreiben von den 45 Stützpunkten herein. Aber die aufgefangenen Gespräche interessierten niemanden mehr.
Nach außen operierte die 2400 Köpfe starke HA III unter der Bezeichnung »Institut für Technische Unterstützung«. Für eine Einrichtung zur Überwachung »von Funknetzen und Nachrichtenverbindungen der Nato-Staaten« war die Tarnung nicht schlecht erfunden: Zugang zum »Zentralobjekt Wuhlheide« nur mit MfS-Ausweis und Sonderstempel.

Wachleute patrouillierten am Zaun. Drinnen hütete im vierten Stock, direkt unter dem Operativen Lagezentrum, Hauptmann Uwe B. die aktuellen Abhörprotokolle zur besonders umsorgten Zielperson Kohl. Die Papiere kamen in Hängemappen. T. breitet zur Verdeutlichung die Arme aus: Die Schränke seien voller Material gewesen, in Metern könne er es nicht sagen. Ältere Dossiers wanderten in die Kellerablage. Da kam einiges zusammen. Für die Stasi verwandelte sich mit jeder Seite der schwarze in einen gläsernen Riesen, nah genug war sie am Christdemokraten dran.

Im Auftrag von Markus Wolfs Hauptverwaltung Aufklärung (HVA) hatten die Elektroniker den Kabinettschef, »Streng geheim!«, in ihr dichtes Überwachungsnetz eingesponnen. »Auf 25 bis 30 Seiten pro Woche« schätzt ein Beteiligter im Rückblick das Lauschergebnis zu »Kohl, Helmut, Bundeskanzler der BRD«, wie er in der Akte heißt. Allein von 1982 bis 1989 wären das sagenhafte 9000 Blatt Minimum. Die Zahl halten Insider für »absolut realistisch«. Beim aufstrebenden Mainzer Politiker hörte die Stasi jedoch schon in der Ministerpräsidenten-Zeit zu; »Beginn 1975«, weiß T. und ergänzt lapidar: »Es gab umfangreichere Vorgänge.«

Am 16. Januar 1984 modifizierten die Hauptleute B. und L., intern nur »der kleine L.«, den Helmut Kohl betreffenden Zielkontrollauftrag: »Informationsbedarf: alle anfallenden Gespräche«. Zwar scherten sich die Offiziere dabei nicht um grammatikalisch korrekten Satzbau. Der knappstmöglich gehaltene Befehl lief auf eine totale Kontrolle des für seine Telefonitis bekannten Politikers hinaus; nicht umsonst porträtierten Journalisten Kohl als begnadeten Strippenzieher. »Das Kanzleramt war für uns absolut offen«, rekapituliert ein Ohrenzeuge. Einschlägige Bonner Rufnummern kann er im Schlaf herunterbeten. Vom engeren

Zirkel hatte man nach seiner Schilderung »im Großen und Ganzen vielleicht 30 Telefone« ausgewählt, darunter zahlreiche Privatanschlüsse und routinemäßig die Einwahlnummer zur Regierungszentrale. Von außen ein abgeschotteter Bau, in den keine Maus hineinkam, für die 598 Kilometer Luftlinie ferne DDR-Aufklärung indes ein transparentes Gehäuse. Allem voran »bearbeiteten« die Funk-Kader im Rahmen des großen Lauschangriffs selbstverständlich des Kanzlers eigenen Apparat. Stasi-Mitarbeiter U., in Mielkes Reich unter 66623 zu erreichen, tippte Kohls Anschluss mit der Schreibmaschine (übrigens Modell IBM-Kugelkopf) akkurat in das Formblatt ein: »Ortsnetzkennzahl 0228«, im Kästchen dahinter »56-2002«.

Der CDU-Star amtierte gerade mal zwei Monate, da erging am 15. Dezember 1982 durch Mitarbeiter B. aus dem sogenannten Deliktbereich Politik bereits der Befehl, sich beim »Privatanschluss … im Kanzlerbungalow« einzuklinken: Bonn, 562289. Anforderung unter anderem: »Interna aus Kreisen der BRD-Regierung«, »Hinweise zur Person Kohl«, »Meinungen zu Politikern aller Parteien«, »geplante Vorgehensweisen des Kohl im Rahmen seiner Regierungs- und Parteifunktionen«. Ferner interessierten »Hinweise zu gegen die soz. Staaten gerichtete Aktivitäten«, und man erhoffte sich Aufschluss über »Haltungen innerhalb des Regierungskabinettes«. Schwungvoll unterzeichnete Gerd Kahnt vom Bereich A, Zentrale Auswertung, den Auftrag. Der spätere Oberst Kahnt legte 1986 eine unglaublich langweilige Abschlussarbeit an der Stasi-Hochschule Potsdam vor. Thema: »Die Organisierung spezifischer Methoden der Informationsgewinnung zur Aufdeckung und Verhinderung der Nutzung des grenzüberschreitenden Nachrichtenverkehrs als Verbindungsmittel durch gegnerische Geheimdienste«. Die 50-seitige »Geheime Verschluss-Sache/Persönlich« soll es angeblich nur in einem Exemplar geben. Es wäre ein Exemplar zu viel. Gemeinsam mit Major Jürgen Hilbert verfasst, bietet die Schrift Phrasen wie diese: »Mit der automatisierten Informationsgewinnung wurde ein Instrument geschaffen, das eine scharfe Waffe im Kampf gegen den Feind darstellt.« Sie trage »in bedeutendem Maße zur bedarfs- und zeitgerechten Informierung der Partei- und Staatsführung ... bei.« Mit nahezu »100%iger Sicherheit« seien alle im Zielkontrollspeicher befindlichen Anschlüsse zu überwachen und zu dokumentieren. Im Schlusssatz versichern die Autoren, das Werk »selbständig und ohne unerlaubte Hilfe angefertigt« zu haben. Das glaubt man sofort.

Wenn Helmut Kohl auf ihrer Agenda stand, galt für die Beschaffer in der Regel »Bearbeitungs- und Weiterleitungskategorie 2«. Das bedeutete, die gewonnenen Informationen waren binnen 24 Stunden im Wortlaut vorzulegen. In heiklen Fällen mit Bandkonserve. Kategorie 1 hieß »Sofort!«, brachte laut einem Mitarbeiter »Wahnsinnsstress«, verlangte wörtliche Aufbereitung und fernschriftliche Übermittlung innerhalb von drei Stunden. Fielen Top-News an, bretterte Genosse T. im Lada aus den Ferien in Ungarn nach Wuhlheide zurück. Das sei mehrfach vorgekommen. »Einser-Meldungen« hagelte es im Sommer 1987 bei der Vorbereitung der Honecker-Reise nach Bonn. Da schnappte man jeden Schnaufer von Kohl begierig auf. Bundestagswahlkämpfe und Reisen von Bonnern nach Moskau erhöhten den Druck von oben auf die Lauscher. »Alles spielte verrückt.« Die Mannschaften wurden verstärkt, zeitweise galt Urlaubssperre. Generalmajor Horst Männchen, der Boss der HA III, meldete jedes Detail im »Operationsgebiet«, also der BRD, mit Vorrang Richtung Mielke. Untergebene schildern den (seit einem Unfall) einarmigen General als unangenehm-rechthaberischen Vorgesetzten.

Im Normalbetrieb flossen die Kohl-Mitschnitte in sogenannte »G«-Informationen ein, Tenor: »Die Woche des Kanzlers«. »G« war das Kürzel für das Zusammenschreiben mehrerer Telefonate. Stand »A« auf dem Bericht, handelte es sich um ein einzelnes Gespräch. Experte T. erklärt uns die Methode auf einem Bänkchen am Berliner Gendarmenmarkt im Angesicht des Schiller-Denkmals. Vielleicht denkt der studierte Geheimdienstler an eine Szene aus Schillers »Räubern«: »Es wird Nacht, und der Hauptmann noch nicht da!« Reflexartig blickt sich T. beim Treff nach Observateuren um.

Bei der Hauptverwaltung Aufklärung lauerte insbesondere Oberst Kurt Gailat begierig auf Berichte aus Bonn. Von dem hochdekorierten Überzeugungstäter, im Mitteltrakt an der Ruschestraße stationiert, geht das Gerücht, er habe SPD und CDU besser gekannt als deren eigene Vorsitzende. Der Jurist promovierte über die »politisch-operativen Aufgaben zur Förderung und Formierung fortschrittlich sozialer Kräfte und politischer Plattformen« am Beispiel Westdeutschlands. Bei der Rückkehr von Kanzlerspion Guillaume bildete er zusammen mit Markus Wolf ein nicht ganz geheures Empfangskomitee. In ostpreußischem Dialekt gab Gailat gern zum Besten, er wisse, was am nächsten Tag in Kohls Ministerien passieren würde. Meist stimmte es. Weniger gern erwähnte er sein Spitzengehalt, das bei 3800 Mark gelegen haben soll. Ihm zur Seite stand mit Genosse F. ein perfekter Kenner der Union; F. machte mit der Anwerbung des CDU-Abgeordneten Julius Steiner Geschichte. Nicht zu vergessen Major R. von der »Desinformation«. Seit sein Wissen über die CDU nicht mehr gefragt ist, verkauft er Glühbirnen, kolportieren alte Kameraden.

Die Bonner wiegeln heute gern ab, dass des Kanzlers Telefon doch »elektronisch gesichert« gewesen sei. Major T., der im neuen Deutschland ein etwas vorwurfsvolles Gesicht spazieren trägt, lächelt milde: »Das höre ich heute zum ersten Mal. Für uns war das zugänglich.« Einschränkend fügt er hinzu: »jedoch nicht, wenn Kohl mit dem US-Präsidenten telefonierte«. Selbst wo Sprachverschleierer vor dem Abhören schützen sollten, knackte Mielkes kriminelle Vereinigung akustische Sperren oft mit Entschlüsselungsgeräten. Sinnigerweise stammten sie aus Westproduktion. Der ganze Ehrgeiz des MfS lief ohnehin nur darauf hinaus, Details zu Personen anzuschleppen, »die der Gegner besonders abschirmt … bzw. die einer besonderen Sicherheitsstufe unterliegen«. Schlussendlich verbanden so viele Kanäle die Lauscher mit ihrem Opfer Kohl, dass sie jede Nuance des dialektgefärbten Nuschelns von ihrem alten Bekannten auf der Tonspur hatten. Spätestens seit 1987 fielen außerdem sämtliche Autotelefone des Kohl-Kabinetts rund um die Uhr unter »Zielkontrolle«.

Beispiel »WEBER, Juliane, Leiter des persönlichen Büros des Bundeskanzlers«. Mit diesem verheißungsvollen Titel stand sie ganz oben auf der Stasi-Liste. Offizielle Fotos zeigten sie gern am überladenen Schreibtisch mit Telefon. Ob ihre dienstliche Durchwahlnummer 001 oder ihr Telefon daheim, Bonn 32 …, die HA III hing in der Leitung. Bei wem sonst wäre das Plansoll besser zu erfüllen gewesen, »in operativ-relevante Territorien« des verhassten Klassenfeindes einzudringen. Der Auftrag 11.015. vom 9. August 1984 beinhaltete, bei Frau Weber »Hinweise zur Gestaltung der Innen-, Außen- und Sicherheitspolitik gegenüber der DDR …« abzuschöpfen, »interne Vorgänge im Bundeskanzleramt« zu ergattern. Erwünscht waren ferner »Angaben zum Privatbereich« und: »Kompromittierende Fakten«. Die Stasi schloss in ihrer Hybris nicht aus, selbst die treueste Kohl-Anhängerin könnte sich für geheimdienstliche Anbahnung eignen. Das Ausspionieren der Regierungsdirektorin zielte gleichsam ins Herz der Macht. Parallel horchte die HA III bei Eduard Ackermann, Kohls männlichem Intimus. Status: »Leiter Abteilung Kommunikation und Dokumentation«. Auch bei ihm sollten vom 10. Dezember 1984 an »Interna« und »Privatsphäre« abgeschöpft werden. »Bestätigt: J.«, steht oben rechts auf der grauen Karteikarte, ein Bereichsleiter.

Die schiere Menge und die Dauer des Mithörens fügten sich zu einer ziemlich exakten Innenansicht des Systems Kohl. Bereits 1983 peilte man mit Zielkontrollauftrag 70359 den Staatsminister Philipp Jenninger an: »Wir hatten ihn immer«, berichtet ein Beteiligter. Ebenso hing der erste Staatssekretär Waldemar Schreckenberger, Helmuts Schulfreund, an der unsichtbaren Kette der Stasi. Wegen seiner besonderen Kanzlernähe programmierten die Techniker die Nebenstelle 040 und die damalige Privatnummer 281835 in die Suchmaschine. Ergänzend schaltete man sich bei »Schreckis« bevorzugten Telefonpartnern auf. Das letzte Band datiert vom September 1989. Übers Mithören sollten seine »Persönlichkeit« und seine »Stellung innerhalb der CDU und zum Vorsitzenden« ergründet werden. So erfuhr man auf der Stelle vom Zwist zwischen ihm und Ackermann.

Von Kohls »Umfeldpersonen« hatte die Stasi Professor König unter Kontrolle, Leiter der Abteilung III, Durchwahl 300. Der wichtige Helfer war zuständig für Strukturministerien wie Arbeit und Soziales. Bei Georg Grimm, Abteilung IV, Wirtschaft und Finanzen, hockte man dienstlich und privat in der Leitung. Vom Arbeitsstab Deutsche Politik schätzte die HA III besonders Hermann Freiherr Dr. von Richthofen hoch ein. Richthofen sei »einer der wichtigsten Leute« gewesen, habe mit darüber entschieden, »was der Kanzler auf dem Schreibtisch hat«. Deshalb hörte man ihm zu. Vom Referat 221, zuständig für die DDR, kam Direktor Kaeslers Ruf 2244 in die Stasi-Datei. Selbst Kohls Westberliner Maßschneider Volkmar Arnulf hatten die Profis von drüben drauf. Wenn die Drähte glühten, verlor die Stasi in ihrer dem Wahnsinn verwandten Sammelwut den Überblick und nahm selbst Nebenfiguren wie den Persönlichen Referenten Michael Lippert unglaublich wichtig. Bei alledem blieb Kohl immer Kohl und stand bis zum DDR-Untergang mit Klarnamen auf allen Topsecret-Papieren.

Angezapft ist dann vielleicht ein zu harmloses Wort für die von der Abteilung III zur Perfektion getriebene Methode. Wie Schmarotzer am Wirtstier bedienten sich die »Dreier« beim Richtfunknetz der Bundespost, sei es in Westberlin oder von da nach Westdeutschland. Ihre Rufnummern-Selektierungsanlagen, Kürzel RSA, überwachten Tag und Nacht bestimmte Fernmeldeanschlüsse automatisch, Spezialantennen fingen Wählimpulse auf, Erkennungsrechner ließen binnen Sekunden Tonbänder anspringen. Eine äußerst effektive Spionageart, zumal sie ohne jedes persönliche Risiko funktionierte. Bis zu 3000 Tonbandgeräte sollen in Betrieb gewesen sein. Besonders stolz war man darauf, sich live in Gespräche einzuschalten und unbemerkt in Echtzeit mithören zu können. So wenn Kohl seinen Diepgen sprach und mit einem dröhnenden »Morgen, Meister« überrollte.

Am international sortierten Equipment wurde nicht gespart. Die besten Empfänger stammten aus Ungarn, die guten Bandgeräte kamen von Uher. West-Ware auch die Computer-Innereien der Marke Siemens und die seit 1982 eingesetzten Kassetten. Die DDR selbst steuerte nur Nachbauten bei. Im modernsten ihrer Aufklärungsstützpunkte – »Quelle 1«, Standort Rhinow, Höhe 95,7 – filterten 45 Leute die Dialoge von Kohl & Co. aus der Datenmenge. Laut Inventarverzeichnis war schon das

Hauptquartier Wuhlheide mit seinem 36 Meter hohen Antennenturm eine 106-Millionen-Investition. Eine bizarre Vorstellung, dass dort Männer und Frauen nach Dienstplan zwischen 7 Uhr 30 und 17 Uhr via Äther den Planeten Bonn ausforschten – um danach wieder in ihren Plattenbau heimzukehren.

Jeden Dienstag, 10 Uhr morgens, trafen sich die Eingeweihten im Zentralobjekt. Man rauchte »Club«-Zigaretten, Sekretärinnen kochten Kaffee. Zum harten Kern der Erleuchteten in Sachen Kohl zählten die schon erwähnten Hauptmänner L. und B., Oberleutnant M. stieß dazu, »ein kleines Licht«, wie gesagt wird. Ferner die Offiziere Helga H., Marion H. und Frau M. Als wahrer Kanzler-Freak galt in diesem Kreis »der kleine L.«, ein Ehrgeizling mit Ellbogen, nach Kollegen-Schilderung ungewöhnlich früh mit der Medaille für Waffenbrüderschaft geschmückt. Das Thema Kanzler sei für ihn eine Art Steckenpferd gewesen. Regelmäßig, so ein Teilnehmer, konferierte die Runde über den großen Bonner, beredete man Organisatorisches mit Abgesandten von Markus Wolfs Abteilung Gegenspionage. Als handele es sich um späte Rache des Abgehörten, musste einer aus dem Geheimzirkel nach der Wende bei der Mitropa kellnern und wurde auf der Route nach Budapest gesichtet. Der Nächste versuchte sich mit einem Kiosk, und B. machte in Versicherungen. Alles nicht mehr das, was ihrem vormaligen Status entsprach.

Damals schafften handverlesene Kuriere die Abhörergebnisse zu Markus Wolf. Danach ging das Material an Spezialisten wie den besagten Oberst Gailat. Wer Dossiers in die Hand bekam, musste in einem Quittungsbuch unterschreiben, erklärt einer aus der Befehlskette. Selbst intern arbeitete man konspirativ, in den Dokumenten fehlt jeder Hinweis auf Lauschangriffe. Meist begannen die Berichte mit der Standard-Formel: »Zuverlässig wurden Hinweise bekannt ...«

Wo das ganze Kohl-Zeug abgeblieben ist? Kein echter »Dreier« glaubt im Ernst, das brisante Material sei anno '90 zerschnipselt und zu Brei zermanscht auf der Deponie Freienbrink gelandet. Aus HA-III-Beständen warten im Zentralarchiv der Gauck-Behörde noch 332 laufende Meter unerschlossene Akten. Die Außenstellen der Behörde sind da gar nicht mitgerechnet. Es müsste mit dem Teufel zugehen, fände sich in dem Papierberg nichts über den flächendeckend ausgeschnüffelten Kanzler. Schon die jüngst vom »Tagesspiegel« publizierten Stasi-Abhör-Protokolle zu CDU-Schatzmeister Walther Leisler Kiep und dem Generalbevollmächtigten Uwe Lüthje boten Erhellendes zu den Geldgeschäften der Partei. Und was steht bei Kohl, so sich die meistgesuchten Stasi-Mitschnitte finden? Ein früherer Mielke-Mann gibt den Tipp, Wesentliches »auf dieser Strecke« sei an die Russen gegangen. »Da muss was sein.« Die Kanzler-Dossiers hätten zudem »drei- bis vierfach« vorgelegen. In den Wende-Wirren, so der Insider, habe mancher Genosse Brisantes eingepackt und weggetragen. 1990 druckten Magazine erste Geschichten aus diesem Konvolut.

Mag der hypernervöse Kohl bereits vorbeugend die Authentizität solcher Mitschnitte in Zweifel ziehen. Damit sind die Geheimnisse der Dunkelmänner nicht zu bannen. Präzise regelte die »Rahmenordnung der Linie III« die »Gewinnung, Aufbereitung und Weiterleitung« des Gehörten. Wort für Wort tippten Horchposten ihre Aufzeichnungen ab. Im zweiten Durchlauf verglichen Kollegen das Gesprochene und das Geschriebene, überprüften Ton und Text. Aufbereiter und Kontrolleure finden sich mit ihrer Signatur auf dem jeweiligen Manuskript. Die Stützpunkte standen im Übrigen untereinander im Wettbewerb.

Wer Infos von »Wertigkeit« herausfischte, bekam die erste Zuteilung neuer Technik. Auch ein Grund für Sorgfalt, zumal wenn man den dicken Mann vom Rhein im Ohr hatte. Probleme bei der Dokumentation ergaben sich eher durch katastrophale Rechtschreibung und die Tatsache, dass Bonn offensichtlich für die Schreibkräfte ein böhmisches Dorf war: In Telexen aus dem Stasi-Bestand »Kiep« ist häufig von einem »Herrn Kohl, vermutlich der CDU-Politiker« die Rede.

Auffallend, wie viele Abhörer 1990 die Nerven verloren und sich dem Hauptgegner andienten. In Köln beim Verfassungsschutz (BfV) sangen verdiente Stasi-Hardliner, als ginge es um ihr Leben. Dort klopfte mit Hauptmann L. just der vordem gerühmte Kanzler-Spezialist an. Dieser »kleine L.« findet sich auf einer »Geheim« gestempelten Überläuferliste des Amtes vom 26. Februar 1991, Deckname »Häuserkampf«. Irgendwie passend, dass L. heute mit Immobilien handeln soll. Beim BfV jedenfalls lachte Bargeld, andere von der HA III packten beim Bayerischen Landesamt oder bei den Amerikanern aus. Ihnen schleppte einer die 25 000 Zielkontrollaufträge zum Abfilmen in die Ostberliner Vertretung.

Ob in der Stasi-Szene noch Kohl-Abhörprotokolle existieren, fragen wir einen versierten Lauscher. Die schnelle Antwort: »Aber ganz sicher.« Vielleicht wird die heiße Lausch-Ware demnächst angeboten. Branchenüblich am Telefon.

Mann im Ohr

Der Spitzen-Lauscher der Stasi

Er war nie in Bonn. Aber als Spitzen-Lauscher der Stasi kannte er jeden, der dort etwas zu sagen hatte. Besonders Helmut Kohl. Morgen wird seine Zielperson vom Spendenausschuss vernommen. Zu Besuch bei einem, der dem Kanzler aufs Wort hörte. Ein Treffbericht.

Eine blendende Erscheinung: Zum Nadelstreifen-Anzug trägt Peter Lux ein hellblaues Hemd, die Manschettenknöpfe sind farblich abgestimmt, der Schlips ist von dezentem Rosa. Das steil zurückgekämmte Haar verleiht Dynamik. Insgesamt wirkt der 45-Jährige etwas overdressed, als gelte es, Eindruck zu schinden.

Mit seinem eigenen Bild von früher hat der Adrette nicht mehr die geringste Ähnlichkeit. Ein Ausweisfoto der DDR-Staatssicherheit zeigt den ehemaligen Stasi-Hauptmann in spießiger Kombination: extrabreites Revers, heller Binder, dicker Knoten, dunkles Hemd, akkurat gezogener Scheitel links. So verewigten ihn die Knipser vom Bereich »Kader und Schulung«. Der Stasi imponierte Lux' Anmutung sehr. In der Akte steht: »Auch in seinem Äußeren (Bekleidung, Frisur usw.) entspricht sein Auftreten einem Tschekisten.« Tschekisten sind Geheimdienstler, Variante Ost.

Wahrscheinlich hätten die alten Kameraden von der »Hauptabteilung III« jetzt Mühe, den Geschniegelten als einen der Ihren zu erkennen. Lux diente in der »Auswertung«, der Schlüsselstelle für das Analysieren und Aufbereiten abgehörter Telefonate von Bonner Ministern. Unter den 500 im »Zentralobjekt Wuhlheide« stationierten Lauschern galt er als absoluter Kenner der Materie Kohl & Kanzleramt. Ein Vorgesetzter erläutert: »Jeden Tag sind Informationen, in denen es um Kohl ging oder Kohl selbst sprach, über seinen Schreibtisch gegangen.« Der Befehl 6336 bestimmt Lux 1984 zum »Referatsleiter 1, Politik«. Sein Sachgebiet dominierte die tägliche »Lagebesprechung« bei Oberst Kahnt morgens um neun. Eine harte Stunde für den Stressraucher, Kahnt war militanter Zigarettengegner. Die Runde lamentierte gern über Schreibfehler in Abhörprotokollen. Hernach zog der Chef seinen wichtigen Helfer ins vertrauliche Gespräch. Konkurrierende Genossen registrierten es mit gemischten Gefühlen.

Kraft Amtes unterschrieb Lux »Streng geheim!« gestempelte Zielkontrollaufträge. Sein Kürzel steht auch auf dem Befehl für den Lauschangriff gegen Kohls Büroleiterin Juliane Weber, Datum: 9. August 1984. Konkret ging es um ihren Privatanschluss 0228-325673, die Amtsnummer 56-2002 überwachte man ohnehin. »Informationsbedarf«: »Hinweise zur Gestaltung der Innen-, Außen- und Sicherheitspolitik gegenüber der DDR …« sowie »Hinweise zu internen Vorgängen im Bundeskanzleramt«. Ferner wollten die Abhörer »kompromittierende Fakten« erhaschen. Die Order ging an die 48 Abhör-Stützpunkte, nach Netzow oder Rhinow, die rund um die Uhr jeden Schnaufer der BRD-Regierung für die Hauptverwaltung Aufklärung (HVA) aufzeichneten.

Rückfragen erreichten Lux im Mielke-Imperium unter der Nummer 68045. Später teilte sich der Offizier mit dem gleichfalls erprobten Kohlianer Uwe B. das Telefon 66120. Es habe auch Major T., den Kollegen M. oder die Mitarbeiterin H. gegeben. Mit ihrer Erwähnung wehrt Lux das heute als zweifelhaft empfundene Kompliment ab, unter den handverlesenen Spezialisten der Linie III ein Monopol auf Kohl gehabt zu haben: »Das wird übertrieben dargestellt.« Gutsituiert in einer westdeutschen Stadt lebend, möchte er verständlicherweise nicht mehr sein, was er einmal war. Als wir ihn nach monatelanger Recherche endlich finden, verhaspelt sich Lux bei der Frage, ob er mit dem Gesuchten identisch sei. Die optische Ummodelung wäre eine perfekte Tarnung, zitterten ihm beim Gespräch nicht die Finger. Er spricht gepresst. Unterm Tisch zuckt er mit dem rechten Bein, als plage ihn stechender Schmerz. Sein körperliches Unbehagen wird sichtbar bei jeder Frage nach der heldenhaften Stasi-Zeit.

Im Konspirativen ist Lux Tschekist geblieben: Der Treff läuft ab wie im Film Noir, wo man an ein Hotel dirigiert wird und sich die Beine in den Bauch steht, bis der Umrätselte kommt. Zur Geschichte der merkwürdigen Begegnung gehört seine Bedingung, im Artikel unter Pseudonym zu erscheinen. Daher heißt er hier Lux. Er hatte beim MfS viele Namensvettern. Deshalb hängten ihm Genossen den Zusatz »der kleine« an. Sonderlich beliebt sei er trotz des niedlichen Zusatzes nicht gewesen, wird erzählt.

Der gelernte Werkzeugmacher vom »VEB 7. Oktober« beginnt Ende '74 als Soldat bei der »Diensteinheit des funkelektronischen Kampfes«, Verdienst: 300 Mark monatlich. Ein Jahr später paraphiert Lux mit energischer Handschrift die MfS-»Verpflichtung« und schwört, die »ehrenvollen« Aufgaben zu erfüllen. Er dient auf dem mit neun Parabolspiegeln bestückten Horchposten Biesenthal, sammelt Punkte: »Auch in der Hörausbildung erreicht er ein teilweise über den geforderten Normen liegendes Ergebnis.« Abgezeichnet: »Männchen«, der spätere Generalmajor, Alleinherrscher über die 2400 Kräfte starke

126

Truppe. Lux qualifiziert sich parallel zum »Fachschuljuristen«, durchläuft die Kreisschule Marxismus-Leninismus und hätte, wäre die DDR nicht verblichen, die Hochschule für Staats- und Rechtswissenschaft absolviert.

Heute entwickelt Peter Lux eine Menge Phantasie, um die eigene Bedeutung abzuschwächen. Als sei ein Doppelgänger gemeint, der in seiner 280-seitigen Stasi-Akte für »hartnäckige Einflussnahme auf sein Kollektiv« Lob erhielt, »hohe Einsatzbereitschaft an den Tag« legte, »Vorbild in der gesamten Abteilung« genannt wurde. Er lebe vor, heißt es, »dass persönliche Interessen der Lösung der politisch-operativen Aufgaben unterzuordnen sind«. Am 21. August 1984 gefällt Leiter Kahnt an Lux der »Drang nach der Suche des Feindes bzw. feindlicher Angriffe in den Materialien«. 1989 erhält der Überzeugungstäter die DDR-Verdienstmedaille: »In unserer Abteilung die absolute Ausnahme«, berichten Kollegen. In der Begründung steht, Lux sei es maßgeblich zu verdanken gewesen, »dass zahlreiche Agenturen und neuartige Vorgehensweisen imperialistischer Geheimdienste erkannt« wurden.

Die »Zentrale Auswertung« handelte mit heißer Ware. Laut »Geheimer Verschlusssache 308« ist die Abteilung 1 gehalten, »sich auf die Erarbeitung von Spitzeninformationen aus den Führungszentren der Politik … zu konzentrieren« und »ständig zu aktualisieren«, damit »jegliche Überraschung durch den Gegner« zu verhindern. »Authentisches« sollte aufgefangen, mitgeschnitten und protokolliert, Brisantes »Sofort« übermittelt werden. Folglich jagte die III jeden Halbsatz Kohls zur Ostpolitik als »Einser-Meldung« vorrangig Richtung Mielke und Politbüro. Eine Aufgabe für »schöpferisch denkende Menschen«, wie der monatlich mit 4312 Mark netto honorierte klassenlose Großverdiener Männchen schwallte. Denn: »Der schöpferisch denkende Mensch ist auch in unserem elektronischen Kampf die Hauptproduktivkraft.«

Lux arbeitete im vierten Stock der Köpenicker Straße 325 b in Berlin. Eine labyrinthische Welt, in der es keine Nacht und keinen Tag gab, nur pausenlos ratternde volkseigene Fernschreiber. Draußen stand zur Tarnung »Institut für Technische Unterstützung«, drinnen durften Unbefugte laut Anweisung III/04/85 keinen Schritt ohne Bewachung tun. Im Geheimbezirk war sogar »das Führen von dienstlichen Gesprächen sowie das Zurufen im Freigelände ... verboten«. In seiner seltsamen Papierexistenz las der Analytiker die »Frankfurter Rundschau« und den »Spiegel«, war via Äther mit dem nahen fernen Westen verbunden. Eine Aufgabe nicht ohne Reiz, wie er einräumt: »Mit Zugang zu Informationen, die kein anderer hatte.« Herrn Lux' Gewerbe beförderte die Illusion von Bedeutung. Obwohl niemand von ihnen je den schönen Rhein sah, kannten sie Bonn intim. Wenn man so will, hatte Kohl bei denen mit den großen Ohren über viele Jahre seine treuesten Begleiter. Die drüben hörten aufs Wort.

Der Ex-Hauptmann ähnelt dem Kind, das die Augen in der paradoxen Hoffnung schließt, es würde dann auch nicht gesehen. Beim Abnabeln von der großen Mutter Stasi ignorierte er die vielen Storys über seine Firma: »Ich lese das nicht.« Die Kontakte zum Gestern sind abgebrochen. Gleich einem unheimlichen Geheimnis verschweigt er das Kapitel im Bekanntenkreis. Wie früher. Der Schatten ließ sich damit nicht abschütteln, immer lebt Lux hinter makellos-bürgerlicher Fassade in der Angst, die Mitgliedschaft in der kriminellen Abhör-Vereinigung werde ihn irgendwann einholen.

Erfolgreich stürzte sich Lux in das neue Leben. Bei der Mutation zum Makler profitierte er vielleicht davon, dass er den Westen zumindest theoretisch wie seine Hosentasche kannte. Stasi-Begleiter hätten ihm unter den alten Vorzeichen eine SED-Karriere zugetraut, ähnlich der seines Vaters. Die Rolle des alerten Geschäftsmanns zu übernehmen war eine erstaunliche Übersprungshandlung, der kapitalistische Job eine Flucht vor der Vergangenheit. Einmal besprechen wir am Telefon Details seiner Stasi-Karriere und hören, wie er tief Zigarettenrauch inhaliert: Pffft. Es fehlt nicht viel, und er kichert: Soll ich das sein, dieser »entwicklungsfähig« gepriesene Kader, »langfristig auf Übernahme von Leitungsfunktionen vorbereitet«?

Leute seinesgleichen schütten Fremden nicht ihr Herz aus. Der Arbeitersohn ist ein besonders sprödes Exemplar. Bei jeder zweiten Frage weicht der Verunsicherte aus, erklärt, er habe dies und jenes vergessen, keine Einzelheit parat. Oft sagt er: »Ich würde Ihnen ja helfen, wenn ich es könnte.« Überhaupt: »So sensationell war das Geschäft nicht.« Dann endlich rückt der große Verdränger mit Fakten heraus.

Wie war das mit Kohl und seinem allseits von der Stasi penetrierten Regierungsapparat? »Das hat mich die Bundesanwaltschaft auch 1000 Mal gefragt.« Was die Zielperson Nummer 1 angeht, müsse er die Erwartung dämpfen: »Kohl ist nicht jeden Tag auf der Uhr gewesen.« Der Profi war am Telefon vorsichtig, benutzte Sprachverschleierer. »Das war ein Problem.« Trotzdem: Man habe »75 bis 100 Telefone« im Kanzleramt abgehört. »Das dürfte die Größenordnung gewesen sein.« Den Dicken selbst habe man »vielleicht durchschnittlich alle 14 Tage im Originalton« eingefangen. Wochenlang habe man Kohl gar nicht gehabt, dann wieder in kürzeren Intervallen. Hochgerechnet kommt er für den Bereich Kanzleramt »auf zwei bis drei Gespräche am Tag«. Das machte im Wortlaut ausgeschrieben im Schnitt je vier Seiten Material. Seine überschlägige Schätzung ergibt für den Zeitraum 1982 (Dienstantritt Kohls) bis 1989 (Dienstende DDR) über 19 000 Seiten Protokolle. »Schreiben Sie bitte, ungefähr!« Wo die brisanten Dokumente abgeblieben sind, ist die große Preisfrage dieser Tage.

Unvergesslich, wie er den Schwarzen Riesen selbst in der Leitung hatte. »Ende Oktober, Anfang November 89« sei das Gespräch reingekommen. Helmut Kohl gratulierte Egon Krenz zur Wahl als neuer SED-Generalsekretär, sie redeten über eine Währungs- und Wirtschaftsunion. Die Auswerter litten unter der Endzeitstimmung: »Es war der krönende Abschluss. Dann wurden die Bücher geschlossen.«

Generell zählte bei der HA III nur das gesprochene Wort: Mielke und Wolf konnten davon nie genug kriegen. Im November 89 standen 100 000 Anschlüsse in Westdeutschland unter Zielkontrolle. Rufnummer-Selektierungsanlagen zeichneten gleichzeitig 5000 Kommunikationen auf – eine gigantische, groteske, alles verschlingende Maschine, angetrieben von irren SED-Allmachtsphantasien. Seit September 1988, so ein unveröffentlichtes Dossier, waren die Autotelefone »sämtlicher Mitglieder der damaligen Bundesregierung« für die Stasi offen. Ausnahme: die Minister Süssmuth, Wilms und Schneider. Ebenso hing man beim Bundespräsidenten an der Strippe. Automatisch sprangen die Erkennungsrechner bei der Kanzleramts-Eingangswahl 0228-56-0 an. Man hörte und hörte und hoffte auf den historischen Triumph des Marxismus. Aber statt in die Knie zu gehen, telefonierte der rundum bespitzelte Feind munter weiter.

Topsecret-Befehle (hier erstmals zitiert), verlangten von den Abhörern jährlich rund 55 000 »Sofort-, Einzel- und Ergänzungsinformationen«, im Plansoll standen »480 Berichte und Analysen« sowie »250 Dossiers«. »Nach Bundestagswahlen« sollten die Abhörer »für Bewertungen zu neuen Funktionsträ-

gern des BRD-Staatsapparates« Fakten beisteuern. Eigens mussten sie ermitteln, ob die Bonner »Schwierigkeiten beim Voranschreiten, gewisse Mängel und Schwächen«, kurz: die desolate
DDR-Lage für das Vorgehen gegen Ostberlin »auszunutzen«
versuchten. »Konzeptionelle Vorstellungen der Bundesregierung
für Gespräche … mit DDR-Repräsentanten« waren dringlich zu
erlauschen, in wörtlicher Wiedergabe binnen drei Stunden der
HVA vorzulegen. Flächendeckend verfolgte man Ministerin
Wilms, Kohls Frau für Innerdeutsche Beziehungen. In ihrem
Ressort unterlagen Sekretärinnen, Fahrer oder der für Häftlingsfreikauf zuständige Mitarbeiter Plewa dem elektronischen
Zugriff.

Der Genosse Hauptmann kannte jeden Bonner, der etwas zu sagen hatte. Verteidigungsminister Manfred Wörner erhält die
Bestnote: »Der hatte eine ganz klare Sprache.« Auch Wolfgang
Schäuble, Amtsruf 56-2030, fand Lux »sympathisch«. Hingegen
kam von Norbert Blüm »auch bloß Blabla«. Dank der Aktion
»Trennlinie 5« schöpfte man Alfred Dreggers Telefonate »mit
allen politischen Führungsebenen« ab. »Der quatschte ohne
Ende.« Franz Josef Strauß? »War ein Plappermaul!« Ihn hatte
der Stützpunkt »Topas« (Polednik/ČSSR) am Rohr. Sein Dialekt
war »oft unverständlich«. Zum Eindeutschen schickte man die
Offiziere N. und Sch. in die Tschechoslowakei.

Der absolute Ohrengraus trug den Namen Waldemar Schreckenberger: »Eine Plaudertasche ohne Ende.« Lux tippte bei
Kohls Staatssekretär auf »pathologisches Redebedürfnis«. Viele
seiner Gespräche »mit Gott und der Welt« gingen nach Westberlin. Da hätte »Schrecki« gleich direkt bei Mielke durchläuten
können. Helmuts Schulkumpel galt als »spannende Figur«, das
hieß: ergiebige Quelle. Nicht zu vergessen der wichtigste Helfer
Eduard Ackermann, Stasi-Jargon: »alter Ackergaul«. Den »Ziel-

kontrollauftrag« für Anschluss 374190 unterzeichnete Lux; Bearbeitungskategorie 2, Dringlich! Von Kohls Leuten wusste das MfS: »Die sind 100-prozentig auf ihn eingeschworen.« Hatte man die Getreuen aus dem Chor Hunderter Politik-Stimmen gefischt, war es, als spreche der Große Vorsitzende selbst zu ihnen.

Besonders gern hörte die »HA III« dem aufstrebenden Horst Teltschik zu, Apparat 56-2200, Auswärtige und innerdeutsche Beziehungen. Er hatte das Ohr des Kanzlers, »intelligent und sinnreich« habe der geredet. Angezapft auch das Sachgebiet »Bundesnachrichtendienst«, Kohls Abteilung 6: Ministerialdirigent Jung, Telefon 2600, die Apparate 2612, 2614, 2620, 2662 der Kollegen Staubwasser, Vollmer, Keck und Radau – »wir kannten sie alle«.

Alles musste her. Es hagelte pfundweise Berichte aus Bonn auf Lux' Schreibtisch. Nebenfragen wurden zu Hauptfragen hochgepuscht. Die SED-Spitze sei »ganz geil« auf jede Reaktion zu Parteitagen gewesen, berichtet der Empfänger. Wie reagiert der Kanzler auf den Tod des sowjetischen Staatschefs Tschernenko? Was soll es bedeuten, dass im Kanzleramt jemand um 23 Uhr telefonierte? »Das war dort nicht üblich.« War Kohl gut drauf, als er Eberhard Diepgen durchs Telefon »eine Watschen gab«, nachdem der sich zur Bundespolitik geäußert hatte? Banal genug, brachte die Sammelwut keinen Sieg des Proletariats, sondern bloß Papierstau. Das Kopier-Problem (der Toner musste im Westen beschafft werden) blieb im Sozialismus ungelöst.

Keine Geheimdienst-Story ohne effektvolle Auflösung. Der gepriesene Kohl-Mann Peter Lux lief zum Bundesamt für Verfassungsschutz, BfV, in Köln über. Sinnigerweise »beschwatzte« ihn 1990 sein Ex-Vorgesetzter Major T. zum Treff mit dem BfV im Berliner Hotel Schweizerhof. T., eine schillernde Wende-

Gestalt, hatte sich bereits dem Hauptfeind angedient. Ausgerechnet. Der Zögling von Männchen hatte Lux zuvor den begehrten Abteilungsleiter-Posten weggeschnappt. Lux ist ihm in herzlicher Abneigung verbunden, aber im undurchschaubaren Charakter verwandt.

Major T. studierte Philosophie, ehe er als Militärspezialist bei den Abhörern reüssierte. Beim Ausschnüffeln der Nato-Übung »Wintex 85« erwarb er sich Meriten. Da ignorierte man seine aktenkundigen »Erscheinungen der Selbstüberschätzung«. T. überließ sein Stasi-Wissen in Form von über 500 Personendossiers dem Münchner Landesamt für Verfassungsschutz. Darunter Ausarbeitungen über Bonner Polit-Prominenz, vermutlich auch über Kohl.

In der Szene kursiert das Gerücht, Lux habe gleichfalls in den Dokumentenschrank gegriffen. Zuletzt war er von der Stasi abkommandiert nach Johannisthal, einer Lagerstätte für brisante Papiere. Sein Blick verfinstert sich: Er habe keine Ahnung, wer mit Akten handelte: »Ich jedenfalls nicht.« Das BfV habe ihm auch keine 100 000 Mark bezahlt, wie behauptet wurde. »Quatsch, das können Sie alles vergessen!«

Der lange Abend mit Peter Lux ist zu Ende. Er geht, die Nacht verschluckt ihn. Von hinten sieht der feine Herr wie ein Referent Helmut Kohls aus.

Der stramme Max

Rudolf Maerker, SPD, und Oberst Kurt Gailat, Stasi – das Leben zweier Spitzel

Zwanzig Jahre lang war er Chef der Bonner SPD. Erst nach seinem Tod kam heraus, dass Rudolf Maerker ebenso lang für die DDR spionierte. Seine Biographie ist verwoben mit der Karriere eines mächtigen Stasi-Manns: des geheimnisvollen Oberst Kurt Gailat.

Die SPD hatte einen Kameraden. Einen besseren findst du nicht. Hoch klang das Lied vom braven Parteisoldaten bei der Beerdigung des langjährigen Bonner Unterbezirksvorsitzenden Rudolf Maerker auf dem Friedhof Beuel: Ein »Kämpfer für den Frieden und für die Aussöhnung zwischen den Völkern« werde zu Grabe getragen. Ein »aufrechter und unermüdlicher Sozialdemokrat«, stand in der von Hans-Jochen Vogel unterzeichneten Traueranzeige. Dem verdienten »Genossen Rudi« setzte die SPD ein Denkmal, benannte per einstimmigem Beschluss vom Oktober 1989 die örtliche Zentrale offiziell nach ihm: »Rudolf-Maerker-Haus«.

An dem hellen Backsteinbau in der Clemens-August-Straße sucht man das Namensschild vergeblich. Der heutige Bonner SPD-Chef Ulrich Kelber meint, es fehle seit Jahren, vielleicht seit der Renovierung. Das trifft sich gut. Die Sozis dort lassen sich ungern an den Ende 1987 Verstorbenen erinnern, nachdem der »Tagesspiegel« berichtet hatte, wer sich hinter Maerker verbarg: der ungeheuer produktive Spitzel »Max« der DDR-Staatssicherheit. Am Empfang leuchtet der Wimpel mit dem Motto »Einigkeit macht stark«. Der Mitarbeiter ist geradezu erleichtert, Maerker persönlich nicht gekannt zu haben. Er wisse nichts.

In ihrem Heimatverein erforscht niemand das bizarre Doppelleben der prägenden Figur. Auch die Bundes-SPD verdrängt das Kapitel, obwohl die Partei für die Stasi gläsern war, von München bis Kiel mit Agenten durchdrungen. Im Fall Maerker haben die Sozis Berührungsangst vor einem ungewohnten Bild: Rudi Maerker, ihr Weggefährte, nun Hauptdarsteller eines deutsch-deutschen Spionage-Thrillers. Man tut so, als handelte es sich weniger um einen gerichtsnotorischen Abgrund von Verrat als um Gerüchte, und übt sich im Abwiegeln. Kelber will jetzt, immerhin, über eine Vorlage mit dem Satz entscheiden lassen: »Das Haus trägt keinen Namen!«, mithin auch den Maerkers nicht mehr. Das wär's mit der Vergangenheitsbewältigung.

Im Übrigen hoffen die Sozis auf das kurze Gedächtnis der Öffentlichkeit, derweil die Gauck-Behörde immer mehr Material zum Komplex findet: 400 Seiten sind es bereits, aus denen der »Tagesspiegel« hier erstmals zitiert. Das Mitglied des Bezirksvorstands Mittelrhein lieferte demnach Dossiers über Brandt, Ehmke, Engholm, Rau, Vogel und Wischnewski an Markus Wolfs »Hauptverwaltung Aufklärung«, HVA. Blatt für Blatt konkretisiert sich seine tiefe Verstrickung in Stasi-Machenschaften. Gern trug er Baskenmütze und langen Mantel. SPDler spotteten, Maerker sehe aus wie ein Spion. Nicht ahnend, wie recht sie hatten. Sein Deckname ist mit der Nummer XV/1628/68 am 18. Oktober 1968 in der Sira-Datei (einem System zur Informationsrecherche der HVA) verbürgt. Unter »Vorgangsart« heißt es IMB, »Inoffizieller Mitarbeiter mit Feindberührung«. Maerker schickte »A«-Information, das Kürzel für »zuverlässig«, die höchste Kategorie. Augenfällig deckt sich seine konspirative Karriere mit der Ära als SPD-Chef in der Bundeshauptstadt von 1967 bis 1986. Eine Kerblochkartei vom 25. April 1967 hält fest, er sei Journalist, arbeite für das »Referat Wiedervereinigung beim Parteivorstand der SPD«. Die Rubrik »Eigenschaften« vermeldet: »tritt selbstherrisch auf«. Maerker bevorzuge »sowjetische Zigaretten und original sowjetischen Wodka«. Später verfeinert er die Tabakware, pafft, so die Akte, »HB«. 1972 porträtiert die Stasi ihren Agenten als »ca. 1,90 cm groß, volles dunkelbraunes Haar nach hinten gekämmt, … Brille mit starken Gläsern, spricht Berliner Dialekt«. Kühn behauptet für den gebürtigen Rheinländer.

Unheilvoll ist seine Biographie mit der des HVA-Obristen Kurt Gailat verflochten, »Max« zählte zu seinen Favoriten. Das hieß einiges, da der Boss der Abteilung II auch für Kanzleramtsspion Günter Guillaume verantwortlich zeichnete. Gailats bis zu 50 Hauptamtliche zählende Truppe betrieb im »Operationsgebiet« BRD »Aufklärung und Bearbeitung der politischen Parteien«, vulgär Ausspähung und Infiltration, befehlsgemäß »tiefgründig und umfassend«. Referat 1 war für die CDU/CSU zuständig, die »6« für »Chaoten«, Grüne, Artverwandte. Die erfolgreichste Crew mit acht Supernasen stellte die »4«, angesetzt auf die SPD, fleißig unterstützt vom dichtgewebten Zuträger-Netz.

Was immer man gegen Gailat vorbringen kann, er verstand sein Geschäft. Spitzname »Genosse Brandt«; den Laden kannte er in allen Verästelungen. Seine als »geheim« eingestufte Doktorarbeit an der Stasi-Hochschule Potsdam enthält einen »Katalog politisch-operativer Maßnahmen zur Herausbildung einer fortschrittlichen Bewegung in der Sozialdemokratie«. Der sicher atemberaubende praktische Teil fehlt im Exemplar der Gauck-Behörde. Auch die Bundesanwaltschaft hätte ihn gern gelesen.

Selbst John le Carré hätte diese wahre Romanfigur nicht besser erfinden können. Beim Meister philosophieren Spione darüber, ob »nicht der Schein die einzige Art des Seins« sei? Gailat ist der lebende Beweis dafür. Am Telefon hat der rätselhafte Mann hinter »Max« eine wachsame Stimme. Man spürt ein Gefühl der Leere bei jemandem, der bessere Tage sah. Doch hört man auch das Behagen über eine klammheimliche Existenz heraus, die ihn zu einem der Besten des Fachs machte. Obwohl am Ende der DDR fast vierzig Jahre auf seiner Strecke aktiv, blieb er für den Klassenfeind eine unbekannte Größe. Heimlich knipst Schwedens Sicherheitspolizei 1978 den als »Dr. Kurt Lenkeit« zum Agententreff nach Stockholm Gereisten an der Seite Wolfs. Gailat verwaltet auf Touren mit ihm die Reisekasse, schildern Insider. Nach der Wende versiegelt er seine Lippen. Momentan ist er krank, würde aber auch gesund nicht mit dem »Tagesspiegel« über die »alten Geschichten« sprechen. »Dazu gebe ich mich nicht her.«

Wenn man in der »Wolfsschanze«, im HVA-Quartier Normannenstraße, »aktive Maßnahmen« plante, schottete »Kurt« seinen »Max« gegen Begehrlichkeiten anderer Abteilungen ab. Die kannten nur das Pseudonym, wussten nicht, wer sich dahinter verbarg. Besonders nach der Festnahme Guillaumes 1974 hütete Gailat den Bonner wie seinen Augapfel, nach Ansicht der Bundesanwaltschaft eine »Spitzenquelle«. Denn Maerker ging in der SPD-Baracke ein und aus, pflegte enge Beziehungen zum Vorstand, hielt Kontakt zu Prominenten und zur Fraktion, hatte überall sein Ohr. Mit Gailat und Maerker fanden sich Wesensverwandte, beide Jahrgang '27, Rote mit Haut und Haaren, vom Sieg des Sozialismus besessen.

Laut »streng vertraulichen« HVA-Papieren begann Gailat anno '42 als Laufbursche einer Buchhandlung im ostpreußischen Ebenrode, lernte dann Tischler. Mit Ausweis 1.849.069 SED-Mitglied der ersten Stunde, wird er Sekretär der Wismarer FDJ-Kreisleitung, kommt auf die Parteihochschule. 1951 steigt er beim MfS ein und auf. Etwa zu dieser Zeit beginnt Maerker beim SPD-Parteivorstand im Ost-Büro, einem »Feindobjekt« der HVA. Die Stasi nimmt ihn fest ins Visier: Er sei nach 1948 in die DDR gekommen, früher bei KPD, SED und FDJ gewesen, habe beim Staatlichen Rundfunkkomitee in der Masurenallee gearbeitet, nach diesem Intermezzo das Land 1952 »ungesetzlich« verlassen, steht in Dossiers. Man hielt ihn für einen französischen oder einen BRD-Spion, hoffte aber, »später an Maerker heranzukommen«, es bestünden »günstige Möglichkeiten«. Seine Ansicht wird notiert, »dass der Osten das Rennen macht«.

Gailat kommt voran. Seine Kaderkarteikarte vermerkt 14 Orden, Belobigungen samt Prämien bis 2500 Mark. Ein Passfoto zeigt ihn mit grimmigem Ernst. Letztes Gehalt: 2150 Mark. Die Musterbiographie ließe auf einen blassen Apparatschik tippen. 150-prozentig »auf Linie«, bei Bedarf scharfkantiger Vorgesetzter, dabei »pfiffig, belesen, gebildet und von gewisser Weltläufigkeit«, eine Ausnahme in Mielkes Schattenreich, betont ein früherer Kollege. Dank gepflegtem Pommerisch ein Kauz auf seine Art, der zur Erheiterung Wetterberichte im Dialekt herunterbetete. Trotz seiner drögen Ausstrahlung hatte Gailat erhebliche Phantasie und eine fast hypnotische Wirkung auf Spione, im Jargon »Kundschafter«. Seltsam fasziniert von der SPD, ließ er sich von der Obsession seines Lebens nur ablenken, wenn im Radio ein Boxkampf übertragen wurde, erzählen Ex-Offiziere.

Nach Erkenntnissen der Fahnder beteiligten sich die Obristen Gerhard Behnke und Werner Groth »an der Führung« des IMB

Maerker. Behnke und Gailat hätten ihren strammen »Max« mehrfach getroffen. Kein Kunststück, er bereiste auf SPD-Ticket bevorzugt den Ostblock. Vielleicht sah man sich in Budapest; man munkelt, Gailat-Behnke seien dort gern im »Astoria« und »Duna-Interconti« abgestiegen. Die Datei nennt weitere fünf für Maerker unmittelbar Zuständige. Oberstleutnant Peter H. und Mitarbeiter der Auswertungsabteilung VII bestätigten Ermittlern den Rang des lange Zeit großen Unbekannten.

Um 1968 hatte sich der damals 40-jährige »Max« dem MfS angeboten, da saß er beim SPD-Vorstand in der für die allgemeine Parteiarbeit zuständigen Redaktion. Später war er freier Journalist und Autor des Deutschlandfunks. Die Tarnung hätte nicht perfekter sein können, Maerker schrieb bevorzugt DDR-Kritisches. 1978 stuft die Stasi-Hauptabteilung XX seine Artikel als »hetzerisch« ein, »gegen die marxistisch-leninistische Weltanschauung« gerichtet. Ein Beweis mehr, wie gut ihn Gailats »HVA Zwo« in der »Firma« abschottete.

Denkt man sich Maerker als gespaltene Persönlichkeit, sprach sein zweites Ich die Neuigkeiten so banal wie effektvoll auf Band. Völlig unspektakulär transportierten Kuriere das Material von hüben nach drüben, Routine für das sogenannte Verbindungswesen. Er schickte in guten Jahren 100 Berichte aus Bonn, darunter Top-Infos, die – »Streng geheim!« – auch an Erich Honecker gingen. Wegen der »hohen Wertigkeit« müsste »Max« mit Orden belobigt worden sein, versichern Alt-Kader.

In der Sira-Datei, dem organisierten HVA-Gedächtnis, sind 1281 »Max«-Dokumente thematisch erfasst, die Inhaltsangabe ist 2000 Seiten lang. Zum Puzzle zusammengefügt, entsteht ein Archiv der Vergeblichkeit, es ist gleichzeitig der Beleg für Maerkers verborgene Identität als einer der eifrigsten HVA-Zuträger. Die Papierflut setzt 1973 ein, man erfährt von ihm »interne Ausführungen Wehners über Brandt und Kühn«. Schlag auf Schlag meldet der Spezialist »Einschätzungen aus dem Parteivorstand«, die Ansicht zur »Tagung der Warschauer Vertragsstaaten in Bukarest« oder die Haltung von SPD-Spitze und »Kreisen der Bundesregierung« zur Ausbürgerung Biermanns. Was Wehner handverlesenen Funktionären in Essen steckt, erreicht umgehend Ostberlin. Es wird berichtet, wie man die Lage der »Ständigen Vertretung der BRD in der Hauptstadt der DDR« sieht. Maerker hinterträgt Interna über Gespräche von Kanzler Helmut Schmidt mit US-Präsident Jimmy Carter. Die HVA hört »konzeptionelle Vorstellungen zu Verhandlungen mit der DDR« mit, erfährt »Erwartungen … zum geplanten Honecker-Besuch in der BRD« (1987) aus erster Hand. Nummer 1168 und 1205 betreffen »Auswertungen« der Reisen von Kanzlerkandidat Johannes Rau nach Washington und Moskau, »Bewertungen des Besuches von Lafontaine in der DDR« folgen.

In seinem Buch »Der diskrete Charme der DDR« untersucht Hubertus Knabe »Max«-Aktivitäten zum SPD-Raketenparteitag 1982. In Münchens Olympiahalle stand eine historische Entscheidung an: Nachrüstung ja oder nein. Der Agent bringt acht den sicherheitspolitischen Leitantrag betreffende Tranchen, referiert »Haltungen« von Unterbezirken, gibt Infos zur Versammlungs-Regie, vermeldet »zu erwartenden Widerstand«, plaudert Ergebnisse der »Tagung linker Delegierter« aus, nennt die »voraussichtliche neue Führung«. Als wäre Wolf selbst da gewesen, ist die HVA über Demos zum Parteitag und Reaktionen des Vorstands auf den Protest im Bilde.

Ihr »Max« saß dann laut Protokoll als der »Delegierte Maerker, Rudolf« mit im Plenum, Prototyp des Einflussagenten aus dem Stasi-Lehrbuch. 1981 hatte Gailat – »Nur für den Leiter zur persönlichen Auswertung bestimmt!« – sein »Konzept für politischaktive Maßnahmen zur Förderung der Friedensbewegung in der BRD« ausgeheckt. Eine wesentliche Aufgabe sei es, »während der Tagung Initiativanträge zu formulieren und zu lancieren, um die Manöver der Führung zu unterlaufen«. Eine Wissenschaft für sich. Kapitel 4.4 seiner Doktorarbeit behandelte die »Einflußnahme auf fortschrittliche Alternativkräfte innerhalb der Sozialdemokratie durch IM und Kontaktpersonen«. Im vertrauten Kreis gefiel sich der Oberst gern mit Andeutungen, welche Anträge auf welchen SPD-Parteitagen von der HVA vorformuliert worden waren. Besonders häufig fiel der Name »Hessen-Süd«.

Ein Ohrenzeuge erläutert, Spitzel dieses Kalibers hätten sich nicht nur um das Aktuelle gekümmert, sondern gezielt Material zu »Info-Schwerpunkten« besorgt. Bei Gailat hieß es: »Das kann nur der Max.« In HVA-»Jahresarbeitsplänen« stand die bewährte Formel: »Realisierung/Max«! In der Summe wirkt die Masse seines Verratsmaterials zufällig und richtungslos. Die Bedeutung ergab sich nach Erkenntnissen der Bundesanwaltschaft just aus »der Bandbreite«. Ihm hätte für Agententätigkeit nach Angaben aus Justizkreisen eine Freiheitsstrafe nicht unter drei Jahren gedroht.

Maerker war Mitautor des Buches »Sozialismus ist das Ziel«. 1984 wurde dem linken Flügelmann parteiintern vorgeworfen, »teilweise kritiklos« Positionen der Friedensbewegung übernommen zu haben. Beim Aufruf zur Blockade des Bonner Verteidigungsministeriums fehlte er nicht. Heute ist es eine Überlegung wert, was er als SPDler Rudi und was er als »Max« aus Wolfs Rudel tat.

Warum er sich einst der DDR verschrieb, liegt im Dunkeln. Den kargen Äußerungen Gailats ist lediglich zu entnehmen, »Max« habe »ausschließlich ideell« und aus »politischer Überzeugung«

gehandelt, niemals Geld kassiert. Vielleicht ist der Anknüpfungspunkt im »Vorgang Ring« zu suchen, einem besonderen Schurkenstück aus dem Repertoire des Mielke-Ministeriums.

In den Sechzigern gewann »der Rudi« für seinen SPD-Ortsverein Beuel das Mitglied Kurt Jacob. Eine verhängnisvolle Begegnung in der Bonner Kneipe »Tante Clara«. Am 7. Januar 1972 holt die Stasi besagten Jacob zwischen Karl-Marx-Stadt und Leipzig bei Burgstädt aus dem Zug, beschuldigt ihn, »geheimzuhaltende Nachrichten« der DDR an SPD und Verfassungsschutz geliefert zu haben. Den Vernehmern erzählt Jacob, im Auftrag Maerkers unterwegs gewesen zu sein, jenes »Max« also, der längst als dicker Fisch an der HVA-Angel zappelte.

Federführend in der Aktion gegen Jacob ist die Stasi aus Karl-Marx-Stadt. Dort tauchen von der HVA II »die Genossen M. und B. (App. 3614 oder 2681)« auf – Maerkers Führungsoffiziere. Nach Punkt 2 einer Aktennotiz wollen sie »in Erfahrung bringen, welche … Maßnahmen bezüglich der Bearbeitung des Jacob wir einzuleiten beabsichtigen, da laut Zustimmung des Genossen Generalleutnant WOLF wir die operative Bearbeitung des Jacob mit dem Ziel der Liquidierung zugesichert bekommen haben«. Der Vorgang belegt nebenbei, dass sich der graue Wolf in seinem Leben eben nicht nur mit Kochbüchern beschäftigte. M. und B. stellten sicher, ihre Quelle dürfe keinesfalls »dekonspiriert« werden. War es Quelle »Max«, die unbedingt geschützt werden sollte?

In einem gespenstischen Geheimverfahren vor dem Militär-Obergericht Leipzig wird Maerkers in eine Falle getappter Freund wegen »Spionage« zu zehn Jahren Gefängnis verurteilt. Die Haft wird per »Gnadenentscheid« auf sechs Jahre herabgesetzt, der 64-Jährige bald unter mysteriösen Umständen, womöglich wegen Krankheit, abgeschoben. Daheim berichtet er,

»Opfer einer Denunziation« geworden zu sein. Sofern die Freiheitsberaubung nicht verjährt ist, womöglich ein Fall für die Bundesanwaltschaft.

»Max« stirbt Ende 1987. Am 3. November speist die HVA seine letzte Lieferung in die Datenbank ein: »Bewertung der gegenwärtigen innerparteilichen Differenzen«, eine Kopie geht nach Moskau. Der Genosse wird auf dem Friedhof Beuel unter einer deutschen Eiche beerdigt. Ob sein Führungsoffizier, Leutnant Dirk T., dabei war, ist nicht bekannt. In SPD-Nachrufen hieß es, Maerker habe sich »unermüdlich für die Partei eingesetzt«. Aber für welche?

Dressiert, lebenslang

Begegnung mit Oberst Rataizick, der es genau so wieder tun würde

Sein Arbeitsplatz war auf keinem Stadtplan eingezeichnet. Oberst Rataizick war Chef des Stasi-Gefängnisses Berlin-Hohenschönhausen. Er war zuständig für die Zersetzung der Seelen von Regimekritikern. Begegnung mit einem, der das heute wieder tun würde.

Er setzt sich in die erste Reihe auf den ersten Stuhl links. Siegfried Rataizick kommt lange vor der Zeit zum Treff der alten Kameraden von der DDR-Staatssicherheit ins frühere Haus des »Neuen Deutschland«, als fürchte er, jemand würde ihm den Platz ganz vorn im Blauen Salon streitig machen.

Alles an der geheimnisumwitterten Person ist unscheinbar: gedecktes Sakko, beiges Hemd, braunes Mäppchen, das grauschwarze Haar betont die Farblosigkeit. Trotzdem sieht der Pensionär nicht so abweisend aus wie auf den Fotos seiner Kaderakte. »Streng vertraulich!« und akribisch hält das Dossier Rataizicks Aufstieg zum Oberst und Chef der Abteilung XIV im berüchtigten Stasi-Knast Hohenschönhausen fest, Kürzel UHA 1: zuständig für »Leitung, Planung und Organisation des politisch-operativen Untersuchungshaftvollzugs«.

Sein Büro lag im Sperrbezirk an der Genslerstraße, eine der deprimierendsten Adressen der SED-Diktatur. 4 Meter 25 hohe, von Scheinwerfern abgetastete »Objektumwehrungsmauern« schotteten den Sektor ab. Man muss diese Insel der Verdammten vor Augen haben – abgekapselt von der Außenwelt, auf kei-

144

nem Stadtplan verzeichnet. Man muss die Leidensgeschichten Inhaftierter kennen, »feindlich-negative Personen« im Stasi-Jargon, einfach von der Straße weggefangen wie zum Beispiel der Dichter Jürgen Fuchs. Mit dem Kastenwagen kamen Festgenommene in der »Garagenschleuse« an. Von Angst erfüllt, traten sie aus dem Dunklen ins grell explodierende Licht von 20 Lampen. Den Ort verschwieg man ihnen. Ein Wärter, »Major Arschkieker« im Slang, machte die Leibesvisitation.

Geheimdienstler warteten in Blümchentapeten, scherten sich nicht groß um Paragraphen, was zigfach belegt ist. Nach diesen Schilderungen verhielten sich die Bewacher, »als gehörten sie biologisch einer anderen Art an«.

Genslerstraße 66: eine kalte, perfekte Schattenwelt. Ein Areal umfassender Verlassenheit. In der heutigen Gedenkstätte gehen die Gespenster der Vergangenheit um, die Zeit steht still. Nicht greifbarer Schrecken lauert, der sich im »U-Boot« ins Grauenhafte steigert. In dem Kellerverlies folterten die Sowjets bis 1950 Gefangene. Die UHA 1 war Durchgangsstation für Verlorene wie Sylvester Murau. Stasi-Schergen hatten den in den Westen Geflüchteten hierhin zurückgeholt, er wurde bald in Dresden geköpft.

Über 38 Jahre war der Bau das Dienstobjekt, DO, von Oberst Rataizick.

Öffentliches Wissen über den Genossen gab es nicht. Er kassierte sagenhafte 46 500 Mark im Jahr, hatte einen Fahrer mit Fiat, die zehn Minuten zur Wohnung in einem Stasi-Block ging er zu Fuß. »Dr. Rataizick« steht auf der dritten Klingel rechts. Die Miete betrug 83 Mark für seine 69 Quadratmeter. Nun seien im frisch renovierten Haus 463 Euro fällig, was seine Empörung herausfordert. In Köpenick wartete damals auf die Eheleute (seine Frau war ebenfalls beim MfS) die standesgemäße Datscha.

Im Viertel lebte viel Prominenz von Mielkes Firma, hübsch ein-
gegrünt in klassenloser Toplage. Jetzt sind die Bonzen nicht
mehr unter sich. Neue Häuser wurden gebaut. Rataizick fragt
beim Spaziergang ums Karree, wer sich die leisten könne. »Ost-
deutsche sicher nicht. Ich mit meiner Strafrente sowieso nicht.«
Hunderte von Rataizick-Sätzen hatte man studiert, eine von
Verfolgungsphantasien durchtränkte Prosa aus der bisher kaum
erhellten Dunkelzone Hohenschönhausens. Dann war man mit
dem Obristen unweit des Knasts verabredet. Und was passierte?
Ein Opi im Freizeitlook mit saloppem Lederwestchen und Sei-
denschal kam ums Eck. Auf dem Strickhemd stand »Headlands
S«. Die Gesundheitsschuhe waren gewienert.
Zum Gespräch im Café breitet er seine Utensilien aus. Eine Le-
derhülle mit Schreibblock, sichtlich aus DDR-Bestand, einen
Kuli mit Namenszug. Er legt Artikel zum Thema hin, ganze Pas-
sagen sind rot angestrichen, Zettel mit Bemerkungen drange-
heftet. Seine Schrift hält akkurat die Linie, wie 1959, als er sich
mit feiner Feder der Stasi verpflichtete. Rataizick zündet sich
eine »Davidoff mild« an. Jetzt kann's losgehen »mit der Wahrheit, wie sie wirklich war«.
Von sich erzählt er mit dem freudlos-bitteren Lächeln des Deklassierten.
Ein höflicher, indes verdrossener Gesprächspartner, gelegentlich
versteigt er sich zu einem drohenden Unterton. Rataizick hat etwas Lauerndes beim Sondieren, wie weit er mit seiner Schilderung kommt. Vielleicht ist das die von Vorgesetzten geschätzte
»revolutionäre Wachsamkeit«. Einst schrieb man ihm dafür in
Beurteilungen den »unerschütterlichen Klassenstandpunkt«
gut: »weicht keinen kämpferischen Auseinandersetzungen aus!«
Abrufbereites Gereiztsein und tiefsitzender Fanatismus lassen
die Lippen schmal werden.

Heftig fuchtelt er herum, sobald sich aufgestaute Wut über die neue Zeit entlädt. Mit der kommt einer wie Rataizick nicht klar, Prototyp des dressierten Mannes, wie die Stasi ihn sich im Land der Vergangenheit erschuf. In der offenen Gesellschaft verwandelte sich sein im Konspirativen wurzelndes Verständnis von Recht und Ordnung in einen üblen Leumund.

Der 70-Jährige zählt zur eisernen Garde. Sein klares Feindbild hält das scheinbar unerschütterliche Ich intakt. Schuldgefühle? Von wegen. Es gebe, tönt er und klingt unheimlich, »weder Grund zur Reue noch Anlass«, sich »hinsichtlich der staatssichernden Tätigkeit dem Deutungsmonopol der damaligen DDR-Gegner zu unterwerfen«. Ähnlich Verbohrtes kennt man aus seiner Akte. 1986 warnte er intern, »im Rahmen der imperialistischen Menschenrechtsdemagogie« richteten sich die Angriffe »immer direkter gegen den Untersuchungshaftvollzug des MfS«. Damals wie heute ist Mielkes williger Helfer von seinem Laden begeistert. »Wir waren gut, wir kriegten den Kampforden.« Die »Hauptdelikte« der »8000 bis 10 000 Beschuldigten«, die er hat kommen und gehen sehen, seien »Grenzvergehen, Spionage, Terror gegen die Staatsgrenze, Fluchtversuche, Wirtschaftsverbrechen« gewesen.

Übersetzt man ihren Begriff der »sozialistischen Gesetzlichkeit« in die Sprache der Demokratie, ging es durchweg ums Wegsperren Oppositioneller und Ausreisewilliger.

Mit dem Einwand, die DDR-Justiz habe nach Partei-Maßgabe funktioniert und das Politbüro wichtige Urteile vorab ausgekungelt, muss man jemandem nicht kommen, der ungerührt von »sogenannter Wende«, »sogenannten Regimekritikern« giftet. Gefangener der Stasi-Ideologie, beharrt er auf der früheren Wahrnehmungswelt. »Als Sicherheits- und Rechtspflegeorgan waren wir darauf orientiert, die Errungenschaften unserer DDR

zu schützen.« Basta. Dann reckt er gefährlich den Raubvogel-
kopf.

Die Empörung zittert nach bei der Schilderung des 14. Januar
1990. »Binnen Stunden« musste er sein Büro räumen. Er, der
den Dienst liebte, »ich möchte keinen Tag missen, würde es jederzeit wieder machen«. Vorher heimlicher Held an der inneren
DDR-Front, fegte ihn die Wende einfach weg.

Eine nie verjährende Demütigung für den Generalmajor in spe.
Er fiel tief. Seine Abteilung wurde Objekt staatsanwaltlicher Ermittlungen, Zielscheibe von »Verleumdung«, wie er sagt. »Ausgegrenzt, disqualifiziert und kriminalisiert« habe man sie, klagt
Rataizick und stilisiert sich quasi zum Opfer. Heute bekämpft er
beinahe vollberuflich »diese Kampagne, diese Beschimpfungen
bis zum Gehtnichtmehr. Ich habe solche Ordner zu Hause«,
und zeigt mit den Händen die Höhe an. »In ausgesprochen ne-
gativer Weise« würden die Massenmedien berichten. Damit
meint er wohl die immer wieder erschütternden Berichte von
Stasi-Opfern.

Hervorgegangen aus dem sowjetischen Speziallager 3, gilt die
UHA 1 heute als Synonym für das DDR-Repressionssystem
schlechthin. Das Besondere habe im ausgefeilten Modus von
»Desorientierung, Isolierung und Ohnmacht« gelegen, den man
gegenüber Häftlingen praktizierte, hielt das Berliner Abgeordnetenhaus fest. Ausgeliefertsein an den »allmächtigen Staats-
apparat in der Person des Stasi-Vernehmers war die prägende
Erfahrung«.

Bürgerrechtler kamen rein, Bärbel Bohley, Ulrike Poppe, Freya
Klier. In der Literatur steht das »Haus zur Ewigen Lampe« (Wolf
Biermann) längst für den Versuch, Andersdenkende mit subti-
len Mitteln des modernen Totalitarismus weichzuklopfen. Es
gab Gummizellen und Freigang nur im »Tigerkäfig«. Jürgen

Fuchs erfuhr am eigenen Leibe, wie Menschen »grausam, unmenschlich oder erniedrigend behandelt werden können, ohne dass ihnen ein Haar gekrümmt wird«. Die Stasi zielte auf »Zersetzung der Seele«.

Fuchs notierte: »Wo ist das Fenster/wo ist denn das Fenster/das ist doch kein Fenster/zwei Reihen Glasziegel, dazwischen ein Spalt/und atmen, wie soll ich denn atmen/das könnt ihr doch nicht machen/doch, das können sie machen/das machen sie/und nicht nur mit dir/denk bloß nicht, nur mit dir/und denk bloß nicht, nur hier.«

Die Brutalität kam im neuzeitlichen Gewand »operativer Psychologie« daher. In der klaustrophobischen Architektur nutzte man die Panik der von Ungewissheit Gequälten aus, zielte in raffiniert ersonnenem Wechsel zwischen Belohnung und Schikane, Himmel und Hölle auf ihre Würde. Ohne Kontakt zu ihren Angehörigen waren die zu Nummern Degradierten beliebig verfügbares Material der Stasi. Zur teuflisch-leisen Strategie gehörte, dass die Leidensgeschichte der Gebrannten in Freiheit fortdauert; die traumatische Erinnerung verfolgt viele bis in die Gegenwart.

Eine bizarre Vorstellung, Rataizick nun als Verteidiger der UHA 1 agieren zu sehen. Er traut sich was. »Im Kollektiv« mit 25 MfSlern kehrte er inkognito sogar zur Besichtigung zurück. Schon die Tafel am Eingang brachte ihn in Rage: »Als Ort des Leidens und Sterbens verfolgter Menschen ist die Gedenkstätte Hohenschönhausen ein Zeugnis und Mahnmal gegen politische Unterdrückung«, heißt es da. Sein letzter Besuch endete im Eklat. Er und seine Gesinnungsgenossen gaben sich zu erkennen, wurden als »Stalinisten« beschimpft. Den Namen mag er nicht, wiewohl er just bei der Stasi einstieg, als der Diktator Kultfigur war und Rataizick laut Akte später seine Leute »zu

kompromisslosen Tschekisten« drillte. 1980 erhielt er ein »Ehrengeschenk des KfS der UdSSR, Armbanduhr 85 Rubel«. KfS
war ihr Kürzel für den sowjetischen Geheimdienst KGB.

Sein mit schallisolierten Doppeltüren ausstaffierter »Leiterbereich« ist derzeit eine Baustelle. Die Gardinchen im Vorzimmer
hängen noch: Hier saß also seine Sekretärin, Dienstrang Leutnant mit Facharbeiterabschluss Phonostenotypistin, ferner
»Grundkenntnissen im Umgang mit Waffen«. Es riecht nach
gestern. An der Wand hängt ein Kalender des VEB Verlag Kunst,
aufgeschlagen ist der Dezember 89. Narva-Neonröhren, Stückpreis 13,90 Mark, spendeten warmweißes Licht. Die Schrankwände mit Plastikfurnier blieben.

In der biederen Büroflucht setzte er sein »Bestätigt, Rataizick
Oberst« unter Anweisungen für »Kontrollpassierposten, KPP«,
Bewaffnung »Pistole Makarow, 14 Patronen, MPI Kalaschnikow
mit einem festgelegten Kampfsatz von 90 Patronen«. Kringelig
unterzeichnete er »Geheime Verschlusssachen« für »die Gestaltung der Vorbereitungsarbeit auf Spannungsperioden«. Darin
die verräterische Formulierung, sein Trupp sei »für die Entfaltung eines zentralen Isolierungsobjektes für das Territorium der
Hauptstadt« verantwortlich und habe den Vollzug der Isolierungsmaßnahmen gegen dazu vorgesehene Personen zu gewährleisten. 139 Planstellen würden benötigt.

Hatte er die Gipsbüste von Lenin oder Feliks Dzierzynski, dem
gefürchteten Geheimdienstler, vor Augen, gestürzte Götzen, die
heute im Depot des Justizsenators verstauben? Sah er auf den
»Wandteppich Plüsch« mit dem Motto »30 Jahre DDR«, auf
Heldengemälde mit Arbeitern? Was dachte er sich bei der Einlegearbeit mit der Parole »Glück, Frieden, Solidarität«, die aufbewahrt wird nebst »600 Sekt- und 800 Biergläsern«? Mehr als
vieles andere bezeugt das Ambiente die Banalität des Bösen. Im

spießigen Interieur war sich der Chef nicht zu fein, Menschen zu denunzieren. Am 20. Juni 1983 etwa schwärzte er einen Schüler namentlich bei der »Abteilung XX-Leiter« an. Der zählte zu einer Gruppe »im Zug Werder/Havel-Karlshorst, die Aufkleber mit dem Symbol und der Schrift ›Schwerter zu Pflugscharen‹ trugen: Um Kenntnisnahme und weitere Veranlassung wird gebeten. Rataizick. Oberst«. Womöglich verweilte sein Blick dabei auf den von Häftlingen gepflanzten Strauchrosen vor dem Fenster, dort blühten die Sorten »Berlin«, »Fortissimo«, »Lichtblick« vom Gartenkollektiv »Roter Oktober«.

Im Panzerschrank verwahrte der Sachwalter nebst Pistole Brisantes für Topsecret-Konferenzen wie die vom 5. März 1986; »weiße Tischdecken, Selters, Cola, Citrus, Gläser, Blumen, Bestuhlung für 40 Genossen« wurden verfügt. Die Einladung mussten die Adressaten »bis zum 7.4.1986 in eigenständiger Zuständigkeit« vernichten. Rataizicks Referat lag vor, Thema »Die politisch-operativen Aufgaben zur einheitlichen Durchsetzung der Dienstanweisung 1/86 des Genossen Minister über den Vollzug der Untersuchungshaft«. In diesem Stil ging es über 93 endlose Seiten zur »Durchsetzung des Prinzips der Wachsamkeit, Konspiration und Geheimhaltung«. Ja, er beherrschte die Bürokratensprache, betete Mielkes Phrasen nach, die jene Humanität ins Gegenteil verkehrten, mit der die Menschheit beglückt werden sollte.

»Schreiben Sie das uff. Sie müssen mich anhören.« Fast bellt er jetzt im Befehlston. Was sei nicht alles über die UHA 1 geschrieben worden. Wegen angeblich ungesetzlicher Behandlung, wegen Misshandlung, Körperverletzung, Folter hätten »sogenannte Zeitzeugen« ihn und seine 250 Mitarbeiter beschuldigt. Alles habe sich »als Luftblasen« erwiesen. »Nicht ein Einziger von uns ist angeklagt und verurteilt worden.«

Rataizick in der Rolle der verfolgten Unschuld gegen »diese infame Hetze«.

Jeder Inhaftierte habe doch einen »Anwalt seiner Wahl« mit der Verteidigung beauftragen können. Er erwähnt die gute Kost und rechnet vor, »das Haftkrankenhaus gab jährlich 220 000 Mark für Medizin aus. Das ist Fakt.« Am Ende spricht er von »systematischer Täuschung und Manipulierung der Gedenkstätten-Besucher«, und man versteht eigentlich nicht, warum er in der Idylle keine Tage der offenen Tür veranstaltete, sondern sie militärisch völlig abschirmte.

Der Obrist kennt das Leben nur in der Extremform – von Mauern eng umgrenzt. Er meidet den Westen, als stünde er weiter im Banne des Eids, der ihm Anerkennung und Sicherheit gab, Staatssicherheit. Der kleine Siegfried wuchs bei Pflegeeltern auf. Die Mutter sei »1939 im KZ Waldheim umgekommen«. Den Vater sah er ein einziges Mal. Die schwierige Kindheit mündete in Autoritätssuche, die nach Klempnerlehre und diversen Jobs mit dem Eintritt in den Geheimdienst glückte. Im übertragenen Sinn ersetzt ihm die Partei die Mutter. Mielke wird der Übervater, die Stasi-Ordensburg seine Heimat.

Akte R., die exemplarische Biographie eines Untertans: Anfangs erfüllt er nicht mehr als die Mindestnorm, nämlich groß genug zu sein, um durch den Türspion in die Zelle linsen zu können. Bald fällt eine zwanghafte Hingabe und die aus den Dokumenten sprechende Unerbittlichkeit für die Sache auf.

Seine Regimetreue kommt einem Schuldgefühl gegenüber der SED gleich, die ihn fördert. Die Oberen schwärmen von Rataizicks Sekundärtugenden: »gewissenhaft, dienstfreudig, zuverlässig, ehrlich, verschwiegen«. Ideologisch verpanzert wird er »die progressivste Kraft der Abteilung«, er sei »vorrangig ursächlich« für die gewachsene Kampfkraft und was sonst an nicht geheuren Komplimenten über ihn geschrieben steht. Im Umgang müsse er »feinfühliger und verständnisvoller« sein.

Man hatte Pläne mit ihm. Er qualifiziert sich, macht seinen Diplomkriminalisten, die spätere Doktorarbeit verschwindet »versiegelt und verplombt« im Giftschrank, Gegenstand, natürlich der Stasi-Knast. 1965 erhält er 500 Mark Prämie für »hervorragende persönliche Einsatzbereitschaft« bei der Prozessvorbereitung gegen »vier Agenten imperialistischer Geheimdienste und Schleuserorganisationen«. Hätte der Machttechniker je am eigenen Tun gezweifelt, hätte man die Skrupel mit pompös klingenden Belohnungen zugedeckt: Orden, Ehrengeschenk des ZK-Generalsekretärs, Bulgarienreise mit Gattin, nicht zu vergessen die »Weinkaraffe mit 6 Gläsern/Kristall« für 1529 Mark von Mielke, Übergabe früh um neun. Zuletzt noch die »Verdienstmedaille der Organe des Ministeriums des Inneren« in Gold.

Ob er gescheitert sei, ein falsches Leben im falschen führte? Aber nein!

Der Verlierer der Geschichte fühlt sich ungebrochen dem Sozialismus verpflichtet. Tickt gar die »Herrenuhr IX. Parteitag« noch, 1976 für die »Aktion Meilenstein« überreicht, was immer das war? Er drückt sich nicht klar aus. Egal. Ihre Zeit ist abgelaufen. Das ist Fakt. »Klarer Fakt«, würde er sagen.

Der Advokat, der aus der Kälte kam

Wolfgang Vogel, Honeckers Mann fürs Menschliche

Über ihn lief der Freikauf von 35 000 politischen Häftlingen: Wolfgang Vogel war Honeckers Mann fürs Menschliche. Jetzt lebt er in Bayern.

Der ehemalige DDR-Unterhändler wartet schon an Gleis 2. Wolfgang Vogel steht im Bahnhof Schliersee, Brecherspitze und Jägerkamp hinter sich. Er trägt nicht die ortsübliche Miesbacher Tracht mit Hirschhornknöpfen, sondern Existenzialistenlook: schwarze Schuhe, schwarze Hose, schwarzes Strickhemd, ein gestreifter Kragen lugt hervor. Die bläulich getönte Brille gibt dem Ruheständler südliches Flair.

Am Telefon verblüffte zuvor sein Bedenken, »erkennen wir uns?«. Bis man beim Einlesen in die romanhafte Biographie merkt: auf den alten Schwarzweißfotos, die ihn berühmt machten, ist der Rechtsanwalt nur schemenhaft zu sehen. Um den Emissär zu identifizieren, muss man schon wissen, wer er war.

Gute Frage. Wer war er, der Professor Dr. Wolfgang Vogel? Auf den Briefkopf druckte er in gediegener Schreibschrift die Ostberliner Kanzleiadresse Reiler Straße 4 mit dem Zusatz »Zugelassen auch bei den Gerichten in Westberlin«. Schon damit war der Advokat eine Rarität, die im Hintergrund agierende Schlüsselfigur beim Freikauf politischer Häftlinge durch Bonn, offiziell: »Bemühungen der Bundesregierungen im humanitären Bereich«. 35 000 Menschen aus DDR-Knästen kamen so über die Sammelstelle Karl-Marx-Stadt via Herleshausen in Freiheit.

»Raten Sie mal, wie oft ich dort war?« »Keine Ahnung.« »Rund gerechnet 1250 Mal«

Häufig chauffierte ihn seine Frau Helga zum Grenzübergang. Er hätte den Diplomatenpass D 14026 mit rotem Hammer, Zirkel. Ährenkranz nicht gebraucht, sein goldlackierter Mercedes war Ausweis genug. Der Star der klassenlosen Gesellschaft arbeitete sich vom Wartburg Coupé über Opel zum 280er Daimler hoch. »Champagnermetallic« sei übrigens der korrekte Begriff für die Wagenfarbe. Er versichert sich der Bezeichnung bei seiner Helga, »sie ist mein Gedächtnis«.

Kiek an, Honeckers Mann fürs Menschliche ist jetzt ein echter Bayer, verlegte den »vierten Lebensabschnitt« ausgerechnet ins CSU-Land. Im Gasthof »Am Prinzenweg« wird der Stammgast hofiert. Der Schlierseer beteuert mit vagem Lächeln, es bedeute ihm »jedes Mal eine Belastung, die Zeit für mich zurückzuholen. Das rührt mich auf.« Zum Teil mag es daher kommen, dass er sich bis zum Mauerfall als Erwählter fühlen durfte, gleichermaßen Vertrauter des »Genossen Staatsratsvorsitzenden« wie von Bundeskanzler Helmut Schmidt. Er war ihr Meldegänger für Heikles. Mit seiner Eloquenz (auch in eigener Sache), seiner Schneidergarderobe stellte er das weltläufige Pendant zum ewigen Saarländer Erich dar. Fast hätte man fragen müssen, ob sich hinter der Stilisierung – Glashütte-Uhr am Kettchen, Einstecktuch – ein Geheimnis verbarg. Die Anmutung verriet seine Anspannung. Er lächelte sehr professionell, also mit innerer Berechnung beschäftigt. Womöglich kompensierte das allzu Schnieke den DDR-Minderwertigkeitskomplex.

Im Arbeitszimmer steht eine Büste Friedrichs des Großen, Genien tragen die Lampen. Der Hausherr plaziert sich im Sessel, wegen Augenproblemen die Leselupe griffbereit. Er ist 77, sagt jedoch »ich werde bald 80«, streicht »die Besinnung auf die Zeit«

heraus. 100 Taschen- und Kaminuhren symbolisieren das Thema des Sammlers. Chronometer hätten für ihn »die Bedeutung des Rückblicks« aufs Verflossene, »ticken, leben, vermitteln«. Die Gedanken enden bei der Frage. »Wer könnte die Uhr getragen haben?« Zur Demonstration bringt er die Taschenzwiebel von Herbert Wehner. Witwe Greta schenkte sie ihm zum 70. Einmal jährlich, am 11. Juli zu dessen Geburtstag, ziehe er das ihm teure Stück auf.

Mit dem SPD-Politiker verband ihn eine intensive Beziehung, die keine Floskeln brauchte. »Er war mein Lehrmeister«, gewiss in Verschwiegenheit. Onkel Herbert konnte knurren: »Junger Mann, wir verhandeln hier nicht über Tomaten, sondern über Menschen.« Besuchte er ihn in der Godesberger Adresse Am Heidehof, legte der Alte Schellackplatten mit schwedischen Arbeiterliedern auf. Beiläufig griff er, schildert Vogel, »in nächtlichen Stunden« zu einer seiner unergründlichen Aktentaschen, »übrigens habe ich da noch 'ne neue Liste«: Aufstellungen mit politischen Gefangenen, welche die Bundesregierung bei der DDR auslösen wollte. Die Kommunisten frönten dabei dem kapitalistischen Motto, »Geld stinkt nicht«, ließen sich Regimegegner zum Stückpreis von zuletzt 95 847 Mark abkaufen. Kopfgeld? Vogel hasst den Begriff.

In jungen Jahren trug er das dichte Haar wellig zurückgelegt. Der Bursche hatte was. Schon 1962 hörte die Welt von ihm raunen, Vogel zog die Fäden beim spektakulären Austausch des von den Sowjets abgeschossenen amerikanischen U2-Piloten Powers gegen den Russen Abel – Spione, die aus der Kälte kamen. Der Deal endete glücklich an einem Februarmorgen auf der Glienicker Brücke, dank ihm, dem geheimen Regisseur des filmreifen Thrillers. Nicht umsonst musste er richtigstellen, »ich bin kein James Bond der DDR«. Das Abenteuerliche seiner Existenz hätte man nie erahnt, in der pathologisierten deutsch-deutschen Realität war er brav mit Attachémappen unterwegs.

Die Bilder der DDR verblassen. Ihr laut damaliger Bestallungsurkunde hoher Repräsentant ist heute eine anachronistische Figur. Sein Aufstieg verdankte sich dem Eisernen Vorhang, zwei Deutschlands mit unversöhnten Brüdern und Schwestern, der kafkaesken SED-Justiz, die Andersdenkende willkürlich einsperrte. Im Wissen um die zementierten Verhältnisse hielt Vogel Reflexionen über die Wiedervereinigung für absurd, Sozialist, der er nach eigenem Bekenntnis war, durchaus mit Treuegefühl der Sache des Marxismus verpflichtet. Sofern ihn andere Gedanken umgetrieben hätten, »bevor es bums machte und die Wende kam«, hätten ihn Russenpanzer, »die ich täglich in Karlshorst sah«, auf den Boden der Tatsachen zurückgeholt. »Dass sich zu meiner Lebenszeit was verändert, glaubte ich nie«, insoweit besaß der beim Kanzleramt akkreditierte Mittler eine Jobgarantie, »ich habe die Aufgabe nicht geliebt, aber keine Alternative gesehen«.

Wolfgang Vogel führt das Gespräch mit altmodischer Artigkeit, vorsichtig-abwägend sucht er seine Erinnerungen ab. Steifer, dem Thema geschuldeter Ernst wechselt mit Anekdoten und Hinweisen, er sei weiter zum Schweigen vergattert. Ganz der Unterhändler, steuert er sein Ziel an, lässt sich nie vom Weg abbringen. Argumenten hilft er mit den Händen weiter. Vogel hat die frische Gesichtsfarbe des Wanderers. Auffallend der verbitterte Mund, tief eingegrabene Falten, der melancholische Blick. Vielleicht vom Alter, vielleicht von der Anstrengung des Verdrängens und Taktierens, vom Aussichtslosen, das ihn auf den Formularen »Sprechgenehmigung für Verteidiger« erreichte: »Ich bitte um ihren schleunigen Besuch« stand darauf, er zeigt ein Muster. Im idyllischen Schliersee ist jene sehr nahe Ära sehr

157

fern, in der er 250 000 DDRlern über Todesstreifen hinweg zur Ausreise verhalf oder als internationaler Vermittler 150 inhaftierte Spione aus 23 Ländern rausverhandelte.

Einerseits. Er hatte das Ohr Honeckers. Bis zum Ende blieb Vogel ihm in anhänglichem Sentiment verbunden. Meist sprachen sie im ZK-Gebäude miteinander, zweiter Stock, Büro VII. An der Stirnseite Schreibtisch und Telefone. Auf ein bestimmtes Klingeln habe Honecker gesagt, »an diesen Apparat muss ich!« und russisch in die Muschel gesprochen. Unvergesslich die Schrankwand linker Hand mit verborgenen Tresoren. »Eigenartig«, er verwahrte darin Unterlagen in kleinen Koffern, als reise er bald ab. Honeckers Linie habe »klar und eindeutig« gelautet: »Staatsfeinde raus!« »Er wollte Gegner loswerden, Ruhe auf dem politischen Parkett.« Zum Schluss war der abgemeierte Genosse kurz sein Klient, »ein psychisch Gebrochener, er lebte aus wenig Habseligkeiten«. Im Militärhospital Beelitz bot der seinem Vogel das »Du« an, fragte beim Politisieren über die Wirtschaftsmisere – 15 Jahre Lieferzeit für einen Wartburg – »Warum hast du mir das nicht früher gesagt?« Wolfgang antwortete wahrheitsgemäß, »weil du mich dann rausgeschmissen hättest«. Er wollte von Erich erfahren, »wie war dir zumute, wenn du in Brandenburg am Gefängnis vorbeifuhrst?«

Andererseits. Seine graue Eminenz war eine feste Einflussgröße, Sympathieträger unter volkseigenen Polit-Gestalten, Ansprechpartner von sechs Bundesregierungen. »Die heilige Mutter Teresa des Menschenhandels«, spöttelte Biermann. Vogel spielte den Briefkasten für Ost und West, sein Siemens-Telex, Nummer 11-3023, 113023 vobe dd, lief heiß. Von jedem Schreiben zog sich die Stasi heimlich eine Kopie. Dass man ihn abhörte, unterstellte er als gegeben. Die Bonner drückten ihm »Geheim!«-gestempelte Vorschlagslisten mit Eingesperrten in die Hand, jeder

Name eine Tragödie für sich. Die Dossiers landeten bei der federführenden »Hauptabteilung Ermittlung im MfS«. Am Ende enervierenden Ringens setzte Stasi-Chef Mielke handschriftlich sein »zugestimmt« unter die Entfassungsbögen. »VG« bedeutete »Versagungsgründe«, abgelehnt. Vogel strich »erledigte Fälle« mit grüner Farbe aus.

Das Amt machte ihn groß und reich, für SED-Verhältnisse unvorstellbar reich. Er rettete Gediegenheit und Sinn fürs Schöne ins Alpenland, in umfassendem Sinne seine Endstation, die Eheleute sicherten sich Gräber auf dem Kirchhof von St. Martin, mit Blick auf die Schlierseer Berge. Allein aus Bonn bezog der Mauerspringer damals 360 000 D-Mark Jahreshonorar. Der Ausverkauf vom Schicksal geschlagener Menschen spülte 3,5 Milliarden D-Mark in die marode DDR. Insoweit war der Advokat kein Samariter, sondern wichtiger Devisenbringer. Barmherzig war sein Mandat, so es Entrechtete aus den Horrorgefängnissen Bautzen oder Hohenschönhausen erlöste. Das vergessen jene, die heute fleißig nach Verstrickungsmotiven suchen und ihm vorwerfen, sich im Unterholz des totalitären Regimes verlaufen zu haben. Die Staatssicherheit ist damit gemeint.

Vogel war der rechte Mann zur rechten Zeit. Nur, wer hat ihn eigentlich erfunden? Der Freikauf war eine Idee des Westens, mutig forciert von Rainer Barzel, CDU. Welchen Anteil das MfS an Vogels Anwalts-Etablierung hatte, ist umstritten. In den Fünfzigern fungierte der »Geheime Informator« und »Geheime Mitarbeiter« zeitweise mit den Decknamen »Eva« und »Georg«. Die Spitzelnummer 4148153 ist in der Vita einer Vertrauensperson nicht ganz geheuer, für die das Bundesverdienstkreuz bereitlag. Vogel wäre nicht der Erste, der für sich in Anspruch nahm, Spielmacher gewesen zu sein, derweil Mielke mit ihm spielte.

Es ist still bei ihm. So still, dass sein Hadern mit den Staatsan-
wälten heftiger wirkt, die nach 1990 gegen ihn u. a. den Vorwurf
der »Erpressung von Ausreisewilligen« erhoben. Plötzlich hieß
es, er habe Menschen geschadet, sein Lebenswerk drohte ins Gegenteil verkehrt zu werden. Das rührt an den Grund seiner Persönlichkeit, Vogel ist ein Gefühlsmensch, seine ganze Natur auf
Harmonie angelegt. Mit nicht geringer Autoritätsfixierung hun-
gerte er nach Anerkennung beider Seiten. Obwohl der SEDler
bei aller Geschmeidigkeit im kaum auflösbaren Widerstreit der
Emotionen nie Zweifel ließ, wem er angehörte und was ihm die
Vorrangstellung bedeutete. Mit dem Emissär makelte eine gespaltene Persönlichkeit im gespaltenen Deutschland, Legenden,
Missverständnisse inbegriffen. Für ihn galt der Zwiespalt, den
Graham Greene (er könnte Vogels vieldeutige Rolle erfunden
haben) einmal so beschrieb: »unter Kommunisten auf die Vor-
züge des Kapitalismus, unter Kapitalisten dagegen auf die des
Kommunismus« hinweisen zu müssen.

Der Unterhändler fand sich im Mittelpunkt diverser Verfahren
und kriminalisiert, kaum dass er Macht und Einfluss verlor.
Ihm, der in Politikern wie Richard von Weizsäcker nobelste Für-
sprecher hatte, setzte jahrelanges Prozessieren böse zu. Früher
war seine Funktion eindeutig bestimmt als »Anwalt des Teufels«
(sein Biograph Craig R. Whitney), nun fand er sich als verteufel-
ter Anwalt wieder; undurchsichtiger Machenschaften bezichtigt.
Vom Bundesgerichtshof schlussendlich rehabilitiert (und vom
Erpressungs-Vorwurf freigesprochen), hinterließ monatelange
Untersuchungshaft eine dicht unter der Oberfläche liegende Gekränktheit – die verlorene Ehre des Wolfgang V. Nie hätte er geglaubt, sich auf Selbstverteidigung zurückgeworfen zu finden.
Denn er war nicht nur eine Person der Zeitgeschichte, die sich
stets den gängigen Kriterien entzog. Er stand darüber, fühlte

sich auch so. »Meine Wege waren nicht weiß, nicht schwarz, sondern grau.«

Die Eigentumswohnung mit blauen Fensterläden wäre der richtige Platz, Unerschütterlichkeit zu demonstrieren, käme er nicht immer wieder auf seine Verfolger zurück. Ausgesucht schöne Möbel, Rokoko-Göttinnen, Meißner Porzellan mit Zwiebelmuster, Kruzifixe – ein Museum seiner selbst, schon wegen der raren Fotos an der Wand. Die beglaubigen ihm den Rang, der seinem Idealbild entspricht: Schnappschüsse von Barzel im Rahmen, Handschriftliches von Schmidt, eine tolle Aufnahme Wehners, eine mit dem russischen Dissidenten Scharanski. Dem ins Arbeitslager Verbannten verhalf er 1986 in einem bizarren Tauschgeschäft zur Freiheit. Wäre der Jurist nicht ohnehin von seiner Bedeutung erfüllt gewesen, die hochkomplizierte Übergabe in Berlin hätte ihm seinen Retter-Status bescheinigt. Gerührt spricht Vogel von dem Regimekritiker, der beschwingt über den Ost und West scheidenden Mittelstrich der Glienicker Brücke hüpfte.

Vielleicht rächte sich nach der Wende an Vogel, stets die Sphinx aus Friedrichsfelde geblieben zu sein. Eine Unschärferelation war geradezu Bedingung des Amtes, »dieses Geschäft verträgt kein Geschrei«. Einer seiner drei Tageskalender hütete ausschließlich »Geheimes«. So musste es sein in Herrn Vogels Gewerbe, seit im August 1964 unter konspirativen Umständen die ersten Busse mit 70 Ausgelösten zum Notaufnahmelager Gießen rollten, darunter Hochbestrafte vom Aufstand des 17. Juni 1953. Laut Vogel mit ein Anlass, »den Freikauf zu intensivieren«. Den Häftlingen muss er als Lichtgestalt erschienen sein, »es war so ruhig, da hörten Sie 'ne Stecknadel fallen«.

»Vielleicht je fünf Leute« hüben und drüben hätten die Details gekannt, darunter die Minister für Gesamtdeutsche Fragen,

Staatssekretär Ludwig Rehlinger und der Westberliner Anwalt Jürgen Stange. Wieder und wieder hätte er, berichtet Vogel, Entlassenen ins Gewissen geredet: »Sie haben in Karl-Marx-Stadt fragende Augen hinterlassen.« Wenn sie denen helfen wollten, mögen sie schweigen über das kleine Wunder, das ihnen widerfahren war. So sei seine Rede gewesen. »Ich wusste ja, was auf dem Spiel stand.« Kaum dass das Geschäft mit dem »Pankow-Regime« ruchbar wurde, kritisierten Medien den »schrecklichen Sklavenhandel«.

Mag sein, Vogel bringt heute die eigene Geschichte auf einen Stand, der sich besser deckt mit den Erfordernissen des wiedervereinigten Landes. Er würde gern als Lotse gesehen, der tapfer allen an ihn herangetragenen Versuchungen auswich. So wahr ist, dass Honecker auf seine Gefolgschaft zählte (und der Anwalt geschmeichelt Orden und Würden annahm), es ist auch wahr, der Paradiesvogel hat ein Helfersyndrom, ein starkes Bedürfnis zum Aussöhnen. Fast wäre der deutsch-deutsche Missionar ja Priester geworden. Flüchten wäre für ihn oft leichter gewesen, als standzuhalten für eine Sache, bei der sich hinter jeder Häftlingsnummer Angst, Elend, Verlorenheit verbarg. Über die Jahre sah er mehr Verzweiflung bei Eingesperrten, mehr Freudentränen bei Entlassenen, als einem einzigen Leben erträglich ist. Der sendungsbewusste Sohn eines Dorfschullehrers aus Niederschlesien war für das Grenzgängerische prädestiniert. Hier die Klassenjustiz, da sein streng katholischer Glaube. Honeckers »persönlicher Beauftragter« in humanitären Angelegenheiten zählte zur Machtelite des atheistischen Staates, überlegte jedoch keine Sekunde, der Kirche abzuschwören. Bei der Trauung ließ er das Ave-Maria erschallen. Wahrscheinlich suchte er in der Religion nach einem Sinn, den er jenseits von Eden, im Paradies der Werktätigen, nicht fand.

Der Pensionär kennt die Argumente rauf und runter, die heute dem Häftlings-Freikauf gelten. »Die Sichtweise«, meint Vogel mäßig begeistert, »wird immer unterschiedlich sein.« Es kursiert sogar die These, das Milliarden-Ding sei die größte Stasi-Verschwörung gewesen, um dem Hauptfeind D-Mark abzupressen, da man wusste, die reichen Vettern aus Dingsda, Bonn, würden aus Gefühlsduselei schon blechen. Er selbst verlegt sich im Für und Wider darauf, »das Urteil wird die Geschichte sprechen«.

Vogel dankt seinem Herrgott, »ich habe Erfüllung erfahren«. Verbitterung stünde einem Frommen nicht gut zu Gesicht. »Ich bin entschlossen, in der Gegenwart zu leben, das zu nutzen, was mir noch bleibt.« Er pflegt den Stoizismus gemäß Marc Aurels »Selbstbetrachtungen«. Die schenkte ihm Helmut Schmidt beim Besuch in der U-Haft. »Moment, hier ist das Buch«, mit Einmerker auf Seite 177. Da steht: »Wirf die Meinung hinaus, und du bist gerettet! Wer kann dich da hindern, sie hinauszuwerfen.«

In der Kolonie der Dunkelmänner

Mielkes Elite am Berliner Obersee

Wo brachte sich die Stasi in Sicherheit? Am Berliner Obersee hat sie einst reihenweise Haus und Grund enteignet. Und hier wohnt Mielkes Elite immer noch. Die wahren Eigentümer müssen bis heute um ihren Besitz kämpfen. Eine Spurensicherung in der Kolonie der Dunkelmänner.

Stumm wie ein Fisch steht Ralf Schindler unter einer Trauerweide am Obersee. Als gelte für den ehemaligen Stasi-Major weiter Verschwiegenheitspflicht, verrät er nur zögerlich, was Mielkes »Sektion Angeln« in dem Gewässer fing: »Barsch, Aal, Giebel, Rotfeder, Gründlinge, die gute alte Plötze.« 17 Zander habe man in den 80ern eingesetzt. Nach der Wende benannten sich die Petrijünger der SG Dynamo flugs in die unverfänglichen »Angelfreunde, Ortsgruppe 1, Hohenschönhausen« um.

Der 67-jährige Schindler trägt eine verspiegelte Sonnenbrille, beantwortet Fragen gern mit knappem »wees ick nich«. Im Verein ist er für Öffentlichkeitsarbeit zuständig. Auf Nachfrage fällt ihm wenigstens ein, ihr langjähriger Boss Helmut Petzold – dessen Dienstrang Oberstleutnant »spielte bei uns keine Rolle« – habe am Obersee einen Rekordhecht von einem Meter 24 erwischt, zwölf bis 16 Kilo schwer, die übliche Runde ausgegeben und den Kopf präpariert. Schindlers dickster Fisch war ein 42 Zentimeter langer Karpfen von zweieinhalb Kilo. Wer ihr Bester gewesen sei? Friedrich Patt, berichtet er und lächelt, so gut er kann, Offizier in Mielkes Protokoll-Abteilung X. Er selbst verdingte sich bei der »Agitation« und fabrizierte Propagandafilme. Seine Angel-Sektion, die laut Statuten in »tiefer Verbundenheit zu unserem sozialistischen Vaterland« und in »Anwendung der Leninschen Methode der Kritik und Selbstkritik« die Rute auswarf, hatte nach den Worten des Ex-Majors 800 Mitglieder, 700 davon MfSler. »Warum wollen Sie det allet wissen?«

Weil die Stasi in der Idylle ziemlich lange im Trüben fischte. Ihr Vereinsheim, »unser Objekt in der Oberseestraße 64«, bauten sie auf widerrechtlich besetztem Gelände. Ein Federstrich genügte im SED-Staat, schon stand »Eigentum des Volkes, Rechtsträger: Ministerium für Staatssicherheit« im Grundbuch. Nicht anders lief es bei den Nummern 66 und 68, auch sie gehörten in Wahrheit der Berliner Familie Starke. Wie Mielkes Truppe mit ihr umsprang, war um den 37 812 Quadratmeter großen Teich herum ein flächendeckender Vorgang: Unter Zwang und Drohung wurden angestammten Besitzern systematisch Parzellen zu lächerlichen Preisen abgepresst, andere in geheimer Kommandosache einfach auf das MfS umgeschrieben. Familie Starke erstritt sich in zehnjährigem Häuserkampf die Flächen zurück. Der Angler-Schaukasten verschwand über die Jahre unter einer blühenden Spierenhecke.

In seinem Kreuzberger Büro beschäftigen den Erben Christiano Starke – Vorsitzender der »Interessengemeinschaft der rechtmäßigen Grundstückseigentümer in Berlin-Hohenschönhausen« – die Stasi-Machenschaften weiter. Nach der Wende wurde er zum Enteignungs-Experten. Anfangs war der Tischler für den juristischen Streit um seine 2925 Quadratmeter Uferstreifen mit nicht mehr gerüstet als dem Willen, »dass die Mutti und ich die Sache einfach nicht aufgeben wollten«. Er hatte am Ende der DDR die Illusion, »wir ziehen sofort nach Hohenschönhausen«. Ein klarer Fall von denkste.

Seine Geschichte ist eine labyrinthische deutsch-deutsche Geschichte. Der Fall katapultierte ihn durch Raum, Zeit und politische Systeme. Der Kampf um die Rückgabe des Familienbesitzes
war »der schlimmste Abschnitt in meinem Leben«, genau betrachtet so schlimm wie der Verlust. Es beginnt damit, dass seine
Großmutter Martha Haussmann am 1. Oktober 1945 laut Befehl
der Roten Armee ihr Haus binnen 15 Minuten räumen musste,
»sie durfte nur mitnehmen, was sie allein tragen konnte«, berichtet der Enkel. Besatzer fielen über sie her. Die Russen machten
den Obersee zum Sperrgebiet, zogen in die Villen ein. »Omi hat
den Verlust nie überwunden.« 1956 nahm sie sich das Leben.
Es ist das Jahr, in dem Christiano mit seinen vor Hitler nach
Brasilien geflohenen Eltern nach Berlin zurückkommt. Die
Haussmann-Oma harrte bis dahin aus, sie wollte die Tochter
Ingeborg noch einmal sehen. Zu der Zeit hatte sich bereits der
damalige Stasi-Chef Ernst Wollweber in ihrem noblen Anwe-
sen mit Turmerker breitgemacht. Äpfel und Aprikosen wach-
sen, Heckenröschen geben dem Besitz etwas Verwunschenes.
Es ist auch die Zeit, in der Christianos Mutter ab und an aus
Wilmersdorf rüberfährt. Unter Androhung von Gewalt wird sie
am Betreten der Adresse gehindert, in der sie aufwuchs. Nach
Wollwebers Wegzug funktionierte die Stasi das Ganze zum
»Gästehaus« um.
Dachte Starke in Westberlin an das nahe und doch ferne Hohenschönhausen, dann stets in der Überzeugung, »die DDR würde
es ewig geben«. Genauso ewig, wie ihnen Recht und Eigentum
vorenthalten bleiben werde. 1958 trugen die Kommunisten zwar
die Immobilien auf seine Mutter im Grundbuch Nieder-Barnim
ein, Flurstück 212-214, Band 22, Blatt 650, Band 23, Blatt 670,
Band 44, Blatt 1279. Indes erfuhr die Familie aber bis 1990 mit
keinem Wort, dass sie gleichwohl klammheimlich und entschä-

166

digungslos um ihren Besitz betrogen worden war. Durch sogenannte Inanspruchnahme, ein Tarnwort für Enteignung, kassierte der »Magistrat von Berlin, Hauptstadt der DDR, Az.: 733/
py«, am 1. September 1980 das Gelände am Weiher. »Zeitwert
38 000 Mark« steht gekritzelt auf dem gesiegelten Bescheid: »i.A.
Müller, Tel. 2423720«. Willige Helfer arrondierten für das im
Hintergrund Regie führende MfS die Gegend. Eine Art Garten-
stadt mit Sommerlinden, Erlen, Rotbuchen, locker besiedelt,
nah beim Hauptquartier Normannenstraße.

In Top-Lage schuf sich die »Firma« ihr eigenes Wandlitz. »Der
Obersee war von den Tschekisten begehrt«, berichtet ein Ex-
Obrist. Der nahe Orankesee mit Strandbad hingegen sei was für
die Werktätigen gewesen. Im gutbürgerlichen Ambiente lebten
Stasi-Großverdiener zu lächerlich geringen Kosten Tür an Tür.
Eine »Mietvertragsergänzung« für Mielkes Vize Werner Gross-
mann vom Juni 1989 weist aus, er habe sich in der repräsen-
tativen Oberseestraße 6/8 Einbaumöbel für 4874,29 Mark
montieren lassen. Das »Nutzungsentgelt« dafür erhöhe die
Monatsmiete um 24 Mark 37 auf 268 Mark 12.

Im »grünen Versteck der Stasi-Bonzen« (»Super-Illu«) stand
auf Türschildern statt des Namens oft nur »Untergeschoss«,
»Obergeschoss«. Zufall oder Regie, auf ihrer Meile residierten
höhere Chargen bevorzugt in geraden, niedrigere Dienstgrade
in ungeraden Nummern, erzählt ein Kenner beim Rundgang
und meint, »80 Prozent« der Altkader seien bestimmt geblieben. »Warum sollen die weg? So wat finden die nie wieder.« Im
Laufe der Zeit setzte sich damit gleichsam Unrecht ins Recht.
Beispielhaft lasse sich die Pfründewirtschaft auf den 1295 Stra-
ßenmetern durchmessen. Misstrauische Blicke verfolgen dort
Fremde, ein Empfinden wie im Feindesland. Wer wissen will,
ob die Stasi lebt, sie tut es. Nur stehen die Schattenkrieger nicht

mehr in Fünferreihen gestaffelt am Tresen der »Gebrüder Franke« (heute »Efinger«), zum Sturztrunk.

Außer »dem großen Grossmann« wohnten die Mielke-Stellvertreter Gerhard Neiber (samt Adlatus), Rudi Mittig und Generalleutnant Alfred Scholz im Karree, ebenso Oberst Ralf-Peter Devaux, laut MfS Handbuch zuständig für die »Aufklärung des Staatsapparats der BRD«. Sein Klingelschild in seltsam altdeutscher Schrift ist noch da. Mielkes Sohn Frank kam im Viertel unter, Stasi-Knastchef Siegfried Rataizick und MfS-Finanzchef Werner Hennig, um nur wenige der leitenden Juristen, Auswerter, Waffenhändler, Spionageexperten, Schnüffler und Zuständigen für »Republikflüchtige« zu nennen, die dort exklusiv und unbehelligt siedelten.

Morgens rumpelten Ikarus-Busse übers Kopfsteinpflaster von »Stasihausen«, der »Sachsen-Express« sammelte die Truppe zur Fahrt in die Zentrale ein. Chauffeure holten die gleich im Dutzend versammelte Generalität ab. Hätte die ihr Lametta getragen, es hätte in der Oberseestraße golden geblitzt.

Unter den MfS-Promis fehlte auch Markus Wolf nicht. Nach Angaben seines ehemaligen Offiziers, des Buchautors Günter Bohnsack, residierte er in der 40. Laut einem bei der Gauck-Behörde gefundenen Plan soll Grossmann unten, Wolf darüber gewohnt haben, wie es sich vom Rang her gehörte. Ein paar Häuser weiter, Manetstraße 6, stand Schalck-Golodkowskis Bungalow. Seit dem Machtverlust leben die Geheimen hinter maurischen Verzierungen, bleiverglasten Scheiben und Gardinchen gleichsam wie in Deckung. »Wohnte 007 am Obersee?«, fragt der Kunsthistoriker Hans-Michael Schulze bei Führungen da draußen.

Gleicher als gleich, siedelten die Großkopfeten direkt am Wasser, verteidigten mit Klauen und Zähnen den Blick auf Bötchen und Park. Die Stasi duldete keinen Plebs neben sich und beharrte in »Nur für den Dienstgebrauch« bestimmten Dokumenten darauf, dass die »Freigabe der nördlichen Uferzone zur öffentlichen Nutzung« etwa für einen Fußpfad aus »sicherheitstechnischen Erfordernissen« abgelehnt wurde. In der Tabuzone kassierte sie 16 der 17 attraktiven Seegrundstücke. Eine Geheimliste der »Verwaltung Rückwärtige Dienste« druckte für Hohenschönhausen 150 ihrer »inoffiziellen Objekte« aus, in der Oberseestraße sind es allein 33, oft von den Dunkelmännern für konspirative Treffen genutzt.

Ihr Oberstleutnant Günter Studt schlug 1976 höchst vertraulich mit »sozialistischem Gruß« vor, »gemäß Verteidigungsgesetz« im Gebiet 30 weitere Adressen »in Anspruch zu nehmen« und »Volkseigentum herzustellen«; ein typischer Bedeutungsbetrug, es ging darum, das Volk fernzuhalten. »Komplikationslos«, so Studt, solle man sich des »Verteidigungsgesetzes« bedienen, »Rechte des Einspruches durch die betroffenen Eigentümer bestehen nicht«. Solche sind auch nicht zu erwarten, heißt es zynisch weiter, da die Eigentümer sich nicht um diese Grundstücke bemühten. Ihn wie neun weitere mit Enteignungen befasste Dienstgrade stöberte Starkes Verein in detektivischer Kleinarbeit auf. Studt erklärte, er wolle »damit nichts mehr zu tun haben«. Ein anderer Hauptmann rühmte sich, an einem einzigen Tag 100 Parzellen für ihre Zwecke umgewidmet zu haben. Zur »Wertermittlung« kam der scheinbar unabhängige Sachverständige Herbert P., laut Kaderkartei in Wahrheit Stasi-Genosse.

Dass sie längst nicht mehr Herr im eigenen Haus waren, erfuhren die Starkes nie. Auf höfliche Anfragen nach ihrem Besitz beim Rathaus Pankow – »ich möchte mein Testament machen und wäre Ihnen für eine baldige Auskunft dankbar« – kam von drüben am 26. Mai 1981 lediglich ein Sechszeiler des Inhalts: »Wir bitten daher, von weiteren Anfragen abzusehen.« Die Antwort machte auch Sinn aus Sicht des MfS, Starkes Prachtbau war auf den Plänen längst ausradiert. Die Oberseestraße 62 bis 68 sollte für den »II. Abschnitt« eines MfS-Neubau-Komplexes fallen, mit Kneipe und Pool zur »qualitativen Erhöhung der Gästebetreuung«: »gedeckte Zu- und Abfahrt«, »dekorative Außenbeleuchung mit Dämmerungsschalter« waren projektiert, eine »Waffenkammer mit Stahltüre und Gitterfenster« vorgesehen.

Des Weiteren ein Bootssteg aus Betonfertigteilen »analog« zu dem der Sektion Angeln. Zuvor hatte Mielke die Nummern 36 bis 48 mit Zweigeschossern bebauen lassen, Grund und Boden der Falkenbergs, wird erzählt, einst Gastronomen im Roten Rathaus. Die Wohnungen wurden laut vertraulicher Anweisung »ausschließlich an hochrangige Stasi-Mitarbeiter« vermietet.

Die heute 92 Jahre alte Ingeborg Starke hütet ihre Obersee-Dokumente in einer abgegriffenen Mappe. Sohn Christiano legt sie auf den Tisch und sagt, schon Omi Haussmann hätte der Prokuristin ihrer Weißenseer Spiralfederfabrik eingebleut, bei Bombenalarm alles stehen und liegen zu lassen, aber diesen Ordner unbedingt zu retten. Darin der Vertrag vom 9. September 1924 über das Areal 66: »Wie es steht und liegt«, ging es für 20 000 Goldmark samt Holz- und Kohlevorräten sowie Gartengeräten an seine Großeltern. Unter den Schätzen eine hübsch kolorierte Skizze der Garage, »schließlich stand da ein Horch drin«, sowie der über 100 Jahre alte Plan des Gebiets, das besonders Aufsteiger des Industriezeitalters anzog.

In der Nachbarschaft wohnte der Fischhändler Wegener, »der den Matjes oder so wat einjeführt hat«, neben dem erfolgreichen Darmhändler, der mit Wurstpelle reich wurde, und Fleischfabrikant Vermander. Seine Oberseestraße 54/56, mit Fahnenmast und Lebensbaumhecke, verwandelte man in »Mielkes Gästehaus«, wegen des belgischen Sandsteins »kalte Pracht« genannt. In der Oberseestraße 60 ließ sich der Drucker Lemke 1932 von Stararchitekt Mies van der Rohe einen sagenhaften Backstein-Bungalow bauen. Russen und MfS ruinierten den Kubus mit vereinten Kräften, machten daraus Garage und Wäschekammer, montierten die Schrankwand »Karat«, klebten Linoleum aufs Eichenholzparkett. Nach der Verwüstung blieb 1989 von den Spießern eine Handvoll Silberbesteck mit barockisierender Verzierung aus DDR-Produktion zurück.

Christiano Starke hat die Figur eines Gewichthebers und ordentlich Schmackes, um sich mit Stasi-Seilschaften, Treuhand, Ämtern und Gerichten anzulegen. In höchst merkwürdiger Koalition verbauten sie seiner Familie den Weg zum Eigentum lang genug. Gleich zur Wende stand er auf der Matte, lief sich die Hacken ab, redete sich einigermaßen unerschrocken mit Berliner Schnauze den Mund fusselig. Er schrieb der Angler-Sektion, Antwort kam nie. Starke suchte Verbündete, lud 160 Betroffene zum Mitmachen ein, »alle mit der gleichen Problematik«, von Grund und Boden verjagte Hausbesitzer.

Mutter Starke meldete mit seiner Hilfe ihre Ansprüche beim Magistrat der Stadt Berlin, beim Rat des Stadtbezirks Höhenschönhausen, im Rathaus Pankow, im Ministerium des Inneren sowie der Justiz an, hinterlegte die Forderung auf Grundstücks-Restitution beim DDR-Minister für Regionale Angelegenheiten, bei der Präsidentin der Volkskammer, beim Ministerrat. Bei Lothar de Maizière wurden sie vorstellig, beim Komitee zur Stasi-Auflösung. Selbst ein Kraftpaket wie Meister Starke trägt sich fast einen Bruch an der Tasche mit sieben Ordnern Obersee-Schriftverkehr: »Sie können alles lesen«, wenn's nicht reiche, er habe weitere Akten.

Mit Eingaben beschäftigte er Rechts- und Petitionsausschuss des Bundestages. 118 juristisch versierte Abgeordnete überzog er mit eingeschriebenem Formbrief, ohne dass er das Gefühl gewonnen hätte, die Parlamentarier wüssten, was sich im Osten für Durchstechereien abgespielt haben und abspielen. »Ahnungslose, ignorante«, in seinen Augen zudem »peinlich dürftige Antworten« musste er archivieren, von SPD-Klose bis CDU-Scholz. Dem Abgeordneten Thierse gab er erzürnt zurück, »um es freundlich auszudrücken«, seine Antwort sei »mehr als dürftig ausgefallen«. Starke klagte sich durch die Instanzen bis zum Bundesverwaltungsgericht hoch. Drei Verfassungsbeschwerden wurden nicht angenommen. Auf dem langen Marsch ist er um 25 000 Euro ärmer geworden, sein Vertrauen in den Rechtsstaat kleiner. »Ich fühlte mich wie in einer Bananenrepublik.« Vom Staat, dem er brav Steuern zahle »und für den ich eingestanden bin«, fand er sich »hintergangen, alleingelassen, veräppelt. Das ist meine größte Enttäuschung.« Als »die Mutti« nach all den Niederlagen schließlich vom »Landesamt zur Regelung offener Vermögensfragen« doch noch ihre Immobilien zurückerhielt, »waren wir völlig verdutzt«. Nun durfte er das Empfinden haben, endlich sei für die Seinen der Zweite Weltkrieg zu Ende, der ihnen das Ererbte nahm.

Freilich verlängerte sich das von der Stasi geschaffene Unrecht um ein weiteres Jahrzehnt. Just als die Starkes hofften, nun ohne Komplikationen bei sich selbst einziehen zu können, schuf das Bezirksamt Hohenschönhausen neue Fakten. Kaum war die Staatssicherheit weg, hängte es 1991 das Schild »Musikschule« an das Privathaus Nummer 66. Sie erfuhren davon aus der Zeitung. Das legalisierte die Enteignung gleichsam nachträglich, für öffentliche Einrichtungen galt keine Rückgabe. Den Starkes vermittelte das ein intensives Gefühl, die MfS-Praxis werde mit anderen, nur scheinbar demokratischen Mitteln fortgesetzt. Offiziell erging die nachweislich falsche Auskunft, Russen hätten die Grundbücher vernichtet, es sei unmöglich, die Eigentümer festzustellen, es habe sich niemand gemeldet.

Christiano Starke hätte nie geglaubt, sich jemals mit dem DDR-Verteidigungsgesetz herumschlagen zu müssen. Fadenscheinig bediente sich die Stasi nämlich der einschlägigen Paragraphen, um sich haufenweise Areale unter den Nagel zu reißen. Von Landesverteidigung konnte am Obersee allerdings nie die Rede sein, »weit ab von jeder Grenze«. In dem Fall sprach das Vermögensamt von eklatanter »unlauterer Machenschaft« der Stasi, »ein redlicher Erwerb scheidet aus«, der Enteignungszweck sei »nur vorgeschoben« gewesen, »um in Wahrheit zu gänzlich anderen Zwecken« ans Grundstück zu kommen. Nur muss man fragen, warum es dann zehn Jahre dauerte, um ein für den gesunden Menschenverstand glasklares Unrecht aufzuheben. Andere Fälle hängen immer noch.

Der Obersee ist im neuen Deutschland zum »stehenden Gewässer II. Ordnung« erklärt worden. Am Beispiel der Stasi-Angler kann man lernen, wie tief stille Wasser gründen.

Wie kam die Stasi auf Günter Wallraff?

Ein Lehrstück der
»Abteilung Desinformation«

Die Abteilung X war Markus Wolfs beste Truppe. Und der junge Autor gehörte zur linken Szene und passte scheinbar prima ins Konzept.

Ehe Hans-Joachim S. endgültig auf den Hund kam, dressierte ihn die DDR-Staatssicherheit auf den Mann. Es war 1969, der heutige Redakteur für Tiergeschichten machte im Rostocker Warnow-Hotel gezielt die Bekanntschaft des Schriftstellers Günter Wallraff: Nach Erkenntnissen des Generalbundesanwaltes war S. von der Hauptverwaltung Aufklärung (HVA) »auserwählt«, als »Instrukteur die Verbindung zu Wallraff zu halten«. Der wurde später Bestseller-Autor, parallel führte die Spionagetruppe ihn als »IM Wagner« in den Akten. IM wie Inoffizieller Mitarbeiter.

Den Treff mit dem 27-jährigen Wallraff hatte Oberleutnant Heinz Dornberger von der Abteilung X eingefädelt, laut Plan für »Schaffung und Steuerung von Einflussagenten« zuständig. Er hatte den Offizierskollegen Günter Bohnsack um Rat gefragt: »Hast du nicht 'nen flotten Kerl für das Informations- und Organisationsbüro« (IOB), eine Stasi-Gründung, flächendeckend mit eigenen Leuten bestückt. Am IOB kam kein Westler vorbei, der im Osten recherchieren wollte.

Der studierte Journalist Bohnsack hatte S. einst zur »Neuen Oranienburger Zeitung« geholt und um 1965 für seine Firma, die HVA, geworben: »Du kannst bei uns mitmachen!« Unvergesslich für den Oberstleutnant: S. war sein erster IM, die Verpflichtungserklärung unterschrieb er »in irgendeiner Kneipe«. Er lehrte ihn, tote Briefkästen anzulegen, Beschatter zu erkennen, stellte ihm die Frage aller Agentenfragen: »Wie willst du dich denn nennen?« S. habe »Richter« gewählt, kam damit in die Papiere. Man schickte ihn gleich nach München, einen von der »Desinformation« entworfenen Artikel gegen Rainer Barzel in der Tasche, »Kronprinz im Zwielicht«. Eine nie enttarnte Quelle »Gemse« verbreitete dort den Text auftragsgemäß.

Die Tour von S. zu Wallraff nach Köln geriet zum Horrortrip. Er sei zweimal dort gewesen. Dem »Tagesspiegel« erklärt S., mit seinem bürgerlichen Namen (nicht wie behauptet mit dem Alias »Grabowski«) bei der Zielperson vorstellig geworden zu sein, in der Wohnung von Wallraffs Mutter. Durch ihn lernte er Heinrich Böll und Max von der Grün kennen, schwärmte davon in Ostberlin. Doch verstieß er bei der Geheimmission dusselig gegen jede Stasi-Norm. Er telegraphierte seinem aus der DDR nach Düsseldorf geflüchteten Vater, traf ihn und durfte wegen dieses »operativen Vergehens« bis 1987 »nie mehr ins nichtsozialistische Wirtschaftsgebiet«. Bis heute weiß er nicht, wer die verbotene Begegnung mit dem Papa verriet; viele Möglichkeiten gibt es da nicht. S. will mit dem Fall Wallraff nichts mehr zu tun haben, »dazu sag ich gar nix«. Er wechselte das Fach, schrieb ein Lexikon der Hunderassen, »Sie glauben nicht, was das für ein Markt ist«.

Die HVA-Truppe, an deren Schnüren Günter Wallraff – wie er kategorisch beteuert – ohne sein Wissen zappelte, war die Truppe von Oberst Rolf Wagenbreth. Sein roter Diplomatenpass lief auf »Rolf Wagner«, in seltsamer Koinzidenz war »Wagner« auch der IM-Name, mit dem seine Abteilung Wallraff intern tarnte. Der Oberst war kein großer Westreisender, ließ sich aber gern

Ware aus dem Feindesland mitbringen, wird kolportiert. Er zählte zu Markus Wolfs Lieblingen, mit dem er, so die Bundesanwaltschaft in einer Anklageschrift, den Vorgang Wallraff »regelmäßig« besprach. Beflissen eilte Genosse Rolf aus dem vierten Stock hoch zum Hausgott in den neunten. »Zielstellung« der HVA sei gewesen, so die Ermittler, »Wallraff als Quelle nachrichtendienstlich relevanter Informationen aus dem Bereich der linken Szene … sowie unter anderem über persönliche Verhältnisse westdeutscher Politiker« zu gewinnen. Dabei fiel der Name von Verteidigungsminister Helmut Schmidt.

Seine Leute verliehen Wagenbreth den Titel »der Einser«, seit er Dokumente von »höchster Wertigkeit« für die militärische Aufklärung beschafft hatte. Der Dunkelmann verdiente 46 500 Mark im Jahr, hatte Zugriff auf zwei Chauffeure, einen Fiat Mirafiori. 1945 in die KPD eingetreten, hält sich der Pensionär bis heute was darauf zugute, niemals mit Medien über die HVA geplaudert zu haben. Einmal jährlich schart er die alten Kameraden bei Bad Saarow zur Geisterbeschwörung um sich. Am Telefon – eine persönliche Begegnung lehnt er ab – jammert er über die »Strafrente« für seinesgleichen, sein sagenhaftes Stasi-Gehalt bleibt unerwähnt. Der Sound eines Hardliners, der den »Roten Stern des Obersten Sowjets« erhielt, »Ehrenmitarbeiter der UdSSR-Staatssicherheit« war und heiß den Generalsrang begehrte. Der HVA verdankt er alles, Aufstieg vom landwirtschaftlichen Rechnungsführer zum »Diplom-Gesellschaftswissenschaftler«. Sein Passfoto aus der Personalkartei zeigt einen harten Zug um den Mund. »Wehe, er hatte einen bei den Ohren«, berichten Untergebene.

Der Obrist befehligte 50 Hauptamtliche, pfiffige, an krimineller Phantasie reiche Kader. Dank ständiger Kontakte zum Klassenfeind moderner als der Rest von Mielkes grauen Eminenzen; bei

Bedarf stellte Majorin S. von der Kleiderkammer Westklamotten. Zur Tarnung tippten die »Zehner« ihre Machwerke auf IBM Kugelkopf-Schreibmaschinen statt auf ollen Optimas. Die »Zehn« gewann den FDP-Politiker William Borm als Einflussagenten, spielte einen Lockvogel an CDUler Heinrich Lummer heran, verschickte – besonders fies – angebliche Verhörprotokolle des von der RAF entführten Hanns-Martin Schleyer. Sie hielt sich bei »Bild« den »IM Alf«, ließ für die Zeitschrift »konkret« Offiziere wie Bohnsack dichten, speiste beim »Stern« scheinbar exklusive Dokumente ein, unterschob der »Süddeutschen Zeitung« ein raffiniert umfrisiertes Telefon-Abhörprotokoll von Strauß. Ein getürktes, anonymes CSU-Positionspapier war dermaßen clever gemacht, dass der »Spiegel« annahm, es stammte von Stoiber, und abdruckte. Wagenbreth und diverse Mitstreiter trugen stolz die Franz-Mehring-Ehrennadel des DDR-Journalistenverbandes, der, wie man heute weiß, die Urkunden blanko an die »Zehn« zum Ausfüllen abgab.

Die Abteilung »Desinformation« war supergeheim. So geheim, dass ihr Innenleben bis 1986 selbst in der HVA verschleiert wurde. Für alles, was unter Wagenbreth ersonnen wurde, galt im Scherz die Losung: »Vor dem Lesen zu vernichten«. Ihr Ziel: die Bundesrepublik, die Regierung, Parteien und Personen »bloßzustellen und zu diffamieren«. 1989 gab man allein an Operativgeldern 860 100 D-Mark aus, hatte 80 West-IM bevorzugt in Redaktionen an der Angel. Die Konspiration mit Journalisten erklärt, warum man so gut wie nie »Verpflichtungserklärungen« abverlangte.

Der mit Wallraff betraute »Vorgangsführer« Dornberger galt als »strammer, verlässlicher Kämpfer«. Beim Chef, Zimmer 430, ging er ein und aus. Weggefährten schildern, der Offizier sei kein großer Denker gewesen, aber bauernschlau. Der gelernte

Tischler war der SED ewig dankbar, empfand die Versetzung von Gera nach Ostberlin als »starke Berufung«, was seinen gewissen Fanatismus erklären könnte. Wallraff war laut Akte von einem IM aus dem Westen »getippt«, das heißt, zur Anwerbung empfohlen worden. An Wallraff machte Dornberger sich unter der Legende heran, der Mitarbeiter »Gebhard« vom »Presseamt beim Ministerrat« zu sein. Bei anderer Gelegenheit nannte er sich auch »Dorner«.

Über ihm thronte »Referatsleiter 3«, Rolf Rabe, Mitarbeiter 533 im internen Schriftverkehr, gleichfalls in das Projekt Wallraff eingebunden. Der Schlosser mit der unfrohen Strebermiene brachte es zum Diplom-Juristen, soll eine ziemliche Nervensäge gewesen sein. Gern sei Rabe zu operativen Aktionen ins Ausland mitgegangen, ohne, wie sich ein Leidtragender erinnert, »etwas beizusteuern«. Am liebsten habe er »Quick« und »Stern« gelesen, tagelang in starkem Mecklenburgerisch die Witze wiedergekäut.

Vom »Tagesspiegel« zu »IM Wagner« befragt, bescheidet der 67-Jährige militärisch knapp, Wallraff gelesen zu haben, »ja, sicher, wer hat das nicht« – und schweigt ansonsten: »Ich möchte nicht, will nicht, kann nicht.« So muss es wohl sein bei einem Eiferer, der nach polizeilicher Erkenntnis noch zwei seiner Westagenten dem KGB vermitteln wollte. Die letzte Vorstellung gab Rabe bei der Parteiversammlung im Februar 1990, Treffpunkt Wagenbreths bereits geräumtes Zimmer. Der Obrist habe tränenden Auges gejammert: »Hier stirbt der beste Geheimdienst der Welt. Genossen, der Kampf geht in den Wohngebieten weiter.« Rabe versuchte sich als Unternehmensberater, heute soll er Wachmann sein.

In das für Wallraff gesponnene Netz war mit Heinz Gundlach ferner der Kulturredakteur der Rostocker »Ostsee-Zeitung« ein-

gebunden: »IM Friedhelm«. Führungsoffizier Dornberger beauftragte Gundlach 1971, »einen nachrichtendienstlichen Treff mit Wallraff in Kopenhagen durchzuführen«, fanden Sicherheitsbehörden heraus. Gundlach hatte an der Leipziger Journalismus-Fakultät studiert, den Laden hatte die Stasi voll im Griff. Der Rostocker veröffentlichte Ende 1966 in drei Folgen Wallraffs trivial-pathetischen Text »Auf der Werft«. Unter dickem Balken fragte das Blatt, »Wer ist Wallraff?«, was zeitlos aktuell, aber wohl kaum zu beantworten ist. Gundlachs Feuilleton spielte mächtig die Leier, selbst wenn Wallraff 100 würde, einen solch üppigen Auftritt samt wochenlanger Leserdebatte wird er nie mehr erleben. War der ganze Zauber für den damals 24 Jahre jungen Günter schon von der Stasi und ihrem »IM Friedhelm« gefingert? Seine Prosa sei entstanden aus Verantwortung für jene Menschen, »die vom Kapitalismus deformiert würden«, das präzis eingesetzte Wort werde »zum Seziermesser«. In seiner Dissertation über Literaturkritik in SED-Bezirkszeitungen märte »IM Friedhelm« das Ganze weiter aus. Im Januar 1967 zeigt er sich mit Wallraff auf einem Foto in der »Ostsee-Zeitung«.
Im Berliner Aufbau-Verlag lernte der aufstrebende Wallraff 1968 Fritz-Georg Voigt kennen. Der Leiter machte ihn mit jenem ominösen Herrn »Gebhard« bekannt, der in seiner Doppelexistenz als HVA-Offizier Domberger stets für Wallraff zuständig blieb. Voigt, Deckname »Kant«, arbeitete ebenfalls inoffiziell für Mielke. Wahrscheinlich inszenierte Dornberger im Verlag auch eine Begegnung Gundlach-Wallraff.
Günter Wallraff bleibt dabei, »ich habe mich zu keiner Zeit gegenüber dem DDR-Ministerium für Staatssicherheit zur Lieferung von Informationen bereit erklärt oder diesem Informationen gegeben«. Eine nur für den Dienstgebrauch bestimmte »Auskunft« der HVA X (der »Tagesspiegel« berichtete) spricht

auf neun Seiten eine ganz andere Sprache. Verfasser des Schriftstücks vom 25. November 1976 ist just der Mitarbeiter 535, der zum Major beförderte Dornberger. Eine Sekretärin mit dem Kürzel »Tr« geht ihm laut Briefkopf zur Hand, »Tr« wie Trommer, die spätere Frau M., rauh, aber herzlich bis zum Schluss, im Hauptmannsrang Vorzimmerdame von Oberst Wagenbreth. Wie Dornberger kam sie von der Bezirksverwaltung Gera.

Die Nummer 535 diktierte die Sichtweise des MfS für die Akten: »Als im April 1968 eine operativ günstige Situation vorhanden war, wurde W. direkt angesprochen und zu einer Zusammenarbeit mit dem Nachrichtendienst der DDR geworben.« »IM Friedhelm« wird mit der Einschätzung zu »einem wertvollen und zuverlässigen Verbündeten« zitiert, gemeint ist Wallraff, »stets einsatzbereit, klug bis zur Raffinesse«. Und: »In seinen Urteilen … nähert er sich immer mehr unseren Standpunkten.« In dem 1998 bei der Gauck-Behörde gefundenen Dossier heißt es ferner, er habe »im Auftrag« eine Reise nach Schweden unternommen, eine Veröffentlichung darüber in »konkret« »vorher mit dem MfS abgestimmt«. »Von uns übergebene Materialien wurden seit Anfang Oktober 1969 zu vielfältigen publizistischen Maßnahmen … genutzt.« Wenn das stimmte, handelt es sich um Romanstoff, den ein John le Carré ausbauen müsste.

Der Wallraff 2003 bestreitet den Wahrheitsgehalt solcher Wertungen grundsätzlich, das ist sein gutes Recht. Doch wer die Echtheit besagter »Auskunft« anzweifelt, muss wissen, Dornberger galt als pingeliger Chronist, Vermerke dieser Art waren zudem »Chefsache«. Nach dem »Prinzip der militärischen Einzelleitung« hatte nur Wagenbreth Postrecht, nur der Oberst durfte den Bericht weitergeben. Er aber war, was immer man davon hält, ein Ass auf seinem Gebiet. »IM Wagner« hatte zudem auf Karteikarten, in Dateien und Registriernummern als

»A-Quelle«, Abschöpf-Quelle, Spuren des Beziehungsgeflechts hinterlassen, das die Gauck-Behörde Seite für Seite mühsam genug, aber immer detaillierter rekonstruierte.

Im DDR-Archiv, das Wallraff für Recherchen aufsuchte, wimmelte es, soviel steht fest, von Stasi-Leuten, die zum Beispiel die »operative Verwendung« der dort lagernden NS-Hinterlassenschaft durch die HVA zu gewährleisten hatten. Nebst dem fachkundigen Mitarbeiter Ludwig Nestler, vordem HVA-Major, agierte im Hintergrund Wagenbreths Adlatus Albert Mutz. Der ausgebildete Philosoph erzählte jedem, der es nicht hören wollte, bei seiner ersten Reise ins sozialistische Vaterland habe er vor Rührung geheult.

Sofern Wallraff nicht gemerkt haben sollte, wer ihn drüben beflissen umwieselte, hätte er hüben wohl kaum den Titel eines von Entlarvungsfuror getriebenen Reporters verdient. Den Ruhm eines Enthüllers, der die höhere Moralität für sich reklamierte und von dem behauptet wurde, er gucke schärfer hin als jeder andere. War er vielleicht auf einem Auge, dem linken, blind? Brüder im Geist begegneten sich da gewiss, Anhänger fester Feindbilder, jeder kämpfte auf seine Weise mit dem Kapitalismus. Das verschattet schon jetzt die Musterbiographie eines Mannes mit aufrechtem Gang.

Meister der Camouflage jedenfalls trafen da aufeinander. Wagenbreths clevere »Zehner« mussten sich einem anverwandeln, der später die eigene Verfremdung in den Türken Ali oder den »Bild«-Redakteur zur Kunstform erhob, eine ihrer leichteren Übungen. Hätte Wallraff den strengen Stasi-Geruch nicht wahrgenommen, machte ihn das zum unpolitischen Schriftsteller, ja Naivling. Szenekenner meinen, er sei nicht der einzige Intellektuelle, der sich im Osten in der Gewissheit wähnte, die Situation im Griff zu haben. Regie führten jedoch um ihn gruppierte

Stasi-Agenten. Die Spezialisten für Desinformation verstanden sich, wie die Akte suggeriert, aufs Geben und aufs Nehmen.

In der Wallraff-Debatte wird gern übersehen, dass sein Vorgang für die Bundesanwaltschaft längst ein »ausermittelter Fall« ist. Die Anklageschrift gegen Oberst Wagenbreth vom November 1993 dokumentiert im Kapitel »Einzelne Spionagefälle« unter neun IM-Vorgängen, »die für die Arbeitsweise exemplarisch sind«, ausführlich seine Kopenhagener Begegnung mit dem »IM Friedhelm«. Der war mit dem BRD-Pass »Heinz Guntermann« präpariert worden, »um den DDR-Kontakt Wallraffs zu verschleiern« (so die Behörde). Zweck der Reise: »die von Günter Wallraff auftragsgemäß beschafften Informationen und Materialien entgegenzunehmen und andererseits Günter Wallraff für dessen weitere Tätigkeit zu instruieren«.

»IM Friedhelm« flog wegen des gefälschten Passes auf, Stichwortzettel mit von HVA-Dornberger vorgegebenen Wünschen und Gesprächsnotizen in der Tasche; auch »schriftliche Unterlagen«, die Wallraff, so heißt es weiter, »seinem Treffpartner übergab«. Laut Fußnote 401 habe »der Zeuge Wallraff Angaben zum Auftreten Dornbergers bislang verweigert«. Strafverfolger sprechen vom »Beweiswert« des Sichergestellten, es hätte nach dieser Auskunft zum Ermittlungsverfahren gegen Wallraff gereicht, doch der Sachverhalt wäre verjährt gewesen. Es wird höchste Zeit, dass die Karlsruher sich zu Wallraff erklären.

Das Ende der »Zehn«: Beim Aktenschreddern machten sich Dornberger & Co. über die »Generalsreserve« her, schottischen Whisky, französischen Kognak, Krim-Sekt. Die letzte Parole, die über den nackten Flur schallte: »Jeder trinkt, so viel er kann.«

Die Stasi lebt

Die Schatten werden wieder länger

Berliner Zustände: Stasi-Offiziere trauen sich wieder was, auch öffentlich. Kultursenator Flierl schweigt dazu, Hubertus Knabe nicht.

Man kann die wundersame Wiederauferstehung im Internet verfolgen. Die alten Kameraden morsen unter »mfs-insider.de« beharrlich ihre Nachrichten. Man erlebt es bei Auftritten von Mielkes Untoten, die in öffentlicher Diskussion einstige Opfer »infam herabwürdigen«, wie Parlamentspräsident Walter Momper kritisiert. Man kann förmlich zuschauen, wie sie aus der Schockstarre erwachen: Zunehmend »aggressive Propaganda« der entmachteten Machtelite alarmiert auch Marianne Birthler, Bundesbeauftragte für die Stasi-Unterlagen.

Schließlich kann man im Netz einen »Offenen Brief« an die CDU finden, in dem Hubertus Knabe von der Gedenkstätte Hohenschönhausen »Volksverhetzer« geschimpft wird. »Mit freundlichen Grüßen« von einem Wolfgang Schmidt unterschrieben, leider ohne seinen Stasi-Dienstgrad »Oberstleutnant« anzufügen. Laut Kaderakte ein »klassenbewußter, disziplinierter und bewährter Offizier des MfS«. Es ist auch der Schmidt, der ums Eck des Stasi-Knasts Hohenschönhausen wohnt – sechste Klingel Mitte – und der mit Regisseur Florian Henkel von Donnersmarck »vorbereitende Gespräche« für den Film »Das Leben der Anderen« führte, worüber er sich gleichfalls im Internet verbreitet.

Es liegt was in der Berliner Luft. Die »Süddeutsche Zeitung« prophezeit: »Die harten Stasi-Debatten stehen uns erst noch bevor.« Warum hätte Walter Momper sonst jüngst Stasi-Opfer ins Abgeordnetenhaus eingeladen. Über dem Rednerpult leuchtete in Digitalschrift: »Zeichen setzen – Schauspieler und ehemalige Häftlinge des MfS lesen Zeitzeugenberichte«. Die Veranstaltung wollte als Signal verstanden werden, nachdem Stasi-Seilschaften Mitte März eine öffentliche Sitzung im Bezirksamt Lichtenberg umfunktioniert und sich in groteskem Rollenwechsel zu Anklägern aufgeschwungen hatten. Auf der Tagesordnung stand dort eigentlich »Die Situation im ehemaligen Sperrgebiet« von Hohenschönhausen. Schon die amtliche Einladung unterschlug, dass es dabei um Stasi-Sperrgebiet ging, das durch Infotafeln gekennzeichnet werden sollte. Es war schon taktlos, die Debatte am früheren Sitz ihrer »Verwaltung Rückwärtige Dienste« abzuhalten, so dass Generaloberst Werner Grossmann, Mielke-Vize Wolfgang Schwanitz und wie sie sonst noch hießen, in der vertrauten Kantine ein Heimspiel hatten. In dieser Gegend, auf DDR-Stadtplänen ausgespart, bewegen sie sich wie Fische im Wasser. In ebendiesen städtischen Räumen wurde bereits die Schmähschrift »Das Gruselkabinett des Dr. Hubertus Knabe(lari)« vorgestellt. Zu den Rednern gehörte der zonenbekannte Redakteur Klaus Huhn, bei der Stasi noch besser bekannt als Geheimer Informator, GI »Heinz Mohr«.

Wie zur Kadersitzung aufgereiht, hockten sie da, Mielkes dressierte Männer. Gestern konnte man sie in ähnlicher Besetzung bei einer Pressekonferenz in der Ruschestraße 45 beobachten. Heute Hotel Ramada, damals MfS-Ledigenwohnheim. Die Einladung des Eulenspiegel-Verlags stand unter der Überschrift »Stasi-Hysterie in Hohenschönhausen«. Eulenspiegel trug eine Narrenkappe. Der BND hätte gewiss ein Vermögen für dieses Gruppenbild mit Stasi-Prominenz bezahlt, geeignete Probanden für allfällige Studien über den autoritären Charakter.

Ein zittriges Video vom Treffen in Lichtenberg hält Opas mit Bäuchen fest, sie stecken in spießigen Pullovern (als wären sie direkt von der Datsche zum Fronteinsatz beordert). Das »Hamburger Abendblatt« sprach von »Stasipack«, das frech werde, »statt wenigstens das Maul zu halten«. Friedrich Küppersbusch charakterisierte ihr Verhalten als »Kameradschaftskotzen«. Jedenfalls redeten sie sich in Hochstimmung gegen den Klassenfeind. Man ahnt, was es bedeutete, ins Visier der meistgehassten DDR-»Firma« geraten zu sein.

Aber noch peinlicher war, auf dem Podium Kulturdezernent Thomas Flierl zu sehen, der den Geschichtsklitterern nicht entgegentrat. Sein beredtes Schweigen war ein Skandal für sich, als wollte er all jene bestätigen, die in seiner Person den Bock zum Gärtner gemacht erkennen. Weder trat er Dieter Skiba entgegen, früher Hauptabteilung IX/11, der die Gedenkstätte »Gruselkabinett« nannte. Noch stoppte er Siegfried Rataizick, vom Wachtmeister zum Chef der Stasi-Untersuchungshaftanstalt UHA 1 aufgestiegen. Dessen Gattin brachte es zum Major, laut Akte »für die Urlauberbetreuung der leitenden Genossen des MfS« in den »Chefheimen« eingesetzt. Den Blick gewohnt herrschsüchtig, giftete der Oberst gegen jene, »die sich als Opfer darstellen und uns als Täter deklarieren«. Wand an Wand mit den Zellen gönnte sich die Stasi an der wahren Schreckensadresse einen kommoden Sauna-Bereich.

Berliner Zustände. Mit dem PDSler Flierl ist ausgerechnet ein Ex-SEDler für die Gedenkstätte Hohenschönhausen zuständig. Das »Mahnmal gegen politische Unterdrückung« soll laut Parlamentsbeschluss über das »ausgefeilte System von Desorientierung, Isolation und Ohnmacht, das die Staatssicherheit gegenüber ihren Häftlingen anwandte«, informieren. Als diese Sätze nach der Wende formuliert wurden, schien es abwegig, dass es einen rot-roten Senat geben könnte. Ebenso undenkbar schien ein PDS-Kultursenator, der qua Amt zur Fachaufsicht einer Institution bestimmt würde, die über die Schandtaten der SED-Diktatur aufklärt. Die Stasi war »Schild und Schwert« der Partei. Im Bezirksamt hat Flierl die Chance, der Gedenkstätte und ihrem Leiter für die Arbeit zu danken. Er hätte sich vor Hubertus Knabe stellen können, den Lieblingsfeind der Tschekisten. Er hätte sich angeekelt zeigen können von den Meistern der Selbsttäuschung, den eigentlichen Totengräbern der DDR, die sie samt ihren Privilegien so sehr missen. Aber Flierl lässt die Chance verstreichen. Vorher schon lehnte er Knabe die Bitte ab, zu einem Artikel über die Gedenkstätte eine Gegendarstellung im »Neuen Deutschland« zu erwirken.

Nun nimmt der Senator in der ersten Parlamentsreihe Platz, hört Walter Momper gegen die »Schergen des Regimes« wettern. Der Politiker erwähnt den »Kerkermeister von Hohenschönhausen«. Man werde es nicht zulassen, dass »die Täter von gestern ihre an Gewalt und Unterdrückung reiche Geschichte verfälschen und Lügen verbreiten«. Beifall für den Redner.

Thomas Flierl hatte den Saal wie sein eigener Leidverweser betreten, in üblich schwarzer Kluft, als machte der studierte Philosoph auf Existenzialist, wo er doch bloß ein Postkommunist ist. In seiner Leichenbittermiene war der Mund ein schmaler Schlitz. Flierl kam im Bewusstsein, überhaupt nur noch zu amtieren, weil Wahlen anstehen und Wowereit seinen »Thomas« wohl aus taktischem Kalkül nicht fallen ließ, wie vermutet wurde. Geisterblass saß er den Abend aus, griff sich häufig an den Kragen; alles war zu eng. Wenn dieser Politiker mit sich im Reinen ist, dann ist es Doktor Jekyll auch mit Mister Hyde.

Flierl sieht ehemalige Stasi-Häftlinge ans Mikrofon treten, Nachrichten vom »Ort des Terrors« werden vorgetragen. Im Gedenken an die 40 000 Menschen, die dort litten, ist von Verzweiflung, Traumatisierung, bleierner Zeit, Verlorenheit, »Zersetzung der Seele« die Rede. Man denkt, gleich tut sich der Boden auf, Flierl wird aus Scham versinken. Aber er bleibt. Kaum ist die Veranstaltung zu Ende, skandieren Einzelne: »Flierl muss weg!« Der »Senator für Unkultur« (FDP) stakst steif davon, den Rückzug von unauffälligen Schützern gedeckt. Es ist eine Flucht. Ein älterer Herr stellt sich ihm in den Weg und schreit: »Schämen Sie sich.« Ob Hubertus Knabe den Abgang seines Stiftungsvorsitzenden registriert? In der Stasi-Kontroverse ist der Historiker die Gegenfigur zu Flierl, ein Mann, über den mindestens zu sagen ist, dass er über jede Menge Zivilcourage verfügt. Kein Wessi kennt mehr MfS-Akten als Knabe, mehr noch, er hat für jedes Detail ein lexikalisches Gedächtnis. Als Mitarbeiter der Gauck-Behörde machte er dem Osten vor, was Vergangenheitsbewältigung bedeutet: nicht verdrängen, sondern einen Standpunkt einnehmen, auch wenn er unbequem ist. Knabe entlarvte liebgewordene DDR-Mythen, enttarnte Personen, die drüben Ikonen waren. Namen darf er offiziell nicht nennen. Anhand ungezählter Dossiers lotete er die Abgründe »einer Diktatur« aus, die er stets mit dem Zusatz »menschenverachtend« versieht. 91 000 Hauptamtliche, 600 000 Informelle Mitarbeiter, die Stasi bespitzelte das Land flächendeckend. Was Knabe über die Schattenkrieger herausfand, verwandelte sich in erneuerbare Energie, befeuerte das Engagement an einem Ort, von dem viele Besucher sagen, er erfülle sie mit tiefer Niedergeschlagenheit.

Jahrgang 59, wirkt Knabe jünger, die Augen schlau, skeptisch. Im konservativen Outfit, das Haar akkurat gescheitelt, hat der Historiker etwas Streberhaftes, obwohl ihm die Stasi-Renaissance einen müden Zug ins Gesicht zeichnet. Ihn streitbar zu nennen wäre untertrieben. Er hat kein Talent für taktisches Verhalten. Dass Beweise die Wahrheit ermüden, will dem Aufklärer nicht in den Kopf. Knabes Mission gilt der historischen Aufarbeitung, das gebiete der Respekt vor den Opfern. Seine Arbeit ist immer nur ein Versuch, ihnen endlich den gebührenden Platz einzuräumen, derweil die Täter sich in Talkshows verbreiten, ihr Regime zum Biedermeieridyll umdeuten oder wie Markus Wolf dampfplaudernd den Hobbykoch mimen.

Eine sentimentale Geschichte. Gebürtig in Unna, band ihn die große Liebe zu einer Theologiestudentin an die DDR. Knabes Beziehung, über Mauer und Stacheldraht hinweg, hatte es in sich. Mit 19 geriet er in Mielkes Maschinerie. Um es kurz zu machen: 1992 war er der erste Westler, der eine Stasi-Akte einsehen durfte: Der Vorgang »Kleber« handelt von ihm. Dachte Knabe, vordem friedensbewegter Pressesprecher der Bremer Grünen, er würde Schnüffler an der Nasenspitze erkennen, sah er sich getäuscht. Die »Firma« hatte Bekannte auf ihn angesetzt: »Wir haben keine Leute zu Ihnen geschickt. Wir haben welche genommen, die da waren«, prahlte im Nachhinein ein Überwacher.

Da gab es den IM »Adrian Pepperkorn«, er kassierte 200 000 Mark Judaslohn. Da gab es den IM »Klaus«, einen Pfarrer. Es gab den IM »Schäfer«, Bruder des Schriftstellers Schädlich. Und es gab den IM »Walter Rosenow«. Knabe holt das von ihm 1989 publizierte Bändchen »Aufbruch in eine andere DDR« aus dem Regal, zählt auf, dass sich ein halbes Dutzend seiner Autoren der Stasi verpflichtet hatte. Das Konzept seiner Dissertation über Umweltprobleme im Sozialismus lag bei der Hauptabteilung XX, der auch Wolfgang Schmidt angehörte, der ihn jetzt »Volksverhetzer« nannte. Ein IM verriet sein Pseudonym »Klaus Ehring«. Schon das erklärt, »warum ich meine Arbeit mache, wie ich sie mache, mit Herzblut«.

Man kann also von einer Grunderfahrung sprechen, die Knabe

ein für alle Mal vom Kommunismus heilte. Jahrelang bangte er um seine deutsch-deutsche Liebe. Jahrelang ließen ihn die Grenzer nicht zu ihr. Traf er die Freundin in Prag, war der Geheimdienst schon allhier. In seinem um den PC zentrierten Büro verschränkt Knabe jetzt die Hände hinter dem Kopf. Ein Bild mit dem Titel »Beinamputierter Harmonikaspieler« hinter sich, von Stasi-Häftling Roger Loewig gemalt. Zögerlich spricht der Historiker über das Private, das auf Weichheit bei ihm hindeuten könnte. Er hat viele Enttäuschungen mit Journalisten erlebt, wird gern als kühl porträtiert, kompromisslos, diszipliniert, dass es manchem unheimlich ist.

Knabe ist empfänglich für Schicksale und Leiden, sonst wäre er eine Fehlbesetzung. Die (undankbare) Rolle des Stasi-Deuters ist ihm mindestens ebenso sehr angetragen worden, wie er sie suchte. Halb zog es ihn, halb sank er hin. Insbesondere Redakteure bitten ihn um Meinungen, bescheren ihm Präsenz in den Medien, aber auch diverse Streite. Dann sind es die gleichen Redakteure, die ihn wegen dezidierter Äußerungen verdammen. Der Einzelkämpfer polarisiert, eckte ein paar Mal zu oft an, um eine steilere Karriere zu machen. Dabei ist er keinesfalls unversöhnlich: »Versöhnung kann nur gelingen, wenn Scham und Reue sichtbar ist!«

Bei seiner Prägung spürte Knabe früher als andere, wie die Stasi sich neu formierte. Es sei immer die Frage, ob man zur richtigen Zeit recht hat oder zur falschen. Im Rückblick fällt auf, dass die Geschichtsrevision drei Monate nach Eintritt der PDS in die Berliner Regierung beginnt. Die Zeit schien günstig, als hätten sich die grauen Herren gefragt, warum sie schweigen sollten, wo doch ihre IMs und Sympathisanten fleißig in Parlamenten vertreten sind. 2002 verkündeten Stasi-Kader bei einer Buchpräsentation ihre »Wahrheit« über das MfS. Das war der Tabubruch. Seitdem verfestigen sich die Parallelwelten in der Stadt, die von der SED durch eine Mauer geteilt worden war. Nicht nur verbreiten sich die in Desinformation erfahrenen Offiziere über die Macht der Finsternis, den Kapitalismus, was bei einer Arbeitslosigkeit von 19,3 Prozent im Osten nicht verwundern muss. Triumphierend wird betont, bei 30 000 Ermittlungsverfahren gegen ihresgleichen habe es lediglich 20 Verurteilungen gegeben. Das bestärkt ihre Meinung, die bundesdeutsche Justiz habe letztendlich »das MfS rehabilitiert«. Liest man solche Pamphlete, beschleicht einen der Verdacht, mit der Aufarbeitung sei es nicht weit her. In der Stasi-Metropole tummeln sich diverse Zirkel, die sich für »Menschen-würde, humanitäre Unterstützung« einsetzen, Bürgerrechte, wel-che ihr »Dienst« Oppositionellen verweigerte. Während Mielkes Mannen aber dank Karlsruher Urteil sogar erhöhte Renten kas-sieren, steht die angemessene Haftentschädigung für SED-Opfer nach wie vor aus. Es ist wie früher: Die unverhältnismäßig hoch besoldeten MfS-Offiziere sind privilegiert, die von ihnen Ge-schundenen müssen ihr Recht suchen.

In einem Sittengemälde darf nicht fehlen, dass Knabe per Straf-anzeige gegen den Ex-Obristen Wolfgang Schmidt vorgeht. Er hatte laut MfS-Papieren die »Vertrauliche Verschlusssache« über »Grundlagen und Anforderungen an ein System der zentralen Erfassung, Speicherung und Auswertung von Informationen über Vorkommnisse der schriftlichen staatsfeindlichen Hetze« erarbeitet. Vielfach dekoriert, war er »auf der Linie Bekämpfung der Feinde unter der Jugend« tätig und bestrebt, »sein IM-Netz ständig zu erweitern«. Die Vorgesetzten lobten Schmidts »Mut, Härte, Ausdauer«. Sind das Referenzen, mit denen man im Deutschland 2006 die Stasi weißwaschen kann? Er wird übri-gens von der Anwältin vertreten, die Knabe bei der Familienzu-sammenführung mit seiner DDR-Frau half.

»Wer verzweifelt, hat das irgendwo gelernt«

Der Verführungsoffizier

Stasi-Major Helmut Menge war für Filmstar Jenny Gröllmann zuständig. Er sagt, sie war als IM registriert. Aber sie hat es nicht gewusst.

Das Zeugnis für Stasi-Major Helmut Menge könnte kaum besser sein. Er zeige »hohen Einsatz, klassenmäßige Haltung und operative Findigkeit«. In seiner Kaderakte heißt es weiter, Genosse Menge habe »schöpferische Ideen« entwickelt, wenn es darum ging, »den Feind zu suchen und ihm die Möglichkeit, die DDR zu schädigen, zu nehmen«. Prompt folgt die Auszeichnung mit dem »Kampforden für Verdienste um Volk und Vaterland«.

Hier kommt er auch schon ums Eck, der in den höchsten Tönen gelobte Held der inneren Sicherheit. Wir sind im Café Einstein Unter den Linden verabredet, Erkennungszeichen ein »Tagesspiegel«. Menge ist 62 Jahre alt, trägt Jeans und einen zu warmen Rolli für diesen Tag. Der frühere Referatsleiter in Mielkes Spionageabwehr führte bis zur Wende einen Vorgang, der momentan für Schlagzeilen sorgt. Es ist das bei der Gauck-Behörde gefundene Dossier »Jeanne«, in Menges Klartext lautet es auf den Namen der film- und fernsehbekannten Schauspielerin Jenny Gröllmann. Beendet am 17. November '89 durch Menge. Ihr gegenüber nannte er sich »Helmut Holm«.

Nach seinen Aufschrieben soll bei der Stasi die Rolle des »IM Jeanne« also mit der gleichermaßen beliebten wie populären Gröllmann besetzt gewesen sein. Ihr späterer Ehemann Ulrich

Mühe schrieb 2004 in dem Essay »Wer verzweifelt, hat das irgendwo gelernt« bitter: »Während der ganzen Zeit kooperierte meine Ehefrau mit der Stasi.«

Zunächst ist die Akte XV/2807/79, in der Jenny Gröllmann von dem Major als »IM« geführt und tituliert wird, in jedem Detail ein Dokument über die Unheimlichkeit der Zeit. Würden nämlich seine Papiere die Wahrheit sagen, wären die Aufstiegsjahre der Gröllmann zugleich Jahre des Spitzelns gewesen. Der ergraute Menge, mit dem für seine Profession vorteilhaft unauffälligen Aussehen, rühmte sich anno '80 beim MfS in einer von Eitelkeit nicht freien Prosa der Eroberung. Beim Gespräch raunzt er jetzt, es habe prominentere gegeben. Seite für Seite tut der Aktenführer so, als habe sich die Auserwählte als willige Helferin seinen dunklen Wünschen gefügt.

»IM ließ keinen Zweifel an der Bereitschaft zur Zusammenarbeit mit dem MfS«, Notiz nach zwei Treffen im Juni 1981 in der Adresse »Süd-Ost«, Dauer je 90 Minuten. Es handelte sich nach seinen Worten um eine konspirative Wohnung in der Leninallee, auf Menges Tarnnamen »Helmut Holm« umgeschrieben. Oder: »Berichterstattung des IM ist als ehrlich und gewissenhaft zu bewerten.« Oder: »Die Überprüfungen ergaben seine … Zuverlässigkeit und die wahrheitsgetreue Berichterstattung.« Geradezu lapidar klingt der Stasi-Offizier in seinem Ansinnen, »Prüfung der direkten Einsatzmöglichkeiten des IM zur operativen Bearbeitung des Journalisten …«.

Damals spielte die bewunderte Jenny am Maxim Gorki Theater. Gelegentlich schaute ihr Menge alias Holm sogar zu. Eine Metropolenattraktion, ein Foto mit Ehemann Ulrich Mühe zeigt 1987 den Tollen neben der Schönen, den Feinnervigen neben der Sinnlichen. Auf einem von der Stasi archivierten Porträt sind ihr Kussmund und die erprobten Leinwandaugen gut zu erkennen.

Stasi-Offizier Menge befasst sich außerdem »schwerpunktmä-
ßig mit der Entlarvung von Feinden«, kassiert Prämien, unter
anderem für die »Bekämpfung von Menschenhändlern«, Flucht-
helfern. Zu seinen Spezialitäten zählte die »Einleitung kom-
promittierender Maßnahmen« gegen Westjournalisten in Ostberlin.

Gröllmann spielte im Streifen »Dein unbekannter Bruder« mit.
Es ist schon die Epoche, in der Stasi-Menge laut eigener Dokumentation im Hintergrund den Großen Bruder gegeben haben
will. Agentenkino? 1983 dreht der DDR-Star den Film »Es geht
einer vor die Hunde«. Menge absolviert den Qualifizierungs-
lehrgang »Zusammenarbeit mit IM«.

Seine Kaderakte entlarvt en passant einen Mann gepflegter
Feindbilder, verbiestert mit »Angriffsrichtungen imperialistischer Geheimdienste« beschäftigt. Der Führungsoffizier war bekannt für »ständige Suche nach geeigneten Kandidaten für die
IM-Arbeit«, urteilen Vorgesetzte. Der gelernte »Oberstufenleh-
rer für Körpererziehung« studierte noch »Fachschuljurist« an
der Stasi-Hochschule, 150-prozentige Linientreue war verlangt.
Nennt man ihn am Bistrotisch einen »Hardliner«, weiß man
nicht, ob er beschämt oder geschmeichelt lächelt: »Finden Sie?«
Begonnen hatte er als Trainer an der Kinder- und Jugendsport-
schule Frankfurt (Oder), Moderner Fünfkampf.

Der MfS-Offizier meldet in Sachen Gröllmann nach oben, »die
Kandidatin« habe das Pseudonym »Jeanne« nach dem Namen
ihrer Tochter selbst gewählt. Zuerst tauchte sie in Menges in
winziger Handschrift verfasster Chronologie mit dem vorläufi-
gen Decknamen »Grille« auf. Keine Ahnung, grummelt er, wer
darauf gekommen sei. Auf Seite 276 seines Faszikels ist der für
die Stasi wohl entscheidende Treff vermerkt: 20. September 1979
im Objekt »Kastell«, einem Stasi-Haus in bester Lage am Panko-

wer Majakowskiring 31. Direkt neben der Villa Piecks, als »Versorgungseinrichtung Ministerrat der DDR« getarnt.

Man hat von der Gauck-Behörde etwa 150 Blatt Akte »Jeanne« ausgehändigt bekommen. Insgesamt liegen nach amtlicher Auskunft 522 Seiten vor, drei Karteikarten mitgezählt. Man liest und liest in einem Vorgang, der eindeutig scheint, wäre da nicht Jenny Gröllmann, die in fein ziselierten Erklärungen und Gegendarstellungen den Sachverhalt durch ihren Anwalt Hardy Langer kategorisch bestreitet. Kernsatz: »Ich habe niemals mit dem Ministerium für Staatssicherheit(MfS) der ehemaligen DDR zusammengearbeitet, auch nicht als IM.« Stimmt ihre Aussage, hätte Menge ausgerechnet eine gefragte Schauspielerin zur Mittelpunktfigur seiner phantastischen Erzählung bestimmt. Zündstoff für die ohnehin überfällige Studie zur Stasi-Paranoia. Seine Dokumente schildern gut 20 Kontakte mit »Jeanne« von 1979 bis 1984. Auf die vielen Widersprüche seiner Akte angesprochen, erklärt er sibyllinisch: »In irgendeiner Art hat das stattgefunden.«

Hätte die Aktrice denn nicht bemerken müssen, mit wem sie sich da angeblich eingelassen hat? Oder ist Menge hinter biederer Maske eine Mischung aus Buchbinder Wanninger und John Le Carré? Vielleicht sogar der bessere Schauspieler?

Beim Gespräch im »Einstein« entwickelt er seine Relativitätstheorie. Dazu trinkt er Römerquelle in großen Schlucken. Die trockenen Lippen bleiben. Man solle sich der damaligen Zeit erinnern. In einer merkwürdigen Mischung von Offensivgeist und Geheimniskrämerei schweift er ab oder schüttelt den Kopf, bis man glaubt, das sei Strategie. Ein Drehen und Wenden, plötzlich kann man sich vorstellen, dass er geschmeidig genug war, »Elisabeth«, »Franziska«, »Eva Bär« oder »Peter Weiss« zu gewinnen, Decknamen von Schnüfflern, die gleich »Jeanne« Eingang in sein akkurates IM-Vorgangsheft fanden. Wir blättern darin. Doch, sagt Menge und grient in sich hinein, von fast allen wisse er noch, wer sich dahinter verberge. Es klingt, als sei niemand enttarnt.

In Gestalt des rustikalen Offiziers schlich sich die Stasi jedenfalls verdeckt ins Leben der Gröllmann ein. Sie war noch mit Regisseur Michael Kann verheiratet, von Menge als »IM Franz« gekennzeichnet. Der Stasi-Gesandte kam mit einem unterm Briefkopf des Münchner Hotels Excelsior gefälschten (und sie belastenden) Schreiben, stellte sich mit »Helmut Holm« vor und schwindelte, er sei von der Kripo. Diese »Legendierung« habe er bis zum Ende durchgehalten. Tatsächlich schickte ihn die Stasi, HA II, Abteilung 13, »Bearbeitung von Auslandskorrespondenten«. Im geheimen »Auskunftsbericht« klärt der Führungsoffizier das Procedere ab: Als »Losung« sei mit »IM Jeanne« vereinbart gewesen: »Herzlichen Gruß vom Kollegen Helmut Holm. Er entschuldige sich ...«

Wie in guten Thrillern scheint nichts, wie es war, und nichts war, wie es scheint. Hat nun gestimmt oder nicht gestimmt, was Menges Akte »Jeanne« überliefert? Wir nerven ihn noch einmal am Telefon. Er ächzt vernehmlich: »Total aus der Luft gegriffen war nichts.« Fügt aber hinzu: »Der Vorgang war ja nie für die Öffentlichkeit bestimmt!« Wollte er sich etwa intern mit seiner in Ost und West bekannten Quelle in besseres Licht rücken?

Einerseits: Frau Gröllmann lässt via Anwalt fleißig richtigstellen: »Ich habe weder 1989 noch zu einem anderen Zeitpunkt Gespräche mit Personen geführt, die für mich als ›Führungsoffizier‹ des MfS erkennbar gewesen wären.« Andererseits rühmte sich Menge seines IM: »Der IM berichtete ... wahrheitsgemäß und entsprechend der ihm erteilten Aufträge.« An anderer Stelle steht: Diese Berichte seien »operativ wertvoll« gewesen.

Wir sitzen unter einem Sonnenschirm. Es fängt zu regnen an, die Stunde der Wahrheit naht. Menge empfand sein auf eine Lüge gegründetes Dienstverhältnis mit dem »IM Jeanne« normal und unkompliziert. Bei der Stasi herrschte ein strenges, militärisches Kontrollprinzip. Kaum anzunehmen, dass er sich selbst ad absurdum geführt hätte, indem er Vorgesetzten frei erfundene Berichte unterschob, meinen Insider. Wo aber liegt die Wahrheit? Stimmt das, was er vordem ebenso entschieden aufschrieb, oder das, was der in Konspiration Erprobte jetzt ebenso entschieden dementiert, indem er öffentlich hochgeheime Stasi-Protokolle relativieren, wenn nicht widerrufen will. Ein bisher einmaliger Fall, denn Menge betont: »Jenny Gröllmann hatte definitiv keine Kenntnis, dass sie bei uns IM war. Sie hat es nicht gewusst. Das kann ich hundertprozentig sagen.« Echt sei nur ihre Registrierung als IM gewesen, »wir haben es ihr aber nicht gesagt«. In Klammern gesprochen fügt er hinzu: »Sie hat auch nicht danach gefragt.« Dies habe er inzwischen ihrem Anwalt offenbart. Menge schiebt nach: Die im Bericht erwähnte »Verpflichtung« habe er nie ausgesprochen.

Ob die Prominente nicht stutzig geworden sei, weil der vorgebliche Polizist Holm sie häufig sprechen wollte? Und nie im Büro der Kripo. Es ist nicht so, dass solche Zwischenrufe einen Geheimdienstveteranen wie ihn aus der Spur tragen. Man könnte den Eindruck haben, der sphinxhafte Menge genieße fast das alte Verwirrspiel. Na ja, sagt er und bläst die Backen: Man habe »so einen Spagat gemacht«, das Ganze solle einen »vertraulichen Rahmen« haben. Schließlich war die Gröllmann nicht irgendwer.

Wie man sich dann die Tonbandabschriften erklären solle, die sich in der Akte »Jeanne« häufen, wollen wir unbedingt noch hören. Manche Gespräche habe man heimlich mitgeschnitten.

Wie James Bond spricht Menge von einem Mikrofon in einem Kugelschreiber, »Stuzzi« genannt, wenn er es recht erinnere. Das Aufnahmegerät sei nicht größer als die Handfläche gewesen, er zeigt sie her. Unter die Protokolle setzte er gleichwohl ein »gesprochen ›Jeanne‹« und meldete: »Zusammenarbeit verlief ohne erkennbare Probleme.«

Die Stasi hatte ihr böses Auge auf Gröllmann geworfen, weil sie in Ostberlin akkreditierte BRD-Journalisten kannte. Unter »Geplante Einsatzrichtung« tippte Menge mit hartem Anschlag, dass es fast das Papier durchstanzte: »Es wurde bereits herausgearbeitet, dass die Kandidatin mehrere Kontakte zu vorgangsmäßig bearbeiteten BRD-Korrespondenten unterhält.« Diese Kontakte sollten beibehalten und »zur weiteren Aufklärung und Kontrolle dieser Korrespondenten … genutzt werden«. Die Stasi war scharf auf Infos über den namhaften Redakteur P. von der »Süddeutschen«, später »Stern«. Für die Stasi war er »Starnberg«.

Sieht man davon ab, dass IM-Akten oft etwas für Liebhaber absurden Theaters sind, wäre jede »Jeanne«-Notiz von Menge so bedeutungsvoll wie unsinnig, stünde da nicht ausdrücklich, »der IM belastete Personen«. Mal ging es um Sexuelles – »ist lesbisch« –, mal um die Frage, wer vom Gorki-Ensemble ein Gastspiel beim Klassenfeind in der BRD zur Republikflucht nutzen könnte. Keinesfalls Regisseur Thomas Langhoff, der kehre laut IM »auf jeden Fall« wieder in die DDR zurück, »da er genügend Privilegien besitzt«.

Ausdrücklich betont Menge 1983, dass »der Lebenskamerad nicht von der Zusammenarbeit mit dem MfS erfahren darf«. Gemeint war Ulrich Mühe. Das Rätsel, warum er den Hinweis gab, obwohl die Gröllmann nach seinen Worten doch überhaupt nichts von seiner Funktion bei der Stasi wusste, kann auch der beredte Experte nicht auflösen. Im November 1989 kommt die

Akte erneut auf Mühe zurück: Vor ihm »wahrte der IM konsequent die Konspiration, da dieser das MfS und dessen Tätigkeit generell ablehnte«. Wer will, mag das als Manifestation ihrer Liebe nehmen, aber auch dafür, dass in der Ehe jedenfalls einer strikt die Stasi verachtete.

In der Rückblende wäre diese Geschichte vielleicht sentimental – die Geschichte einer Frau, die um ihre verlorene Ehre kämpft. Im Kern ist es jedoch mehr noch eine über das perverse Stasi-System. Menge findet offensichtlich nichts dabei, eine Täuschung inszeniert zu haben, die viel Unheil anrichtete, sondern fühlt sich 2006 zum Beschützer berufen: Er sei es ja nicht gewesen, der die Sache publiziert habe. »Sie hat mir vertraut, dass wir sie nicht hintergehen. Und das haben wir auch nicht.« Ein unfreiwillig-verräterischer Satz. Dabei zeigte die Stasi nicht mal Respekt vor ihrer Kunst. »Nur durchschnittlich begabt«, vermerken Papiere. Und: »In moralischer Beziehung hat sich Jenny Gröllmann bisher nicht an sozialistische Normen gehalten.« Laut Kaderakte hatte Menge selbst Probleme damit.

Nun ist die Lage einigermaßen verworren. Da gibt es für »Jeanne« jetzt einen Persilschein durch MfSler Menge. Der hat es im Dienst auch sonst mit der Wahrheit nicht so genau genommen, um das Mindeste zu sagen. Und warum sollte die Entlastung kein Ablenkungsmanöver sein, die einer neuen Legende Vorschub leistet, schließlich war er in »der Abwehr feindlicher Angriffe gegen das MfS« versiert. Menge klingt beleidigt, als man ihn anruft, um sich zu vergewissern, ob er seine Aussage notfalls beeiden würde: »Hab ick doch gesagt!« Erst wenn es zum Schwur kommt, wird sich zeigen, ob der verdiente Kader zum belastbaren Zeugen taugt.

Denn da gibt es inzwischen auch ein für die »Super-Illu« erstelltes wissenschaftliches Gutachten der Autoren Jochen Staadt und

Tobias Voigt mit dem Befund, »Das vorliegende MfS-Schriftgut … weist Frau Jenny Gröllmann eindeutig als Inoffizielle Mitarbeiterin des MfS aus«.

Der erbitterte Rechtsstreit um die Akte »Jeanne« gewinnt durch Menges spektakuläre Aussage weiter an Schärfe. Geht es nach Gröllmanns Anwalt, muss Filmregisseur Florian Henckel von Donnersmarck bereits die Behauptung unterlassen, Frau Gröllmann sei »IM-Agentin der Stasi« gewesen. Der Suhrkamp Verlag musste im Buch zu seinem Film »Das Leben der Anderen« einschlägige Stellen schwärzen. Ihr Ex-Mann Ulrich Mühe darf nicht wiederholen, sie habe für die Stasi gespitzelt, was den einen oder anderen schon an DDR-Zensur erinnert. Trotz zweier Anfragen an ihren Anwalt war Frau Gröllmann für den »Tagesspiegel« nicht zu sprechen.

Führungsoffizier Menge will sich nun »Das Leben der Anderen« ansehen. Es soll nicht zynisch klingen: »Ick seh den Ulrich Mühe heute noch jerne!« Er bittet, »schreiben Sie nicht so schlecht über mich«.

Der Mann, der zu viel wusste

Ein Phantom aus der politischen Geisterwelt der DDR

Hans Reichelt war von 1972 bis 1990 Umweltminister der DDR. In seine Zuständigkeit fielen die Schwefelschwaden der Braunkohlekraftwerke, die Giftmüllkippen von Bitterfeld und die strahlenden Halden von Wismut. Wie lebt der 67-Jährige mit seinen politischen Altlasten?

Der Mann, der zu viel wusste, öffnet zögernd die Tür. Kantig, groß, unverwechselbar steht der frühere DDR-Umweltminister Dr. Hans Reichelt auf der Schwelle. Er trägt hellblaue Trainings-hosen, Hausschlappen, ein buntes Kurzarmhemd. Nervös spielt der Aufgeschreckte mit der Lesebrille. Wie hat man ihn finden können? Auf dem Namensschild im ehemaligen Diplomaten-block der Ostberliner City steht immer noch der Name des japa-nischen Vormieters. 83 Nachbarn sichern zusätzlich den Schutz der Anonymität. Der Ex-Minister auf der Flucht vor der Wahr-heit? Keine Rede davon, sagt der 67-Jährige später am Couchtisch der Dreiraumwohnung. »Ich verkrieche mich nicht, habe aber auch keinen Hang zur Öffentlichkeit.« An seiner alten Adresse, im Promi-Viertel am Reetzer Weg, hinterließ der stellvertretende Ministerpräsident nicht mehr als das Gerücht, irgendwo in Ber-lin abgetaucht zu sein. Sein letzter politischer Auftritt datiert vom 18. Januar 1990. Der Rückzug in das 14-stöckige Hochhaus wirkt wie ein Reflex auf das trostlose Tun seines Amtes.
Honeckers Sozialismus hinterließ ein verwüstetes Land. Schwer wie der dialektische Materialismus lasteten pro Jahr 5,6 Millio-

200

nen Tonnen Schwefeldioxid und 2,1 Millionen Tonnen Staub auf dem Paradies der Werktätigen. Jenseits von Eden blieben dramatisch ruinierte Gewässer, 27 877 Altlast-Verdachtsflächen, zehntausend wilde Müllkippen, ferner Schreckensorte wie Bitterfeld oder Wismut und insgesamt eine um Jahre geringere Lebenserwartung für die Bürger. Und er, Hans Reichelt, unglücklicher Sachwalter der Umwelt von 9. März 1972 bis 9. Januar 1990, personifiziert die Absurdität einer gegen die eigenen Genossen gerichteten Politik.

Wie Hammer und Zirkel gehörte der Vizechef der Demokratischen Bauernpartei Deutschland (DBD) zum gusseisernen Inventar der Republik. Eine kraft Statur unter all den tönernen, sozialistischen Helden buchstäblich herausragende Gestalt. Seit den fünfziger Jahren auf Gruppenbildern der Wachsfigurenkabinette präsent. An Wuchs und Umfang Kanzler Helmut Kohl verwandt.

Fast vierzig Jahre lang eine öffentliche Person, ohne dass über den Schlesier, gebürtig in Proskau, mehr verlautbart wurde, als dass er verheiratet sei, eine Tochter und zwei Söhne habe. Den Mangel an Information über den großen Unbekannten erhellt 1989 auch Reichelts Auftritt in der verkrampften Fernsehreihe *Zu Gast bei … * nicht.

Dann begeht in den Wendewirren seine Frau Helga Selbstmord. Früher Referentin am Institut für Marxismus-Leninismus, sei sie mit dem Neuen nicht zurechtgekommen, heißt es. Die Tragödie daheim im Reetzer Weg 18 gibt für den Moment den Blick frei auf Reichelts privates Lebensdrama. Bestürzend genug ist jetzt erst hinter dem braven Parteisoldaten – bisher bloß ein flüchtiges Phantom aus der politischen Geisterwelt des Ostens – der widersprüchliche Mensch Hans Reichelt zu ahnen. Zuvor, wie es schien, ein Mann ohne Eigenschaften, überladen mit ehrfurchtgebietenden Titeln: Leiter des Staatlichen Komitees für Meliorationen (Bodenverbesserung), Vorstand des Kulturbundes, Staatssekretär, Land- und Forstwirtschaftsminister, Chef der Umwelt.

Adresse Schiffbauerdamm 15. Die Situation: Hans Reichelt im Amt. Am Eingang Überwachungskameras, dick wie Kanonenrohre. Lange Flure ohne Wegweiser. Nach dem täglichen Schwimmen im Dynamo-Bad sitzt der »Genosse Minister« an seinem ausladenden Schreibtisch im Raum 711, umsorgt von Chefsekretärin Rita Schulz. Der Blick streicht über die von Sichtblenden eingezäunte Spree. In Vitrinen Nippes aus aller Welt. Im Topf mickert Zimmergrün, Sorte Ficus. Darüber das Porträt Honeckers neben Fotos der Mongolei. Vor Reichelt liegen die vom Zentralen Kurierdienst, ZKD, in versiegelten Taschen übergebenen Westzeitungen. Er liest die *Frankfurter Rundschau, Die Welt,* das Magazin *natur.* Nach der Lektüre verschwinden die Gazetten in der Verschlussstelle, VS, zur Vernichtung. Übrig bleibt der *Pflüger,* bleiernes Blatt der Bauernfunktionäre.

Sagenhafte Gerüchte kursierten über die Innenausstattung seiner Behörde. Ein Organigramm existierte nicht. Montags um acht die Besprechung mit dem Stab im Beratungszimmer. Strenge Tischordnung. Zu seiner Rechten Parteisekretärin Barbara Richter. Links der verbiesterte Staatssekretär Reinhold Fiedler, höchster SED-Kader im Haus. Mit in der Runde der unvermeidliche Horst Ribbecke, Chef der Abteilung Inspektion und Kontrolle, IKA, sonst im achten Stock hinter einer Tür mit Klingel abgeschottet: Das Ohr der Stasi, mit der Personalnummer 991800 und 39750 Mark Jahresverdienst auf ihrer Liste geführt. Ein Schnappschuss zeigt ihn als Ehrenbegleiter in Auerbachs Keller zu Leipzig neben dem Bonner Gast Klaus Töpfer. Über beider Köpfe ist das faustische Motto zu lesen: »Nur frisch hinunter! Immer zu! Bist mit dem Teufel du und du.«

Selbst im Fahrstuhl ist der Dienst, hier »Horch & Guck« genannt, abhörbereit. Alle Telefone sind angezapft. Einem Mitarbeiter offenbart Reichelt, dass er sich auf Schritt und Tritt von eigenen Leuten bespitzelt fühle. Einmal beschwert er sich darüber im ZK. Unter 147 überprüften Mitarbeitern werden in jüngster Zeit zwanzig Zuträger enttarnt. Eigenhändig versiegelt der Chef aus Geheimschutzgründen jeden Abend sein Büro.

Mit dem gewichtigen Minister, der sich, umspielt vom steifen Lächeln der Protokolldame Mechthild Teinert in die Regierungslimousine wuchtet oder Westdelegationen mit theatralischem Schwung den angeblichen Musterbetrieb VEB Synthesewerk Schwarzheide vorführt, hat der Rentner Reichelt nur noch den Namen gemein. Wer ihn heute aufstört, trifft einen gezeichneten Mann, nun, da keine Propaganda mehr die zum Himmel stinkende DDR-Normalität mildert.

Schon immer fiel in Reichelts von Frust eingedicktem Gesicht eine gewisse Erstarrung auf. Die typische Physiognomie des Berufsfunktionärs, bei erdrückendem Herrschaftswissen darin geübt, Emotionen zu verdrängen. Melancholie lag allerdings noch in stillem Kampf mit der Magie des Selbstbetrugs. Der familiäre Schicksalsschlag, der Verlust von Amt und Prestige vermehrten diesen Zug so stark, dass der Minister a. D. wie das Sinnbild seines Scheiterns im Türrahmen steht: ein politischer Zeuge wider Willen, in dessen Scherbenwelt sich das ganze Desaster der DDR spiegelt. »Es ist nicht schön«, sagt Reichelt im schweren, schlesischen Dialekt, »immer genannt zu werden mit dieser Politik.«

Nach der Wende flüchtete Hans Reichelt in beredtes Schweigen. Zögernd beschwört er jetzt zum ersten Mal öffentlich sein Bild als Umweltminister, der im Zentralkomitee auf taube Ohren stieß. Einerseits beharrt er darauf, seine Arbeit, sein Leben, nein, nichts sei vergeblich gewesen. Angriffslustig überspielt er die Verunsicherung, die ihm die Gegenwart verdüstert. Andererseits wählt er mit gut dosiertem Pathos die Leidensform für seine Schilderung. Die in Stichworte zerfallende Erinnerung hält den Gedanken hoch, »dass ich immer versucht habe, weit mehr zu machen, als ich durfte!«. Er gebe zu, die Schere zwischen den Idealen und dem erlebten Leben sei zunehmend größer geworden. Konkret seien viele Initiativen im Politbüro gescheitert, er nenne nur den Namen Günter Mittag: »Der hat kein einziges Mal mit mir eine Sachdiskussion geführt.« Aufs Konto des ZK-Sekretärs gehe auch die Geheimhaltung der Umweltdaten, so dass die Bürger bis zuletzt von Amts wegen nicht erfuhren, dass sie tatsächlich wie in einem unter Dampf gehaltenen Industriemuseum lebten. Ruß-Land DDR.

Indem er sich, unausgesprochen, zu einem Betrogenen stilisiert, schönt er das eigene Bild vor der Geschichte. Er will nicht als alleiniger Sündenbock in den Annalen stehen. Gleichwohl: Ehe ihn das Volk '89 seiner Lebensidee beraubte, glaubte er an die »Überlegenheit des Sozialismus« ohne Wenn und Aber. Mit raumtönender Stimme, im Klang sofort metallisch, verwahrt er sich gegen allzu pauschale Wessi-Urteile. »Wer uns Ideale absprechen will, hat von vierzig Jahren DDR nichts verstanden.« So spricht der Überzeugungstäter. Für DDR-Maßstäbe alles in allem ein angesehener Politiker: wohlbeleibt, silberhaarig, zuverlässig. Kein Bonze, dieser Reichelt, vielmehr auf die Menschen zugehend, Pförtnern die Hand schüttelnd, mit Traktoristen Bier trinkend, das er gar nicht mochte.

Seine sich an kein Protokoll haltende Leutseligkeit lenkte lange von der Tatsache ab, dass er einem Potemkinschen Umweltministerium vorstand. Von 250 Mitarbeitern (75 Prozent SED-

Genossen) arbeiten über zweihundert für die Wasserwirtschaft. Keine fünfzig sorgten sich um die Ökologie. Überdies führte das ZK den Bauernfunktionär so kurz an der Leine, dass selbst der dort zuständige Abteilungsleiter Dr. Horst Wambutt mehr Einfluss hatte. »Es ging nischte, nix, ohne Abteilungsleiter«, grummelt Reichelt.

Insider erinnern an die von ihm eigenhändig verfassten, vertraulichen »Sachberichte« für den »Genossen Generalsekretär«, so streng vertraulich, dass er sie auf Bögen ohne Ministeriumskopf schrieb. Regelmäßig malte Honecker sein »E. H.« unter die Brandbriefe, was als »einverstanden« zu lesen war. Danach schmorten die Vorlagen im ZK, wenn sie in Mittags Aktenimperium nicht ganz verschollen. Rituell begegnete der auf diesem Ohr taube Günter dem schnaubenden Einzelkämpfer mit der Standardfloskel: »Hans Reichelt, ich habe noch viel von dir auf dem Schreibtisch liegen.« Zum Beispiel eine Smog-Verordnung, die fünfmal angemahnt, sich trotzdem nie, wie Mittag das nannte, »einordnen ließ«.

Auf dem langen Marsch durch die Aktendeckel blieb 1987 auch Reichelts Buch *Umweltpolitik und ökonomische Strategie* stecken. Das im Bad Liebensteiner Kururlaub mit Herzblut geschriebene Manuskript stand längst im Jahresprogramm des parteieigenen Dietz-Verlages. Achtzig Seiten für 3,80 DDR-Mark. Den gleichfalls avisierten Band *Sozialismus, Frieden, Umwelt, Ausgewählte Reden* fraß die Revolution.

Solch üppig wuchernde Episoden aus dem real existierenden Ministeralltag leisten freilich dem Wunsch Vorschub, ihn, Reichelt, als tapferen Ritter darzustellen. Von trauriger Gestalt, zugegeben, weil er sich eindimensionaler Planerfüllung zu unterwerfen hatte, aber doch ehrlich von höherer Mission erfüllt. Insgeheim sieht er sich wohl selbst eher als tragischen Helden,

»stolz und sehr engagiert« (was keiner bestreitet), dann verschlissen, zermürbt, ein gescheiterter Malocher. Denn die Verhältnisse, sie waren nicht so. Das milde Licht der Erinnerung verklärt die verfluchten Tatsachen der rücksichtslosen Umwelt-Ausbeutung, nimmt dem Versagen etwas Dramatik.

Seine Vorwärtsverteidigung gleicht stückweit dem Versuch, das eigene Leben aus der Biographie zu tilgen. Zwischen Aufstieg und Fall funktionierte er wie geschmiert als Teil des geschlossenen Systems. In der Rolle des vertrauten, anerkannten Repräsentanten, irgendwie in seine staatskonformen Papiergesänge vernarrt: Reichelts Reden, zuweilen dumpfer noch als von der SED verlangt, wie es halt die Art der Blockpartei war. Wann wäre ihm je ein öffentlicher Seufzer über die skandalöse Umweltlage entschlüpft, wo sind Spuren des Zweifels überliefert?

Nur gegenüber engsten Vertrauten ließ er hin und wieder die Maske der Gewissheit fallen, orakelte verklausulierte Rücktrittsgedanken. Alles Unbehagen blieb folgenlos, getreu der alten Überlebensformel eines jeden Machtbewussten: »Ich hätte es als Schande angesehen, aufzugeben. Klein beigeben passte nicht zu mir.«

Mit der ihm nachgesagten Dickschädeligkeit, auch einem gerüttelten Maß »List und Tücke« (Reichelt), brachte der Minimalist seine Themen wieder und wieder aufs Tapet, formulierte, schön intern, wegen ihrer »Deutlichkeit berüchtigte Berichte«. Vordergründig verteidigte er weiter die »Generallinie«, produzierte markige Ergebenheitsadressen mit dem Motto, seine Bauern würden sich »stets der konstruktiven Bündnispolitik der SED würdig« erweisen. Längst hatte der Dr. oec. da den Vaterländischen Verdienstorden in Gold für Außerordentliches beim »Aufbau und der Entwicklung der sozialistischen Gesellschaft« kassiert. Zum Sechzigsten, 1985, durfte der »Held der Arbeit«

auf den einträglichen Marx-Orden hoffen. Aber stattdessen kam als ranghöchster Gratulant Willi Stoph. Der Hobbygärtner plauschte – handgestoppt – 1,15 Stunden mit dem geschmeichelten Jubilar.

47 Jahre alt ist Reichelt, als er am 9. März 1972 ins neue Amt als Minister für Umwelt und Wasserwirtschaft eintritt. Kein glücklicher Beginn, da schon die Gründung des Hauses eher propagandistischen Zwecken diente. Von wegen Biotop: Ausgegrenzt von der Internationalen Umweltkonferenz in Stockholm, setzt die SED im Jahre eins nach Honeckers Machtübernahme ihren eigenen Impuls. Seht her, so hieß wohl die Botschaft der an Minderwertigkeitskomplexen krankenden DDR, hier zeigt sich das bessere Deutschland, ein Vorposten des Fortschritts, ökologisch Spitze.

Die Fixierung auf den Rest der Welt ist der Kern der Blindheit für das eigene Land. Zu Hause null Gestaltungskraft, immer nur Appendix »ökonomischer Strategie«, ist Hans Reichelt auf diplomatischem Parkett mit doppeltem Fleiß präsent. In London Treffen mit Frau Thatcher. In Rom Diskussion mit Senatspräsident Fanfani. In München Audienz bei Strauß. Bonn, Helsinki, Kuwait, Sofia, Wien, überall bemüht sich der Alibi-Minister – auch so eine Wessi-Erfindung, die ihn sofort in Rage versetzt –, die DDR salonfähig zu machen. Siebzig internationale Vereinbarungen bringt der Botschafter des guten Willens heim – ein erdumspannendes Wortgeklingel, während im Arbeiter-und-Bauern-Staat giftgelbe Schwaden die versprochene Morgenröte verhüllen.

Gute Miene zum bösen Spiel (und bis zur Selbstverleugnung) machte da ein Kommunist, der in seinem Leben wenig mehr kannte als die Welt der Nomenklatura: Zwar lässt die SED das Aushängeschild Reichelt subtil spüren, dass er als DBD-Mitglied nicht ganz zum innersten Kreis gehört. Nie darf er mit seinen

Gästen das »Palais Unter den Linden« nutzen; was ihn wurmt. Indes ist der Draht zu Honecker kurz genug, dass er ihn direkt anrufen kann. Etwa in den frühen achtziger Jahren, als eine Delegation der Grünen am Grenzübergang Heinrich-Heine-Straße verbotenerweise mit dem Rad zum Gespräch mit Reichelt einfahren will. Honecker bescheidet den echauffierten Minister souverän »Lass se fahren«.

Honeckers Vertrauen gilt einem streng katholisch erzogenen Arbeitersohn, der 1949 aus fünfjähriger sowjetischer Kriegsgefangenschaft zurückkam. Dort hatte man ihn in eine Antifa-Schule gesteckt. Dann steht er in der zerbombten Berliner Friedrichstraße, einen Holzkoffer, seine einzige Habe, in der Hand. Nach dem Verlust von Elternhaus und schlesischer Heimat findet das frühere NSDAP-Mitglied Nestwärme in der Bauernpartei. Eine Gründung altgedienter Kommunisten, um die mythische Gestalt des Landmanns an die Seite der heroischen Arbeiterklasse zu zwingen. Bauernfänger Reichelt voneweg.

1950 sitzt er schon in der Volkskammer. Strebsam absolviert der Aufsteiger die Zentralschule für Landwirtschaft des ZK, will sich und anderen beweisen, »dass ein Mensch aus einfachen Verhältnissen etwas werden kann«. Die Sturm-und-Drang-Zeit sieht Reichelt, bis 1960, als Matador des »sozialistischen Frühlings«, der mit der Parole »Bildet eine LPG« das Land überschwemmt. Der Agrarminister ackert in der ersten Reihe bei der Zwangskollektivierung der Landwirtschaft. 1972 promoviert er noch an der Berliner Hochschule für Ökonomie, einer Kaderschmiede, über *Rolle und Stellung des Meliorationswesens bei der Intensivierung der landwirtschaftlichen Produktion* ...; Signatur 77 HB 41 11 in der Bibliothek der Humboldt-Universität. Ein nur für DDRler zugängliches 250-Seiten-Werk: Sein Kindertraum: Lehrer an einer Hochschule.

Ehe seine Wunschbiographie mit dem Suizid der Ehefrau in eine persönliche Katastrophe mündet, hört man den treuen Gefolgsmann das Herrscherlob für den »lieben Freund Erich Honecker« predigen. Reichelt bleibt beim respektvollen »Sie« für den Älteren, lässt sich selbst aber gerne duzen; ein Gefühl von Nähe zum glorifizierten Übervater, der ihn durchaus respektvoll »Genosse Hans« nennt. Wenn alles weiter seinen sozialistischen Trott gegangen wäre, hätten die Illusionisten 1992 beim Umweltgipfel in Rio über alle Widersprüche hinweg gemeinsam Harmonie demonstriert. Anschließend wollte Reichelt ehrenvoll aussteigen.

Hans Reichelt in der Nahsicht enger Mitarbeiter: fleißig, zielstrebig, pflichtbewusst, streng, konsequent, mit Liebe zum Detail. So schildern sie ihren Patron, der sich von den Vorzimmerdamen gern die Stimmung im Hause schildern ließ. Doch was für ein Menschenbild entfalten die abgegriffenen Muster, außer dass sie auf einen autoritären Charakter verweisen? Oh ja, er regierte mit Zuckerbrot und Peitsche. Rührend konnte er sich um private Sorgen seiner Leute kümmern. Dann wieder ließ er mächtige Wut an ihnen ab, ehe er sich gekränkt in seinem Büro verkroch, weil das »hohe Haus«, das ZK, sein Amt zu reinem Dekor erniedrigt hatte.

Reichelt, ein Agronom, der das Hoch des industriellen Planes sang und nicht das der Natur. Dazu die Beengung des Amtes durch Honeckers Betonköpfe, die weder Devisen zum Kauf von Messgeräten herausrückten noch einen »wasserwirtschaftlichen Entwicklungsplan« sehen wollten (der acht Jahre durch den Amtskosmos irrte) – der Schiffbauerdamm 15 blieb ein Hort erstickter Hoffnung, wie ihn Kafka hätte erfinden können: eine dem Geheimhaltungsfimmel verfallene Mangelverwaltung, die eine Baumschutzverordnung erließ, gleichzeitig das »Waldsterben« verleugnete. Nur 16 Computerterminals, System Robotron, verzeichnet die Inventur, dafür 75 Stahl- und Panzerschränke, einer in Reichelts Teakholz-Sideboard versteckt.

Handverlesene Autoren fummelten streng abgeschottet in der Kolpiner Schule für Zivilverteidigung am »Jahresbericht«; letzte Hand ans Manuskript legte Hans Reichelt mit seiner gefürchteten Schrift selber an. Dann wanderte das Dossier CR I/47-7/88 – Geheimhaltungskategorie: *Vor dem Lesen zu vernichten!* – zu Bedenkenträger Mittag. Der wollte nichts wissen von dunkeldrohenden Katastrophen im Land und war sicher, dass sein Erich, für den im Jagdgrund Schorfheide ein Stück privater Natur reserviert war, Grün für rasch vergehende Politmode hielt. Ebenso konspirativ dichtete Reichelts Crew nächtens vertrauliche »Urteile und Wertungen« für »die Spitze«, sobald »im Rohr«, im Westfernsehen, abends ein Film über die desolate DDR-Umwelt lief. In dem Vakuum, das sein stummes Haus produzierte, sprachen die heillosen Zustände für sich. Und gegen Reichelt.

Der Schwerblütige war nicht der Titan, die Fesseln von Ideologie und Amt zu sprengen. Als Kommunist zuletzt vielleicht nicht mehr ganz der große Gesinnungsstreber, jedoch in durchaus gepflegten Feindbildern befangen, was den bösen Kapitalismus betraf. Typisch für den lebenslangen Multifunktionär, dass in seinen Persönlichkeitsbildern Hinweise auf Kreativität und Phantasie fehlen; die Berufskrankheit eines Apparatschiks, der sich immer nur in Gremien tummelte. Entsprechend mangelt es seinen statischen Reden an Hinwendung zur Schönheit von Tieren und Pflanzen. Es bleibt bei lahmen Floskeln, zu Triumphen aufgebauschten schmalen Siegen und bis heute bei der ehernen Durchhalteparole, mit der Reichelt die eigene Verlorenheit bekämpft: »In der Gesamtbilanz ist die Belastung vermindert worden!« Er muss den Sozialismus sehr geliebt haben, wie sonst hätte er trotz Ärger, Erniedrigung, ja geheimer Verachtung durch das ZK, beharrlich zum Trugbild beigetragen, statt sich mit Grausen zu wenden. Wer ihm wohlwill, sagt, die eigentliche Tragik des Politikers sei die verzweifelte Hoffnung auf Besserung gewesen.

Eine gespaltene Persönlichkeit, dieser Reichelt? Im Amt, wie Ohrenzeugen berichten, des Hinterherhechelns und Durchwurstelns oft überdrüssig. Innerlich resigniert, trotzte der Krisenverwalter dem Außendruck (den Körper zum Schutzwall aufgepumpt), weil er sich privat schadlos hielt: ein ambitionierter Theaterbesucher mit verfeinertem Geschmack, zu Hause umgeben von siebentausend Büchern, als Intellektueller weit in die schöne Welt der Literatur entrückt. In der Doppelexistenz des zwischen Sein und Bewusstsein Zerrissenen, ähnelt auch ein Minister nur dem folgsamen deutschen Untertan, Täter und Opfer zugleich, schuldlos schuldig in braver Ein- und Unterordnung.

Warum der Mann, der zu viel wusste, den bedrückenden Kreislauf nicht wenigstens für sich gesprengt hat, nachdem jede Analyse die Tristesse mehrte? Ob die wattierte (Schein-)Welt der Nomenklatura mit 3700 Mark Gehalt, Chauffeur Max, Citroën BX 19, grenzenlosem Reisen, von so überwältigender Anziehungskraft war, dass er die Macht nicht loslassen konnte? Von Macht, sagt Reichelt, »habe ich nie etwas gespürt, aber sehr wohl von einem unheimlichen Verantwortungsgefühl«.

Unheimlich ist in jeder Beziehung das richtige Wort.

Genosse Geschmeidig

Nur keine falsche Bewegung

Gregor Gysi ist ein beharrlicher Botschafter seiner selbst. Ihm allein hat die PDS ihren Aufschwung zu verdanken. Jetzt will er Regierender Bürgermeister von Berlin werden. Porträt eines Mannes, der viel redet und manches beschweigt.

Eskortiert von Motorrad-Polizisten gleiten Limousinen mit Stander in den Hof des »Ritz-Carlton«. Pagen in feingestreiften Westchen reißen die Schläge auf. Dutzende Fotografen lauern. Jetzt kommt Gregor Gysi: Roter Teppich, großer Bahnhof – ist er bereits, was er erst werden möchte, Berlins Regierender Bürgermeister? Aber die schöne Schrecksekunde ist schon vorbei, der ganze Zauber im Grunewald gilt Außenminister Joseph Fischer. Im langen Schatten des Grünen (der sich hier mit seinem britischen Kollegen trifft) eilt Gysi unbeachtet durch die Hotelhalle. Die Augen huschen über Renaissance-Decken, kardinalsrote, seidenbespannte Wände, ein Interieur von pompöser Pracht. Sein Stammverein SED hätte sich die Szenerie beim Klassenfeind nicht üppiger ausmalen können. Heute besucht der PDS-Star dort den Lions-Club und wird über die »Zukunft der Linken in Europa« referieren. Zum trockenen Stoff passt ein süffiger Tropfen, Südtiroler Corolle, 21,51 Mark das Glas.
Der Bundestagsabgeordnete wird zum runden Tisch geführt, sitzt bolzengerade. Ein Finger fummelt im Hemdkragen, als würde es ihm eng um den Hals – dermaßen umzingelt von den sogenannten Wirtschaftskreisen. Die im exklusiven Zirkel Versammelten repräsentieren einige hundert Millionen Mark

Umsatz. Der 53-Jährige springt ans Rednerpult und sieht erleichtert aus.

Einem Zirkus-Ansager gleich beginnt seine Vorstellung mit der Andeutung einer Verbeugung. Man sieht ihn oft diesen knappen Diener machen, die auffallend kleinen Füße nach Offiziersart akkurat ausgerichtet. Hübsch kalkuliert, signalisiert jungenhaftes Grinsen Harmlosigkeit. Gysi beherrscht ein ziemlich japanisches Lächeln, das als entwaffnend gelten könnte. Es mildert die forensische Kühle, die den Juristen umgibt.

Nicht erst, seit er wählerwirksam die Liebe zu Berlin entdeckt, drängen sich die Bosse danach, den Salon-Sozi zu sehen. Was kann es Schöneres geben, als beim Bankett unter Kristalllüstern diesem furchtlosen Ritter der Tafelrunde zu lauschen. Prost Herr Nachbar, dezentes Gläserklirren, die Ober schenken gerne nach, derweil Gysi launig vom Ende des Kommunismus erzählt, sei es die »albanische, chinesische, sowjetische oder Titos Variante«.

Bei Auftritten im Freien tastet sein unsteter, fast panischer Röntgenblick zuerst die Menge ab, bis er dann aufblüht, die Wangen rosig und wie von Make-up bestäubt. In der kleinen Runde fixiert er abwechselnd einzelne Gesichter, appelliert direkt an sie, ein auf Augenkontakt konditionierter Verkäufer, durchaus geschmeichelt vom Interesse der zahlungskräftigen Kundschaft. Nicht nur deshalb erinnert der Redner an Gerhard Schröder, von dem er das Fred-Astaire-hafte Tänzeln hinter dem Mikro und auch die Routinegesten hat, oberlehrerhaft gereckter Zeigefinger, pastoral vor dem unkleidsamen Zweireiher gefaltete Hände. Gern lassen sie sich von so einem furchtbar nett wirkenden Zeitzeugen die Beruhigung mitgeben, der »Zusammenbruch« der kommunistischen Herrschaft habe die »gesamte Linke in Mitleidenschaft gezogen«.

Wer ins Ritz-Carlton gekommen war, um mit wohligem Schauer den Augenzeugenbericht vom Untergang einer Weltanschauung entgegenzunehmen, erlebt einen begnadeten Unterhalter. Gysi macht einen cleveren Eindruck, sogar einen zu cleveren, hat auf alles eine Antwort. Gemessen an seiner Schlagfertigkeit sind die Konkurrenten von CDU und SPD Stummfilmdarsteller. Verübeln könnte man ihm, doch nur auf Effekt und Rummel aus zu sein, obwohl er sich zu einem anderen Typus von Politiker stilisieren will. Mit einem Satz, der die Sophistik des Anwalts charakterisiert, handelt er seine PDS ab: Von ihren 80 000 Mitgliedern seien 20 000 nie in der SED gewesen. Ein typischer Fall von Zwiedenken, genauso wahr wäre zu sagen, an der Partei hängt Dunkles, nämlich 60 000 Altlasten. Eine davon ist er selber, seit 1967 Parteimitglied, Ende 1989 zum SED-Vorsitzenden gewählt, eine Woche später schmückte sich die damals verhasste Truppe mit dem Etikett »Partei des demokratischen Sozialismus«.

Ob vor Gleichgesinnten, ob im Bundestag vor dem Kanzler, mit Gysi turnt ein beharrlicher Botschafter seiner selbst am Pult. Haftete dem Quirl einst der Hauch nicht domestizierter Wildheit an, hat sich der Stallgeruch verflüchtigt. Jetzt würden die Zuhörer bei ihm persönlich durchaus einen Trabi, pardon Volkswagen kaufen. Wenn er bloß nicht diese komische Partei hinter sich hätte. Spricht ihr ehemaliger Chef deshalb kaum von seiner PDS?

Die Bindung habe einen »sentimentalen Zug«, betont Gysi später im Büro. Stapel seines Buches »Ein Blick zurück, ein Schritt nach vorn« türmen sich auf dem Sofa. Das ihm verliehene »Goldene Mikrofon« glänzt im Regal, Aspirin-Tabletten liegen herum, ein Faxgerät schnurrt. Überlagert von kaltem Rauch, riecht es ein wenig nach einer möglichen Wahlsensation. Und ein bisschen riecht es nach Angst vor der eigenen Courage. Moment, da kommt ein Gespräch von Lafontaine herein. Entschuldigung, das muss geführt werden, die Tür geht zu. Beteiligt sich Oskar an einer Gysi-Wählerinitiative? »Nein, der würde ja aus der SPD ausgeschlossen.«

Mit nervösem Gebaren versucht Gysi dann sein Verhältnis zur PDS zu charakterisieren. Es gilt mindestens als gestört. Wir trafen ihn über dem Wahlprogramm sitzend an. Er lässt das Papier links liegen, schwärmt lieber von Mitgliedern, »von 60 Prozent Gefühlsarbeit«, roten Fahnen, Symbolen, hebt so die Beziehung vom Inhaltlichen auf die Ebene des rein Zeichenhaften. Der Politiker schildert, wie er selbst Hand an die Leitsätze gelegt, die Genossen beschworen habe: »Ihr müsst euch nicht zu allem äußern!« Mit Gespür für Reizthemen (und Opportunismus) setzte er das im Sparkonzept gestrichene Polizeiorchester wieder ein, sagte den Seinen, es gebe nun mal Menschen, »die Marschmusik mögen«. Gysis Empfehlung: »Die Außenwirkung ist entscheidend. Nicht unser Innenleben.«

Als müsse er mit atemloser Prosa einen Parteitag wachhalten, lässt er sich kaum durch Einsprachen irritieren. Wer ihr Motto »Miteinander für Berlin« als verkappten Appell Gysis an die PDS (und der PDS an Gysi) deuten will, beißt auf Granit: »Wir lassen uns von außen nicht entsolidarisieren!« Internen Streit, Entfremdung nennt der Postkommunist euphemistisch »produktive Differenz«, zieht gierig an der Marlboro. Andererseits erklärt er metallener als der Kanzler, »Regierungsverantwortung erfordert Disziplin. Das muss die Partei wieder lernen!« So kann nur reden, wer sich als wahres PDS-Wirkungszentrum begreift. Hält man ihm sozialdemokratische Anwandlungen vor, was soll's: »Mit Bebel habe ich kein Problem, nur mit Scharping.«

Für einen Politiker, der gestern noch seinen Ausstieg zelebrierte, ist Gysi verdammt gut im Geschäft. Eben träumte er vom ande-

215

ren Leben, bemühte das immer wieder gern gehörte Argument, mehr Zeit für die Familie haben zu wollen. Als er sich dennoch für Berlin erwärmte, meldeten die Nachrichten, es sei eine schwere Entscheidung zwischen »Herz« und »Verstand« gewesen. Bemerkenswerte Eitelkeit, tiefsitzender Ehrgeiz und Sendungsbewusstsein kamen in den rührenden Storys weniger vor. Bei Auftritten vor dem Roten Rathaus (wo ihm ein einsamer Protestler »Nie wieder Kommunismus!« entgegenschleudert) oder auf dem Bebelplatz (wo die Giebelfigur der Theatermuse Thalia mit Maske gut zum Anlass passt) gibt er mit aufpolierter Ortskenntnis den ideellen Gesamtberliner. Es trifft sich, dass der Tiefpunkt des Landes Berlin mit dem Zenit von Gysis Popularität zusammenfällt: Sein Buch steht auf der Bestseller-Liste. Er wirft den Hut in den Ring, schon berappelt sich die PDS, springen Zeitgeist-Surfer mit auf die Welle und finden die Spießertruppe »hip«. Es hat den Anschein, als zahle sich im Zeitalter der Begriffsverwirrung der Versuch aus, die SED-Diktatur auf Anekdoten zu reduzieren. Der Tag ist nicht mehr fern, an dem Alt-Kommunisten als Folkloristen gelten werden, etwas irre zwar, aber sonst ganz in Ordnung.

Gysi kämpft. Es geht um Berlin, die PDS-Schlüsselstelle. Beim Wahlauftakt am Roten Rathaus steigen Ballons zum Fernsehturm auf, am Fuße spielt ein Quartett klassische Musik. Genossen vermissen prompt die Arbeiterlieder, sie werden beruhigt, man singe die Internationale sicher wieder. Sonst dominierten in ihren Reihen von Bitterkeit durchdrungene Verlierer. Jetzt stehen sie Seit' an Seit' wie Heimkehrer, stark bewegt von dem ungläubigen Gefühl, das Blatt der Geschichte drehe sich.

Eine denkwürdige Szene. Im Hintergrund hängt schlaff die Berlin-Fahne. Davor baut sich Gysi auf, gestrafft vor neuer Bedeutung. Modell für Fotografen, die nicht genug von ihm bekommen können. Der Stimmenfänger würde am liebsten keine Parteien mehr kennen, sondern nur noch »Liebe Bürgerinnen und Bürger«, obwohl die Anrede sehr geborgt klingt. Einer wie er denkt in historischem Maßstab, erregt von der Perspektive, präsentiert er sich ausgesprochen elastisch. Heute gibt er vor Kapitalisten den besseren Kapitalisten (»keine Gewerbesteuererhöhung«), morgen vor Sozialisten den besseren Sozialisten (»Kapitalverwertungsinteressen dominieren in der Gesellschaft«) und empfiehlt sich im Gezänk ansonsten als vernünftige Alternative. Nur keine falsche Bewegung, nur kein Triumphgeheul zur Unzeit, das seine Mission gefährden könnte. Der Kandidat ist sehr auf der Hut, sich nicht von der Unterströmung des Alten erfassen zu lassen, was sich manche Veteranen wünschen. Gysi erspart den Zuhörern jede Beglückungsidee, macht sich sogar lustig darüber, als könne er die Skepsis hinter den durchaus freundlichen Blicken ahnen. Es geht um Machterwerb, den er mit der neuen heiligen Formel unterspielt: »Sparen, sparen.« In der verfahrenen Situation dürfe das Motto nur lauten: »Wer verwaltet nichts am besten?« Er seufzt zum Mitschreiben: »Immer wenn es nichts mehr zu verteilen gibt, wird die Linke gebraucht.« Und: Es gebe 'ne Menge Probleme, aber auch 'ne Menge Chancen. Seine extrem kontrollierte Vorfreude aufs Regieren hat stets etwas Todernstes; es bleibt pikant, wer sich da auf leisen Sohlen mit welcher Tradition in die Retterrolle schleicht.

Niemand wollte Gysis Forderungen widersprechen, die Hauptstadt müsse als »nationale Aufgabe« begriffen werden. Im öffentlichen Dienst gelte es, 30 000 Stellen bis 2010 zu sparen. Von einer Romreise zurück, schwärmt er, dort gebe es 35 000, nicht wie hier 170 000 Stadtbedienstete. Nicht ungeschickt fließt ein, als Anwalt des Dirigenten Barenboim habe er den Kompetenzwirrwarr unter den Ressorts hautnah erlebt.

Sollen der Wowereit und der Steffel sich ruhig zanken wie die Kesselflicker. Wenn zwei sich streiten, freut sich der Gysi. Was nach dem CDU/SPD-Pfusch passiert, hat seine eigene Logik. Gegen die PR des dritten Mannes sind beide chancenlos. Bei einer Kundgebung kreuzt sich Gysis Weg mit dem von Steffel. Der PDS-Crack fährt in der gepanzerten Limousine B-70120 vor, fast versinkt er in deren Tiefe. Auf geradezu peinigende Weise ignorieren die Kameras Steffel. Kann sich jemand vorstellen, ein Politikprofessor vom Connecticut College würde sich wegen Wowereit hierher bemühen? Aber wegen Gysi ist er gekommen. Knapp zehn Fernsehauftritte in zwei Wochen bezeugen eine Gesellschaftsfähigkeit, die sich der Anwalt nie hätte träumen lassen.

Honeckers telegener Erbe war im Mai 1998 nach den Gesetzen politischer Kultur am Ende. Die Bundestagsdrucksache 13/10893 schien sein politisches Schicksal zu besiegeln. Es heißt darin: Der Ausschuss habe eine »inoffizielle Tätigkeit des Abg. Dr. Gregor Gysi für das Ministerium für Staatssicherheit als erwiesen festgestellt«. Man sei nach sorgfältiger Prüfung zu der Überzeugung gekommen, dass Gysi von 1975 bis 1989 in »verschiedenen Erfassungsverhältnissen beim MfS aktiv erfasst war«: »Dr. Gysi hat in dieser Zeit nachweislich bis 1986 unter verschiedenen Decknamen dem Mfs inoffiziell zugearbeitet.« Die Darstellung gipfelte darin, er habe als Anwalt bekannter Oppositioneller seine herausgehobene berufliche Stellung genutzt, um »die politische Ordnung der DDR vor seinen Mandanten zu schützen«. Gysi hat die Vorwürfe stets bestritten, Zeitungen verklagt oder mit Gegendarstellungen konfrontiert.

Der vom Parlament skizzierte obskure Hintergrund machte Gysi allenfalls noch zu einer traurigen Berühmtheit. Es hagelte Rücktrittsforderungen. Jetzt scheint alles vergessen, verjährt, vielleicht vergeben, seit er als Hefe teigiger Talkshows wirkt. Ein Thema, das er nicht verquasseln könnte, ist noch nicht erfunden. Auf merkwürdige Weise Quotenbringer und via TV hoffähig, mischt er mit. Womöglich gereicht in der Medienwelt Undurchschaubares zum Vorteil, erhöht den Reiz; auf umrätselte Solisten lässt sich vieles projizieren. Wer dem Wahlkämpfer bei seinen Selbstbespiegelungen zusieht, gewinnt sogar den Eindruck, er agiere stets wie für einen Videoclip, Titel: Gysi, das erste gesamtdeutsche Oberflächenphänomen.

Seine Termine sind einigermaßen perfekt. Bis der PDS-Held zum Parteitag erscheint, filmen Teams jeden, den sie für einen echten Prolo halten, verweilen bei der Abgeordneten Angela Marquardt, die zur Feier des Tages ihre Punk-Frisur mit Alpine-Greene und Rose-Red auffrischte, um genau zu sein. Später lässt er sich feiern, umringt von geföhnten Damen, hält linkisch die im Sektkübel frischgehaltenen Blumen hoch. Am Roten Rathaus wartet Gysi danach in einem kleinen Zelt hinter der Bühne auf den Einsatz, das kennt man von Open-Air-Konzerten für Stars. Gelegentlich zeigt er sich, schreibt Autogramme. Leibwächter bahnen ihm den Weg, hören mit teilnahmsloser Miene den Ex-Kommunisten agieren. Man wüsste zu gern, was sie denken.

Das Fernsehen als Hauptmedium für die Vermittlung des Faktors Gysi ist auf die Präsentation von Köpfen fixiert. Sieht man die Bildschirmgröße leibhaftig, ist man überrascht, wie klein er ist. 1,60, 1,62 Meter notieren Zeitungen, er gibt »Eins vierundsechzigeinhalb am Morgen« an, »sogar der Blüm ist länger«. Ob ihm die fehlenden Zentimeter zu schaffen gemacht hätten? »Aber nein«, sprudelt er los, »die Frage hat man mir oft gestellt. Ich habe das immer kompensiert, nach vorne genutzt.« Die Wortwahl bestätigt unfreiwillig das Problem.

Man kann sich gut in den Schüler Gregor hineindenken, den Zu-kurz-Gekommenen. Wer einen ganzen Kopf kleiner ist, muss hellwach sein. Der Bub war lange krank, litt unter der Isolierung. Gysi lernte Judo, trägt den grünen Gürtel. Vorlautes bis Nerviges, Situationskomik, Wortwitz, die große Klappe, gleichen bewusst oder unbewusst das Handicap aus, verleihen Identität. Gefallsucht gehört in diesen Komplex. Er war es, den die Klasse zum Direktor vorschickte. Früh münzte der Unscheinbare einen Nachteil in einen Vorteil um, gewann sprechend Statur. Selbst seine Bücher schreibt Gysi redend, er diktiert sie. »Ich rede besser, als ich schreibe.«

Unvergesslich der erste Triumph. In der Schule wird ein Kind für Film-Synchronisation gesucht. »Die Wahl fiel auf mich.« Er ist in sowjetischen Komödien zu hören, darf selbst in Streifen mitwirken. In einer Szene soll er »Kopf hoch, Wronski« sagen, vergisst es, erzählt lachend davon. Sagenhafte 300 Mark gab's für die Eindeutschung des italienischen »Toto e Marcellino«, einer Waisenkindgeschichte. Am Deutschen Theater spricht der Knirps zur Probe vor. Es geht um Wilhelm Tells Sohn, der sagt: »Vater schieß zu, ich fürcht' mich nicht.« Gysi fällt durch. Aber wenn sein Name im Filmabspann erscheint, johlen die Freunde. Aufschlussreich seine Buch-Notiz: »Ich wuchs in meinem Sessel vor Stolz um einige Zentimeter.«

Die Eltern hätten Gregor nach dieser Vorschule gern in einem künstlerischen Beruf gesehen. Das wollte der Sohn schon deshalb nicht. Der als Kulturminister zur ersten SED-Garde zählende Vater Klaus, die rundum gebildete Familie, das Nesthäkchen musste sich einiges ausdenken, wenn es den erdrückenden Papa toppen wollte.

Heute wiederholt sich das Kindheitsmuster beim Politikaufstieg. Es geht gegen Größere, die Konstellation beflügelt zu Hochform.

In der Position scheinbarer Unterlegenheit lässt ihn einmal mehr die markante Stimme über sich hinauswachsen. Idealtypisch vor Kameras, deren Magie er früh erkannte. Er luchst Beifall ab auf allen Kanälen, posiert wie aufgequollen vor Objektiven. Bei der Nominierung zum Spitzenkandidaten zaubern Handlampen einen Schein auf Gysis breiten Scheitel: Wo das Licht ist, ist ihr heiliger Gregor. Im Pulk sähe man ihn nicht. Der kultartige, ohne Widerrede abgespulte Parteitag vermittelt das Gefühl, einzig zu dem Zweck einberufen worden zu sein, ihm in einem improvisierten Studio das letzte Wort zu lassen. Nebenan wummert bei einem Motivationsseminar der Village-People-Song »YMCA«, während er durch Beredsamkeit mitreißt, das Aufbruchsignal gibt. Er allein brachte die PDS in bundesweiten Umfragen auf sieben Prozent. Die Gegner spüren. Auch Zwerge haben klein angefangen.

Nicht ohne hohes Pathos spricht er oft von seiner »Bindung« an Berlin. Spross einer alteingesessenen Familie, sei er an der Spree geboren, mit Kultur und Politik aufgewachsen, »die Lust an der Stadt« sei sein Motiv. Maliziös fügt er hinzu, Wowereit könne dann ja »unter mir Senator werden«. Dazu beult seine Zunge die Backe auf, was mokant wirkt und sich zwanghaft bei jedem Gag aus dem festen Fundus wiederholt.

Gysi ist auf Schmusekurs, wobei ihm schwant: »Die CDU möchte Schlachten der sechziger Jahre wiederholen.« Nicht mit einem Taktiker, der sein Engagement weniger gesinnungsmäßig als emotional begründet, sich daran hält wie an ein Drehbuch. Die Bestimmtheit, mit der er das Bild des Konformisten pflegt, lullt ein. Doch im Wunsch, Regierender zu werden, gipfelt die Wandlungsfähigkeit eines Mannes latenter Geheimnisse. 1990 war er für Tausende Demonstranten eine Unperson, sie forderten »Lügen haben kurze Beine – Gysi, zeig uns deine«. Und es ist Gysi, dem das Volk mit dem offenkundig kurzen Gedächtnis nun für baren Unsinn applaudiert: »Nur die CDU hat die staatliche Einheit hinbekommen können! Nur SPD und PDS können die innere Einheit vollenden!« Indem eine paradoxe Dialektik ausgerechnet der PDS Makler-Funktion zuweist, versucht er die gespaltene Wahrnehmung in eigener Sache zu überwinden: Identifikationsfigur für Ossis, Showman für Wessis, hier mit Ruhm überhäuft, dort ausgegrenztes Schmuddelkind, mit nicht geheuren Stellen in der Vita.

Das diffuse Image verlangt waghalsige Gedankensprünge. Der Genosse Geschmeidig changiert zwischen überstilisiertem Staatsmann, aufstampfendem Büblein, Schmeicheln, Raffinesse und suggestiver Rhetorik, die manches vielsagend beschweigt. Instinktive Wachsamkeit lauert hinter dem ewig angeknipsten Beruhigungslächeln, das sagen soll. Seht her, Berlinerinnen und Berliner, alles halb so wild, ich stehe für die radikale Revision von Inhalten, flexibel bis zur Selbstverleugnung, einst ein Ungläubiger, nun zum Besseren bekehrt.

Er orakelt: »Wie immer ist Geschichte offen.« Gysis Entzauberung ist möglich, ebenso ein Sieg. Dann wäre er der Größte.

Quellenverzeichnis

Die in diesem Buch versammelten Reportagen sind zuerst erschienen:

Das Urteil, Süddeutsche Zeitung Magazin vom 14. März 1997

Es lebe die Völkerfreundschaft, Süddeutsche Zeitung Magazin vom 31. Mai 1996

Die Agentenfalle, Süddeutsche Zeitung Magazin vom 16. Januar 1998

Das Porträt eines Geächteten, Der Tagesspiegel vom 16. Februar 1999

Die Geschichte eines Verdachts, Der Tagesspiegel vom 21. Juni 1999

Die Unschuld vom Land, Der Tagesspiegel vom 16. Oktober 1999

Der amerikanische Freund, Der Tagesspiegel vom 8. November 1999

Jagd auf die Hummel, Der Tagesspiegel vom 21. Januar 2000

»Bitte nicht diese Dinge am Telefon«, Der Tagesspiegel vom 28. März 2000

Der gläserne Riese, Der Tagesspiegel vom 10. April 2000

Mann im Ohr, Der Tagesspiegel vom 28. Juni 2000

Der stramme Max, Der Tagesspiegel vom 23. Juni 2001

Dressiert, lebenslang, Der Tagesspiegel vom 15. Mai 2002

Der Advokat, der aus der Kälte kam, Der Tagesspiegel vom 14. Juni 2003

In der Kolonie der Dunkelmänner, Der Tagesspiegel vom 13. Juli 2003

Wie kam die Stasi auf Günter Wallraff?, Der Tagesspiegel vom 7. September 2003

Die Stasi lebt, Der Tagesspiegel vom 13. April 2006

»Wer verzweifelt, hat das irgendwo gelernt«, Der Tagesspiegel vom 28. April 2006

Der Mann der zu viel wusste, Süddeutsche Zeitung Magazin vom 22. Januar 1993

Genosse Geschmeidig, Der Tagesspiegel vom 30. Juli 2001